从对抗到合作的亲子沟通法则

孩子不想听，你要如何说

How to Talk When Kids Won't Listen

［美］乔安娜·法伯（Joanna Faber） ［美］朱莉·金（Julie King） 著　李镭 译

中信出版集团 | 北京

"在为人父母之前,
我并不知道让一个人穿裤子
会毁了他的一天。"

——佚名

目录

引言 1

第一部分　基本沟通工具

第1章　孩子有好的感受，才会有好的行为
　　　——他们为什么不高兴？ 5

第2章　鼓励孩子与我们合作
　　　——这是做梦吧？为什么他们不能按我们说的去做？ 32

第2$\frac{1}{2}$章　如果这些策略都没用
　　　——第2章的补充说明 55

第3章　惩罚存在的问题
　　　——以及替代惩罚的方法 69

第4章　有效赞美和无效赞美
　　　——为什么我们夸他是好孩子，他却表现得很糟糕？ 93

第二部分　成长的烦恼

在这一部分，我们会协助家长和父母小组的成员解决他们遇到的棘手问题，并分享他们的故事。

第1节　怎么熬过这一天 111

1　够了够了！——当孩子完全不讲道理时 112
　　⊕ 胶带时间 124
　　⊕ 衣服的僵局：迷你衫拯救了我们的一天 125

2 问他什么都不说
　　——"你今天过得怎么样?""挺好。"
　　　　"今天都做了什么呀?""没什么。"
　　　　"盘问"孩子的艺术 126
　　⊕ "我们怎么还没到?"——忍不了口渴的孩子 134
　　⊕ "失踪"的汽车 136

3 作业纠纷——"只有我的孩子在对着作业哭泣吗" 137
　　⊕ 二年级太难了! 151

4 如何让兴奋过度的孩子安静下来 152
　　⊕ 造个太阳来治愈阴天 161
　　⊕ 教爸爸解决问题的孩子 161

第2节　最没用的教育方法:讲道理、发脾气、刻意感动 162

5 救命!我的孩子们在打架!
　　——家庭主场的维和行动 163
　　⊕ 吃肯德基还是麦当劳 183

6 救命!我的孩子在打我!
　　——对抗小战士的自我防卫术 184
　　⊕ 出手相救 190

7 和动物共处的原则
　　——在和动物的相处中,培养孩子的分寸感 192

第3节　面对孩子的恐惧、发脾气和分离焦虑 205

8 真有那么可怕吗
　　——恐龙、蜘蛛和蚂蚁……哦,我的天! 206

9 发脾气热线(朱莉的电话辅导) 216
　　⊕ 小宝宝的感受 224
　　⊕ "我要妈妈!" 226

II

10　分离的悲伤 **227**

第4节　一不满足就……哭闹、尖叫、撒泼 231

11　哭哭咧咧——让你抓狂的声音 **232**
　　⊕ 牛奶打翻以后：以前怎么做，现在怎么做 **243**
　　⊕ 女儿这次没生气 **244**

12　好胜心强又输不起——竞争的难题 **245**
　　⊕ 用游泳衣撒撒气 **255**

13　不文明的粗话越说越来劲 **257**
　　⊕ 两只鞋子吵了起来 **267**

第5节　解决冲突 268

14　不愿分享——"我的，全是我的！" **269**

15　那不是玩具——如果孩子想要"分享"你的东西 **287**
　　⊕ 一双脏球鞋 **293**
　　⊕ 非要自己剪头发 **295**

16　电子产品的困境（上）
　　——和年幼的孩子一起管理屏幕时间 **296**

17　电子产品的困境（下）
　　——屏幕时间和大一点的孩子 **305**

18　惩罚能让孩子为"现实生活"做好准备吗 **314**
　　⊕ 再也不会忘记关门 **325**

第6节　睡前时间和洗手间大战 327

19　刷牙——最可怕的折磨 **328**
　　⊕ 来自印度的洗澡故事 **335**
　　⊕ 结束睡前战斗的三个步骤 **336**
　　⊕ 梳子好饿！ **337**

20 马桶里的权力斗争 **338**
  ⊕ 土豆头想尿尿 **343**
  ⊕ 解决入睡难题的卡牌游戏 **344**

第7节 敏感话题怎么说出口 **346**

21 父母离婚——帮助孩子应对变化和失去 **347**
22 不舒服的身体触碰 **357**
23 性——不过是一个简单的字 **368**
24 你的拥抱有点烦——当爱不是你情我愿的时候 **379**

第8节 解决纷争的关键词 **384**

25 破坏共情的"你"字 **385**
26 惹人讨厌的"但是" **389**
27 如何正确使用"对不起" **393**
  ⊕ 女儿猜到我读了这本书 **408**

结语：我们还会再见 **409**

致谢 **411**

尾注 **413**

引言

亲爱的读者，欢迎打开我们的书。我先大致介绍一下书中内容。本书的第一部分是图解加概述，涉及你与孩子（从蹒跚学步的幼儿到十几岁的青少年）的共同生活，以及你需要什么样的基本工具，才能应对生活中的各种挑战。我们在每一章的末尾都提供了一些习题，你可以在心情好的时候练习这些技能。第二部分收集了读者最关心的热门话题，还有家长和老师发给我们的故事，我们还会回答一些最棘手的关于和孩子发生冲突的问题。

和之前一样，我们希望收到你的来信。你可以发邮件到 info@how-to-talk.com，也可以访问我们的网站 how-to-talk.com，与我们分享你的故事和问题。也许你关心的问题会出现在我们的下一本书中！

温馨提示：为了保护那些在育儿生活中疲惫不堪的人，有时我们会更改故事主角的姓名和其他身份信息（偶尔我们也会根据要求使用真实姓名）。我们会尽力选择使用能够真实反映故事讲述者的文化背景和种族身份的化名。[1]

---

[1] 本书列举的一些家长来信是由多位来信人提出的问题组合而成的。

第一部分
基本沟通工具

如果你曾经得到过关于如何与孩子相处的建议，你可能很熟悉以下这些忠告：温和而坚定，始终如一，但又要方法灵活，提供稳定的支持，设立明确的界限，不要忘记给予无条件的爱，保持沟通，表达共情和理解，并且无论你在做什么，你都要**保持冷静**！

谁能反驳这种常识性的原则呢？它们听起来非常可行，尤其是在孩子真正来到你的生活之前！

然而，有了孩子之后，你很快就会发现，这些原则的可操作性似乎没有那么强。比如你两岁的孩子可能会因为你给他的杯子颜色不对而发出魔鬼般的尖叫；你5岁的孩子会为他的家庭作业大发脾气，因为他要画一件名字以字母B开头的物品，但他不想只是画一个球（Ball）；你那个追求时尚的12岁孩子会生气地咆哮，因为全世界所有的父母中，**只有你**不让她买那些超级贵的名牌运动鞋；你刚刚拿到驾照的16岁的孩子会无视你"恶劣天气不许开车"的规定，顶着暴风雪开车去参加聚会……你总是处于一场又一场的战斗之中，而且你发现自己根本感受不到那种爱的连接。

"那我现在该怎么办？"

如果你曾经问过自己这个问题，那么这本书就是为你而写的！在过去的几十年里，我们一直在帮助父母、教育工作者和其他与孩子一起生活或负责照顾孩子的成年人，告诉他们该如何度过真正艰难的时刻——那些每天都让你怒发冲冠的时刻——同时又能掌控全局。（当然，偶尔你还是会迷失方向，但那只是暂时的！）在这本书中，你会找到你所需要的工具，来处理成年人和孩子之间那些不可避免的冲突。

第 1 章

孩子有好的感受，才会有好的行为

他们为什么不高兴？

在你为人父母之前，当你想象有孩子的生活时，脑海里一定浮现过很多美好温馨的画面。

我们梦想中的孩子

而现在，你可能已经发现，有孩子的生活和你想象的不太一样。

现实有时候是这个样子的

在面对冲突和痛苦时，我们都想回到自己曾经想象过的那些快乐场景中。我们努力用温和而坚定的态度解决问题，反而让事情变得更糟。

为什么当我们试图让孩子平静下来时，他们有时会变得更激动？我们的目的是安抚他们的情绪，让他们知道，人生道路上的小小颠簸都是可以克服的，不会让车翻到沟里去。一切都会好起来！但他们听到的实际上是另一种信息："你不可能得到你想要的，我也不在乎你，因为你的感受没那么重要，所以我没必要在意。"现在，在最初失去燕麦棒的失望之外，孩子的沮丧又增加了一倍，因为她发现没有人在乎她的悲伤，她感到很孤独。

的确，对于成年人来说，"没有吃到燕麦棒"在全球灾难排名中应该比较靠后。但对于一个失望的孩子来说，没吃到零食就像我们成年人在一天中遇到的任何不顺心的事一样令人沮丧。你那烦人的同事拿走你的笔，从来都不还？"不要抱怨了，没什么大不了的！"你朋友把你的个人隐私透露给了其他人？"你反应过度了，别这么敏感！"修车的人多收了你修理变速器的钱，一个星期后变速器又坏了，他还不肯退钱？"嘿，这就是生活！烦恼也没用。"

这些回应你听了是不是很生气？先别气，我们只是还原一下，什么叫"不好的感受是不对的"。

当我们的失望心情被他人随意否定时，我们也会感到很愤怒。尽管这些小失望的确算不上什么大事，但如果有人刻意将我们的烦恼说得不值一提，甚至想用这种方式让我们平静下来，我们最终的感觉只会更糟——并且很有可能会对试图帮助我们的人生出一股新的愤怒。我们的孩子也是如此。

即使是训练有素的专业人员，也会在无意中激怒一个受委屈的孩子。

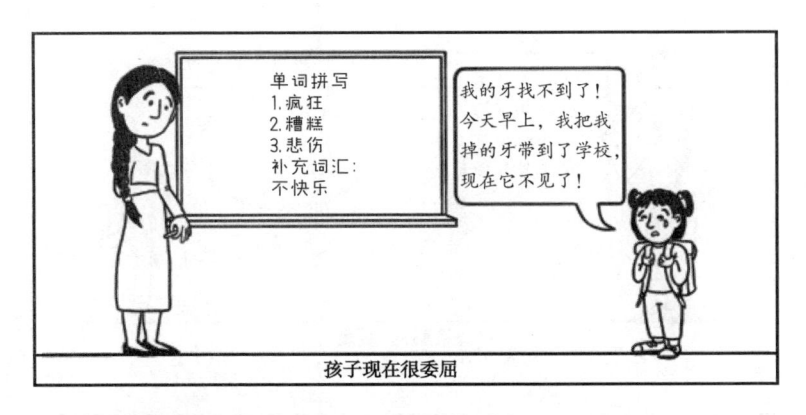

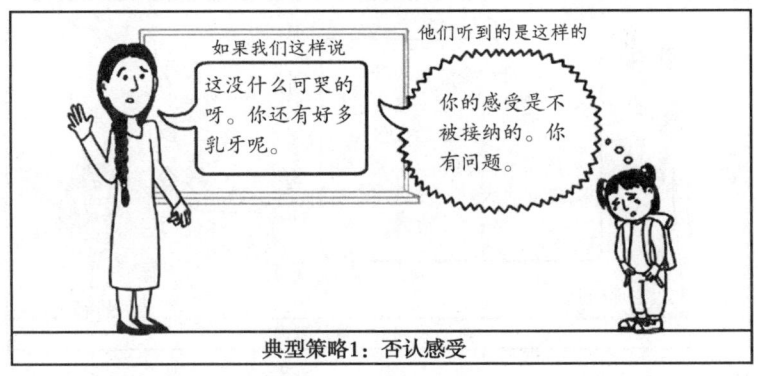

单词拼写
1. 疯狂
2. 糟糕
3. 悲伤
补充词汇：
不快乐

我的牙找不到了！今天早上，我把我掉的牙带到了学校，现在它不见了！

孩子现在很委屈

如果我们这样说：这没什么可哭的呀。你还有好多乳牙呢。

他们听到的是这样的：你的感受是不被接纳的。你有问题。

典型策略1：否认感受

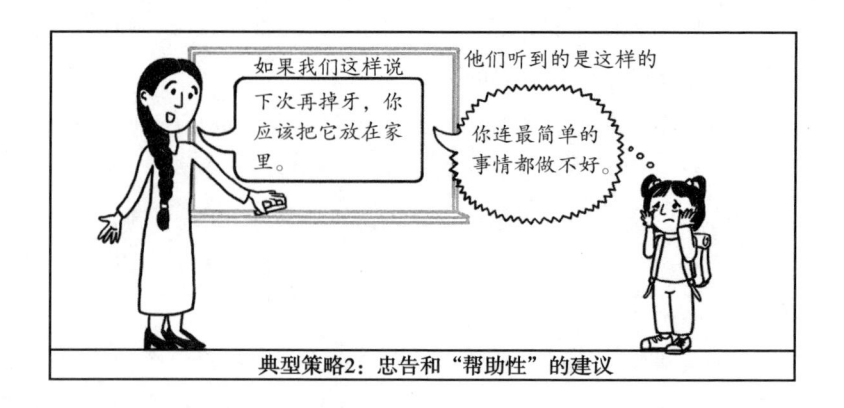

如果我们这样说	他们听到的是这样的
下次再掉牙，你应该把它放在家里。	你连最简单的事情都做不好。

典型策略2：忠告和"帮助性"的建议

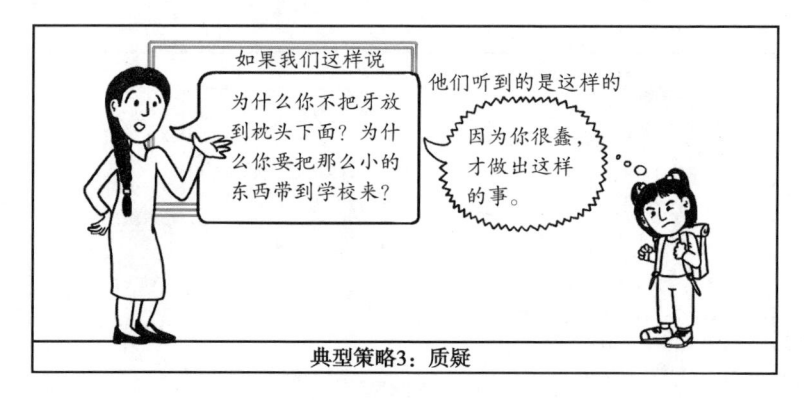

如果我们这样说	他们听到的是这样的
为什么你不把牙放到枕头下面？为什么你要把那么小的东西带到学校来？	因为你很蠢，才做出这样的事。

典型策略3：质疑

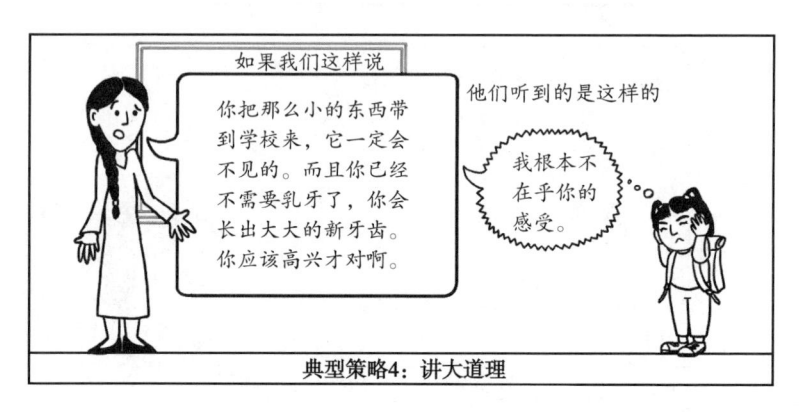

如果我们这样说	他们听到的是这样的
你把那么小的东西带到学校来，它一定会不见的。而且你已经不需要乳牙了，你会长出大大的新牙齿。你应该高兴才对啊。	我根本不在乎你的感受。

典型策略4：讲大道理

典型策略5：对比

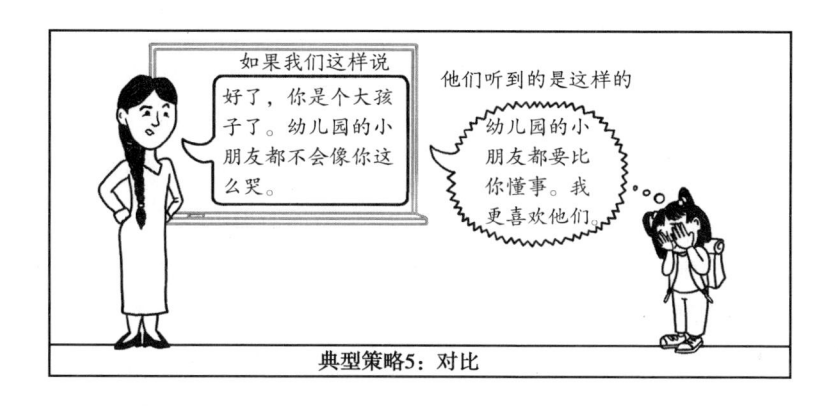

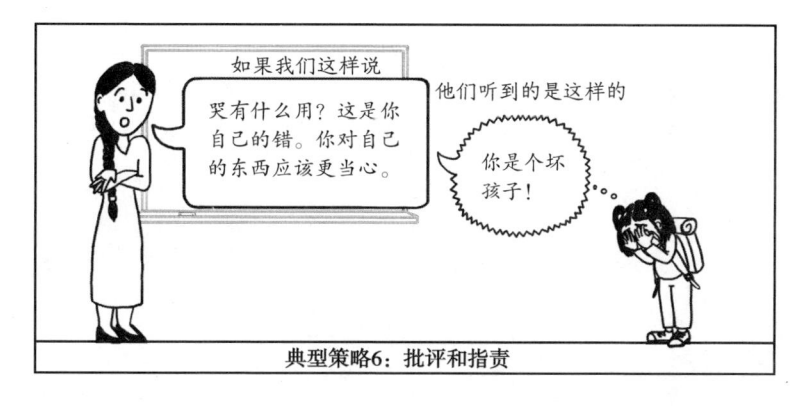

典型策略6：批评和指责

我们很想为孩子提供一些视角，让他们明白，不能因为一件小事就情绪崩溃。我们的工作之一就是帮助他们了解什么重要，什么不重要，不是吗？但我们这样做的时候，往往时机不对。如果你因为自己的新鞋在健身房被偷而心烦意乱，你肯定不希望朋友在这个时候提醒你应该庆幸自己的双脚还完好无损；如果你因为坏疽做了脚部手术，你也肯定不希望朋友在你手术后第二天就跑过来提醒说你很幸运，因为这个世界上还有人失去了双腿。也许在将来的某个时候，你会认为这是一个很有意义的观点，但现在你更希望得到的是同情，而不是什么鼓舞士气的话语。

　　理智上我们知道，不应该在别人痛苦的时候尝试说服他们走出痛苦，但我们还是会有强烈的冲动，去弱化或消除他人的负面情绪。这样做既是为了我们的孩子，也是为了我们自己。当孩子讲述他们的悲伤故事时，我们会很自然地试图让他们相信事情没有那么糟糕，而他们的反应就会是加大表述的力度，让我们相信事情确实**有那么糟糕**。我们则会因此而感到恼火。就这样，在我们了解实际状况之前，每个人都卷入了一个不断升级的愤怒旋涡。我们越想扑灭火焰，就越会让火焰燃烧得更猛烈。事实证明，我们往火上浇的是汽油，而不是水。

13

"那我们应该怎么做？"

好吧，我知道想让孩子看到积极的一面，或者告诉他们问题没那么严重，应该学会忍耐，停止抱怨，我们这样做是没有用的。那应该怎么做呢？戴着降噪耳机在沙发上装睡吗？难道我无论说什么或做什么都只会让事情变得更糟吗？

很高兴你会这样问！我们在这里为你准备了一系列工具，专门供你在孩子有情绪困扰时使用。

工具1：用语言承认感受

与其一直争论孩子是否愚蠢、有问题、没礼貌或想得太多，不如停下来问问自己：孩子的感受是怎样的？他是否感到沮丧、失望、生气、烦恼、悲伤、忧虑、害怕？

你能领会他的感受吗？

现在，要让你的孩子知道——你领会了。

我们要说的是那种你会带着真诚的情感，对你真正感同身受的朋友说的话。"听起来真可怕。唉，这真是让人难受！这件事真令人气愤！听起来，你现在真的很生你＿＿＿＿＿（兄弟／老师／朋友）的气。"

工具 2：用文字承认感受

写在纸上的文字会让孩子觉得自己是被认真对待的。即使是对那些年龄太小、还不会读写的孩子也是如此。你能把他们的想法写下来，再念给他们听，他们会很开心。文字的形式可以是一份清单——愿望清单、购物清单、记录忧虑或委屈的清单等。

工具 3：用艺术作品承认感受

当我们被强烈的情绪主导时，可以把艺术作品作为一个强大的工具。好消息是，你不需要成为艺术家，只要会简笔画就可以。孩子会迫不及待地想要用铅笔、蜡笔、粉笔向你展示他悲伤或愤怒的情绪。

我们还可以用麦圈拼出一张悲伤的脸，让孩子知道你理解他的感受。

工具4：用幻想的方式实现孩子的愿望

当一个孩子想要一样不可能得到的东西时，我们总是禁不住会反复向他们解释为什么那样东西是得不到的。"宝贝，我已经告诉过你了，我们现在不能去游泳，游泳池今天不开放。哭是没有用的。"但这种逻辑实际上很少能说服孩子接受现实。如果你说："哦，真希望游泳池能通宵开放，那样我们就可以在月光下游泳了！"他会更快地高兴起来。

下次当你发现自己一心想要说明冷酷无情的现实时，不妨花点时间异想天开一下。你可以告诉你的孩子：你希望有一根魔杖，可以变出一个装满冰激凌的浴缸；你需要一些机器人来帮你清理房间；如果有一个能够冻结时间的时钟就好了，这样你们就可以多玩100个小时！

工具5：用全神贯注的倾听来回应感受

有时候，只需一个共情的声音就足够了。请克制住说教、质疑和提供建议的冲动。相反,你只需要认真倾听,再加上几句表示附和的"是啊""嗯嗯"。

"这么做是很好，但是……"

有时候，孩子心情不好是很明显的。比如：一块饼干从他手中掉在地板上碎成了渣，被旁边的狗狗吃掉了，而这是最后一块饼干，盒子已经空了！在学习了承认感受这一节之后，我们要开始情感救援了。我们克制住了对孩子讲道理的冲动："很遗憾，宝贝，但饼干掉在地上肯定会碎成渣！你最好早点明白这一点。"相反，我们叹着气，充满同情地说："天哪，真倒霉，你那么想吃那块饼干！你肯定不愿意让狗狗吃掉它，但狗狗的速度真是太快了！你瞧它，连嚼都不嚼就吞下去了。真希望我能有一根魔杖，再变出一盒饼干来！我们现在该怎么办？你想帮我把'小饼干'写在我们的购物清单上吗？我们把它写大一点，这样一走进房间我们就能看到！"

嘿，你刚刚和孩子进行了一场冠军级别的冲突对话，成功避免了一场饼干危机。这还能激励你的孩子练习精细的协调动作和学习拼写。

有时候，要弄清楚孩子的感受是一个很棘手的问题。孩子会心烦意乱，会生气，我们却无法预料这种情况。我们以为正在和孩子进行一场愉快、理智的对话，但很快就会发觉，我们正陷入激烈的情绪交锋。到底发生了什么？

亲爱的读者，为了便于理解，我们整理了一份日常生活中那些典型互动的列表，这些互动方式可以让交流双方的状态在一瞬间从平和变为冲突。应对这种情况的诀窍是注意孩子什么时候表达出了强烈的情感，即使他们没有表现得很明显。

不明显的情感表达

1. 当孩子似乎在提问时

"为什么你不把这个小宝宝送回去?"
"我必须穿长裤吗?"
"我该怎么做这个作业呢?"

一个直接的问题,就应该得到一个直接的回答……对吗?

"因为他是这个家的一分子!"
"我刚刚跟你说了,现在外面只有10度!"
"嗯,你需要先写一个提纲。"

这些回答都是事实,但往往会让孩子情绪更加激动。即使孩子还不知道什么叫"反问句",他也会在这里进行反问。从承认问题背后的感受来开始对话,可能会更有帮助。

"大人总是会更关注小婴儿!你一定希望你是家里唯一的孩子吧,你很怀念过去的日子。"
"哦,外面要是能暖和一些就好了!我知道你穿短裤更舒服。"
"这个作业难度有点大,要完成的内容确实太多了,都不知道该从哪里开始。"

承认问题背后的感受可能就足以化解冲突,并帮助孩子接受失望或克服焦虑。但只是这样还不够。这就是为什么我们还要写第2章和第3章——这两章的内容是关于合作和解决问题的。请不要跳过前面的内容,一切都是从这里开始的!我们需要用善意来解决冲突,防止对抗。只有承认对方的感受才能激发这种善意。

2. 当孩子似乎在寻求建议时

> 我不知道是不是该加入那个运动队。

千载难逢的好时机,得赶紧展示一下我们的聪明智慧。

> 你当然应该加入!你会得到提高的机会,能结交朋友,而且还能在你的大学申请书上增加一项漂亮的记录!

为什么他气冲冲地走掉,摔门而去?

请克制住立刻提供建议的冲动。好好想一想,孩子实际上是要表达一种感受,最有效的回应就是从承认感受开始。那么孩子到底有着怎样的感受呢?让我们礼貌地猜测一下。

① 听起来你对于加入这个运动队很矛盾。

"矛盾"?为什么这么说?

② 就是说,你现在有两种不同的想法。你一方面想要加入,但另一方面又担心自己不适应这个运动队。

是的,那个队里有很多大孩子,我也不认识他们。

③ 嗯,我懂了,你现在要加入的是一个高中队,你是年龄最小的。你不知道自己能不能融入他们。

是的,我觉得我可能会是跑得最慢的。

④ 嗯,我记得你在初中的时候很喜欢和大孩子比赛,但现在情况也许不同了。你有没有想过,可以先尝试一两个星期,体验一下?

我们先别买新钉鞋了。做最终决定之前,我先穿旧的就行。

你可能已经注意到，对话中的家长①提出了一个建议。如果你肯花时间认真接纳孩子的感受，孩子就有可能接受你在尊重他的基础上提出的建议。一切都取决于时机！如果我们一开始就说："你为什么不试试呢？"那么孩子就更有可能和你争吵或者愤然离去。在考虑解决方案之前，他们需要先被理解。

3. 当孩子讲话夸张时

"他太孩子气了。只要不如他的意，他就会一直哭！"
"我恨我的老师！"
"你从来都不让我跟朋友聚会！"

本能告诉我们，在这个时候我们要纠正孩子，为他们提供一剂现实的苦口良药：

"你对弟弟要有耐心。你像他这么大的时候也是这样。"
"你不能恨老师。你要知道，有这样一位老师是你的幸运。"
"别胡说。就是这次聚会没让你去，以后还有的是机会。"

然而，所有这些回应都只会在某种程度上加剧孩子的愤怒，而不是让他们平静下来。我们来试试先承认他们夸张言辞背后的感

---

① 这次对话的家长是乔安娜，她的儿子在高中四年里一直坚持参加越野跑运动队。事实证明，大一点的孩子并不像他们看起来那样容易在困难面前退缩。

受。下面这些开场白可以让气氛缓和下来,让对话变得更愉快。

"有个小弟弟在身边,确实会带来很多烦恼。他喜欢抢你的东西,不高兴的时候还会尖叫。"

"听起来你的老师今天做了一件让你特别生气的事。"

"看来这次聚会对你很重要。要是我们能同时去两个地方就好了。"

注意!不是每一种情况都需要承认孩子的感受!

你的意思是每件事都要讲感受?这太累了!我们要怎么熬过这一天?

你说的有道理!面对孩子激烈的情绪时,如果我们能先处理这些情绪,就可以避免冲突,节省精力。但大多数时候,我们的生活中没有那么多情感冲突。

当孩子问了一个她真的很想知道答案的问题时:

> 妈妈,这个字念什么?

你不需要回答:"听起来你好像很沮丧,不知道怎么读这个奇怪又令人困惑的字。"你只要告诉她这个字的读音就可以了。

如果你的学生问:

（今天我们会有户外活动吗？）

你不必去揣度这句话的潜台词，然后对他说："嗯，一直待在教室里确实很闷。"
你只需直截了当地说："有的！"

当孩子感到好奇时：

（我们这里有真的老虎吗？）

你没有**必要**研究他的感受："哦，天哪，你是不是很害怕？"

请认真为他解答："没有。只有动物园才有老虎！"如果真有老虎在附近游荡，你可以说："有的！如果你看到老虎，要保持冷静，慢慢后退。"

父母小组的许多参与者告诉我们，努力接纳孩子的感受，也有助于他们想象自己应该对成年朋友说些什么。当我们与同龄人交谈时，通常会很自然地产生同理心，因此不会否认他们的感受，去质疑、说教和建议，但有时我们也会出于本能说出让对方感到不舒服的话。

乔安娜的故事

不久前，我接到一个朋友的电话，她正在接受一些医学检查。她告诉我："我担心，最糟糕的情况会是癌症。"本能告诉我，要消除她的恐惧："绝对不可能。**别瞎想！**"但我没有急于开口，而是先整理了一下思绪。一段令人尴尬的沉默后，我终于开口说："这真是让人非常担忧。"

朋友激动地说道："就是这样！你知道别人怎么跟我说的吗？他们让我**别瞎想！**这不是很荒谬吗？这么大的事情怎么能不想呢？"我同意她的说法，这就像告诉一个人不要去想"房间里粉红色的大象"①一样可笑。我们都笑了。我没有对她承认，我也差一点说出和那些"可笑"的人同样的话。

当一个人陷入困境时，如果我们能够接纳他的负面情绪，就是给了他一份礼物。这世上至少还有一个人能理解他经历的一切。他并不孤单。

承认感受不仅仅是一种技能或技巧，它也是一种可以改变人际关系的工具。它不能保证我们的孩子会按时起床、刷牙和完成作业，但它创造了一种友好的氛围，在这种氛围中，所有事情都会变得更轻松、更愉快。它也为孩子培养关心他人和接纳他人感受的能

---

① 有个著名的心理学实验叫"别去想那只粉红色的大象"，参与者被要求不要去想象房间里面有一只"粉红色的大象"，但是没有人成功过——越努力压制这种想象，就越会想起。——编者注

力奠定了基础。

著名的儿童心理学研究者约翰·戈特曼花费数年时间，跟踪和比较了采取不同沟通方式的父母，结果表明，无论智商高低，父母的社会阶层或教育水平如何，感受得到认同和接纳的孩子都拥有巨大的优势。[1] 这些孩子的注意力持续时间更长，在各项测试中表现更好，行为问题较少，与老师、家长和同学相处得更好。他们对传染性疾病的抵抗力也更强，甚至尿液中的应激激素也更少。所以，如果我们想要孩子的尿液质量更好（谁不想呢？），就应该试着去承认他们的感受！

习题

在每一种情况下,选择使用语言、艺术作品、幻想或全神贯注的倾听等方式来更好地承认和回应孩子的感受。

1. "所有人都讨厌我!"
   A. "你这么说不对!你的父母爱你,你的爷爷奶奶爱你,你的老师爱你,还有你的猫也爱你!"
   B. "好吧,你这么爱生气,哭成这个样子,谁会喜欢你呢?没有人想和一个爱发牢骚的人在一起。"
   C. "听起来你今天有点不顺心。"
   D. "不要小题大做。你总是反应过度。"

2. "我的遥控车坏了!"
   A. "你玩的时候太不当心,它才从床沿上掉下来的。"
   B. "啊,这太让人伤心了。你是那么喜欢那辆车!"
   C. "还好你不会开车。"
   D. "别哭了。爸爸明天会再给你买一个。"

3. "我的老师可真蠢!"
   A. "听起来你很生老师的气。"
   B. "不要那样说你的老师。这很没有礼貌。"
   C. "我知道!我在她上周寄到咱家的回执上发现了三个错别字。这可真不应该!"
   D. "我相信她这么做是有原因的。"

4. 你的孩子看到有人在遛狗。她害怕得哭了，然后抱住你的腿。

   A. "别哭啦！没什么好害怕的，那只小狗又不会咬你。"

   B. "你可以摸摸这只可爱的小狗。它的毛多柔软啊。"

   C. "你害怕吗？快到屋里去吧。我会告诉那个人，让他以后去街对面遛狗。"

   D. "看见狗是容易紧张，因为我们不知道它会做什么。我们就站在这里，离它远一点。"

5. "我觉得这次数学考试我肯定不及格。"

   A. "不要这么悲观。也许你考得还不错呢。如果真没考好，你就去找老师补考。"

   B. "考试前你就应该好好复习。这话我跟你说了一个星期了，可你就是不听。"

   C. "要是你心里没把握，等待考试成绩的时候最难熬了。"

   D. "我们家数学都不好。很遗憾，你没有数学细胞。"

6. 你3岁的孩子哭个不停，就因为你告诉他不能吃一整盒冰激凌。

   A. "你想让你的牙齿都烂掉吗？吃那么多甜食对你身体不好。"

   B. "不要贪心。这盒冰激凌是分给大家吃的！"

   C. "你应该感谢我给你买了冰激凌。要是你一直哭闹，那就一口都别吃了！"

   D. "这样美味的东西真的很舍不得和别人分享。你那么爱吃冰激凌，是不是可以吃掉整个游泳池的冰激凌啊？来来来，我们画一个冰激凌游泳池吧，你可以一猛子扎到冰激凌里。我们再画点巧克力片吧。"

7. "泰勒说我是白痴！"
   A. "用不着为这种事难过，男孩子都这么说话。你们俩那么要好，他肯定不是有意的。"
   B. "被朋友骂确实让人很难过。"
   C. "他这么说真是太过分了！这几天你别理他了，看看他感觉怎么样！"
   D. "他这么说一定是有原因的。你对他做了什么？"

8. "史蒂文这次美术比赛又赢了，我连第四名都没拿到。"
   A. "你不能想着所有比赛都要赢，下次再努力就行了。"
   B. "这太不公平了。很明显是你画得更好，他画的是什么都看不出来，他肯定是评审的亲戚吧。"
   C. "好难过啊！你画得那么用心，很多小细节都画出来了，比如草丛中的小虫子，还有猫脸上的滑稽表情。"
   D. "听我说，也许你天生就不是当艺术家的料。不是每个人都能画画的。你更擅长运动！"

9. "不公平！你应该让我来冲马桶！我想自己冲水。"
   A. "谁告诉你生活是公平的？你总是忘记冲马桶，我可不想让洗手间又脏又臭。"
   B. "别小题大做！下次你再自己冲吧。"
   C. "那这样吧，我刚喝完一罐苏打水，一会儿就要去洗手间，然后你就可以替我冲马桶了。"
   D. "哦……原来你这么想自己动手啊。那我们在洗手间里挂一块牌子，这样我们俩就都能记得了。"

10. "我睡不着，我太担心了。"

　　A. "躺下，试着放松下来。睡一觉就没事啦！明天早上一切都会好起来。"

　　B. "这算什么烦恼？等你长大了，要还房贷的时候就知道什么叫烦恼了！"

　　C. "哦，可怜的孩子，也许我们不该逼你考实验班，压力太大了。"

　　D. "如果你有心事，是很难睡着的。我去找张纸，我们把那些烦恼写出来。"

---

1. 下周要交科学报告，要做的事太多了。
2. 自行车的链子断了。
3. 遥控飞机需要换新电池。
4. 零花钱不多了。有一枚25美分的硬币滚到了洗衣机下面。
5. 壁橱里一团乱，需要腾出更多的空间。

答案▶

1.C　　2.B　　3.A　　4.D　　5.C
6.D　　7.B　　8.C　　9.D　　10.D

● **本章要点：孩子有好的感受，才会有好的行为**

1. **用语言承认感受。**

    "总是有个小弟弟在身边，真的很不容易。"

    "听起来这个任务有点难，头绪太多，不知道从哪开始。"

2. **用文字承认感受。**

    "你很想吃燕麦棒是吗？我们把它写在购物清单上吧。"

    "你在担心很多事。把你的担心告诉我，我把它们写下来。"

3. **用艺术作品承认感受。**

    "这真让人伤心。你想把眼泪画出来吗？"

    "你很想念妈妈。我们给她画一幅画吧。"

4. **用幻想的方式实现孩子的愿望。**

    "我希望有一根魔杖。魔杖一挥，太阳就能马上出来。"

    "这个聚会对你很重要。真希望我们能同时出现在两个地方。"

5. **用全神贯注的倾听来回应感受。**

    "哦……真是的……嗯嗯……是啊……"

第 2 章
鼓励孩子与我们合作

这是做梦吧?
为什么他们不能按
我们说的去做?

我们不能整天只谈感受。有时候我们需要让孩子去做一些他们**根本**不感兴趣的事情。

有多少孩子会时刻注意不迟到、勤洗手、保持房间整洁和及时换内衣？

让孩子做某件事情，最有效的方法似乎是直接告诉他："把猫**放下**，**穿**上外套。不，不是等一会儿，是**现在**！"

问题在于，作为命令的接收方，孩子可能会被激发出强烈的愤怒和反抗情绪。

想象一下，你下班回到家，你的伴侣对你说："哦，你回来了。喂喂，别碰电脑。先去把外套挂好，洗手，然后来摆桌子。我让你看邮件了吗？快把手机放下。快点，晚饭马上就好了。你听到了吗？我说，**现在就做**！"此时此刻，你是否有转身离家出走的冲动？毕竟，周二比萨店有特价。

当我们对孩子发号施令（即使我们很有礼貌地在命令前面加上一个"请"字）时，我们就是在和自己作对。命令往往伴随着另一些东西——威胁、指责和警告，所有这些都不能激发合作的**意愿**。让孩子有合作精神，才意味着你成功了一半。

让我们来看一些成年人督促孩子做事情的典型无效策略。为了解开你的困惑，我们会给你提供解决方案——那些更有可能培养孩子合作精神的替代策略！

无效策略：威胁

替代策略：请孩子帮忙

当我们发现自己处于与孩子的权力斗争中时，缓和气氛比准备战斗更有帮助。威胁通常被认为是一种挑战，只会让一个意气风发的孩子更加坚定决心。与其尝试更多的控制，不如试着分享权力。你可能会得到一份惊喜！

无效策略：警告

> 别到处乱跑，你会把东西撞坏的！

> 我不会的！

替代策略：**描述问题**

当我们警告孩子灾难即将降临时，实际上是在告诉他们——我们不信任他们，他们的行为是不负责任的，他们根本不知道**自己**该做什么、该有怎样的行为。警告（以及伴随警告而来的命令）会让一个人失去责任感。

而描述问题就会有相反的效果。我们可以邀请孩子一起来解决问题，这是在给他们一个机会，让他们告诉自己该怎么做。

> 你的精力真旺盛，我担心你跑来跑去把东西撞坏了，我们该怎么做呢？

如果他们找不到解决办法，**告诉他们能做什么，而不是不能做什么。**

当孩子把我们逼疯的时候，我们自然会把注意力放在不希望他们做的事情上。但是对孩子不能只说"不可以"！让孩子把精力用在别的地方，要比阻止他们释放精力容易得多。

> 让我看看你能跳多高。试一下能不能摸到门框上的胶带！

无效策略：讽刺

> 你明知道今天要参加体育比赛，还把跑鞋落在家里了？你可真够细心啊。

> 我恨你。

替代策略：**写一张便条**

我们都有过这样的经历：一遍又一遍地重复一个指令，却一次又一次被孩子忽视，直到我们彻底崩溃。然后我们就会失去理智，说一些尖酸刻薄、没有半点用处的话。我们需要一剂解药。那么，写一张便条怎么样？

　　书面文字有很多优点。首先，在你第一次写下草稿表达了内心的愤怒之后，可以再重写一遍，修正不恰当的用词。其次，它可以提醒孩子，这样你就不必反复唠叨了；再次，就像一个孩子说的那样："便条不会对我大吼大叫。"最后，文字有一种神奇的特质，就连不会读写的孩子也会被它吸引。

无效策略：批评和指责

替代策略：**提供信息**

对我们来说显而易见的事，对孩子来说却并不一定如此。如果我们能提供确切信息，而不是横加指责，我们就是在尊重孩子，表示我们对孩子的信任——如果孩子掌握了正确的知识，就会采取负责任的行为。

回想一下我们和成年人说话的方式，这对你与孩子沟通会有帮助。直接下命令就是一种无礼的冒犯："嘿，别用叉子敲桌子！你都把桌面敲坏了！"我们会想办法给他们提供信息："这张桌子是用软木做的，叉子轻轻一敲就会留下凹痕。"然后让成年人自己去思考该怎样做。

无效策略：反问

替代策略：**描述你看到的情景**

我们被激怒的时候，会忍不住以明知故问的方式表达自己的意思。但问题是，小孩子会不明白我们为什么要这样问，而大孩子会很生气。

如果只描述我们所看到的情景，就能避免话语中隐含的批评，并把重点放在需要关注的地方。

无效策略：说教和训斥

替代策略：**只用一个词表达**

很多人都喜欢用一套套的大道理去教训别人，但没有人喜欢听别人教训。如果孩子在听你说了几句之后还是无动于衷（面对现实吧，这些话他们以前都听过许多遍了！），他们更有可能是被愤怒的感觉吞噬，而不是被激发了合作精神。即使他们本打算把鞋子收到鞋柜，在听到一番烦人的说教之后，他们也不想这么做了。

有种替代说教的方法是只使用一个词。

使用一个词的好处在于，你只是提醒孩子注意这个问题，具体怎么做，由他们自己决定。这个词的潜台词是："我相信你现在意识到这个问题了，你一定能处理好。"

注意：要确保你说的这个词是名词，不是动词。名词可以用来表示善意的提醒，比如"安全带"，而动词却会被当作令人难以忍受的命令，比如"快走"！

无效策略：评价孩子的个性和人品

替代策略：描述你的感受（使用"我"，避免使用"你"）

当我们给一个孩子贴上贬义的标签时，我们是希望能激励他表现得更好。"哦，天哪，我这才意识到我很粗鲁，我应该改变我的无礼行为。"遗憾的是，现实并非如此。孩子反而可能会因此感到气愤，更糟糕的是，他们会接受自己的贬义标签。如果我们放弃评价孩子，转而描述自己的感受，就更有可能从孩子（和大人）那里得到有效回应。使用这个工具时，使用"我"而不用"你"是很重要的。只要我们一说"你"，孩子就会感到被指责，会立刻开始自我防御。

听起来有点复杂。我们的确经常会以"我"开头，但在几秒钟内，"你"就会溜进我们的言语，破坏我们的善意。与其说"嘿，我不喜欢你戳我"，不如说"嘿，我不喜欢被人戳"。后面这句话更容易被接受。

无效策略：比较

替代策略：**提供一个选择**

每个小人物（也包括大人物）内心都有一种强烈的自主欲望。通过提供选择，我们能够激发孩子控制自己命运的天然本能，也能给孩子提供宝贵的做决策的实践机会。

无效策略：命令和指挥

替代策略：**游戏化（对小孩子尤其有效）**

注意：这个方法非常有效，但不能在愤怒的时候使用。你要先保证心情舒畅！

让一个没有生命的物品说话：孩子不喜欢听我们说他们该做什么，但是当一件物品对他们说话时，他们往往无法抗拒，即使这些声音很明显是从我们嘴里发出的。幸运的是，你不需要学习口技就

能使用这个工具！只要用不同的声音来代表不同物品就可以。

扮演无能的傻瓜：成年人总是掌握着权力，有绝对的权威地位。当我们假装不知道该怎么做时，孩子就会变成专家。这会让孩子觉得很开心。我们不妨趁还来得及的时候，享受一下这种角色互换的单纯乐趣。很快我们的孩子就会在……几乎一切方面比我们更有能力！

情境表演：从一件事过渡到另一件事对孩子来说是很难的。如果我们能让这种过渡变成一个有趣的活动，就能有效地消除过渡的痕迹。

把它变成游戏或者挑战：这是另一种让过渡变得有吸引力的方法，而不再是乐趣终结者。

> 要迈几大步就能到汽车那里？我们数数看。

或者

> 你能倒退着走到汽车那里吗？

或者

> 我们赛跑吧，终点是汽车。预备……跑！

使用不同的口音或听起来傻乎乎的声音：孩子喜欢意想不到的事情。不要严厉地命令，试着模仿孩子最喜欢的卡通人物、机器人或语调夸张的体育竞赛解说员说话。

> "他已经把手伸进了袖子……现在他到了最重要关头……现在袖子卡在他的胳膊肘上……不，等等，穿过去了……我们能看到手指头从袖口冒出来……**胜利了**！这是他的球队取得的**最大比分**！观众都沸腾了！"

那些无效策略是不是感觉很熟悉？很遗憾，这些我们惯用的策略往往会激发孩子的敌对情绪。如果这些策略真的"起作用"——孩子因为害怕而去做我们想让他做的事情——那就会造成其他负面影响。每次我们命令、威胁或指责孩子时，我们都是在教他们如何命令、威胁和指责他人。当我们这样做的时候，我们觉得自己的行为似乎是合理的，但是当我们听到同样的话语从孩子的嘴里说出来时，感觉会非常不好。（"好吧，如果你不让我玩游戏，我就不做作业！"）

如果我们想要孩子懂礼貌和尊敬他人，我们就必须以身作则，为他们树立榜样！

这些替代策略和我们的各种毫无助益的错误策略（比如命令、指责和威胁等等）并非一一对应的关系，你可以将这些策略进行混合搭配。你要做的是给出选择而不是命令，提供信息而不是说教，描述你的感受而不是责备。你懂的。以上的配对讲解只是一种建议，你完全可以自由发挥。

习题

面对如下场景,你该怎么做呢?请用我们建议的鼓励合作的策略来填空。

1. 当你让孩子洗手和吃饭的时候,他却还在做手头上的事情,根本不想停下来。你给了他倒计时 5 分钟和 1 分钟的提醒,但他仍然表示抗议或完全无视你。

无效策略:
___

承认感受:
___

提供一个选择:
___

请孩子帮忙:
___

游戏化:
___

2. 你的孩子随便把夹克往门把手上一挂,夹克滑落到地板上。你被绊倒了。

无效策略:
___

只用一个词表达:
___

描述你的感受（使用"我"，避免使用"你"）：
_____

描述你看到的情景：
_____

3. 你看到孩子拿着一杯果汁和一袋饼干走向客厅的沙发。
   无效策略：
   _____

   提供信息：
   _____

   在厨房门口贴一张便条：
   _____

   描述问题：
   _____

   告诉他能做什么，而不是不能做什么：
   _____

4. 你要收拾桌子准备吃晚饭，却发现桌子上堆满了废纸、剪刀、记号笔、胶带、硬纸板、胶水和绳子。
   无效策略：
   _____

   游戏化：
   _____

   描述问题：
   _____

只用一个词表达：

_____

5. 附加题：看看你能坚持多久不向你的孩子发出任何命令。

你坚持了多久？

A. 20分钟

B. 一个半小时（但最初的一个小时孩子在午睡）

C. 一整天

D. _____（将你的答案写在这里）

你注意到自己和孩子的情绪有什么变化吗？

答案▶（每个人的回答可能有所不同）

1. **无效策略**："我刚花了一个多小时做晚饭。我没力气再吼你了。如果你在30秒之内不坐到椅子上，就别想吃甜点了！"

   承认感受："我知道，谁也不愿意丢下手头没做完的事情。"

   提供一个选择："你还需要1分钟把这件事做好吗？还是5分钟？"

   "你想用洗手液，还是恐龙肥皂？"

   "你想自己洗手还是我帮你洗手？"

请孩子帮忙："你能不能把定时器设定在5分钟，等时间一到，就让所有人都知道该吃饭了？"

　　游戏化：让毛巾说话："我需要把小脏手洗干净！现在——所有机器人——都要——去吃饭。机器人——必须——补充能量。跟——我——来。"

2.　**无效策略**："我告诉过你多少次了？你要把夹克挂在衣柜里！这样会把衣服弄脏的！别那么懒，你只要多花30秒就能把夹克挂好。你要是还这样，总有一天我被它绊倒时会把脖子摔断，那可都怨你。"

　　只用一个词表达："夹克！"

　　描述你的感受（使用"我"，避免使用"你"）："我不想看到干净的夹克掉在地上被弄脏。"

　　描述你看到的情景："夹克掉地上了。"

3.　**无效策略**："马上给我回来！不许把食物带进客厅。你知道家里的规矩！"

　　提供信息："食物要放在厨房里。"

　　在厨房门口贴一张便条："食物和饮料不得越过此处！请检查口袋和鞋子。"

　　描述问题："哦，你想在客厅里吃东西。可问题是，我不想看到沙发上全是面包屑和洒出来的饮料。"

　　告诉他能做什么，而不是不能做什么："你可以在厨房里吃东西，然后再到客厅玩。"

4. **无效策略**："哦，天哪……我没法收拾桌子摆晚饭，因为桌子上全是你那些乱七八糟的东西。你为什么不能在你房间里做作业？你哥哥就是这么做的，这才是懂事的孩子。"

游戏化："我们需要把桌子快速清理干净。我来放一首歌（孩子最喜欢的音乐）。你能在这首歌结束时全都收拾好吗？"

描述问题："我需要一张干净的桌子，这样我才能摆晚饭。"

只用一个词表达："乔伊，桌子！"

5. **附加题**
   A. 好的开始。
   B. 好运连连。
   C. 令人佩服！
   D. 难以置信！

●本章要点：鼓励孩子与我们合作

1. 请孩子帮忙。

"你能不能查一下旅行 App，看看我们需要什么时候出发才能准时到达？"

2. 描述问题。

"你精力太旺盛了，我担心你跑来跑去把东西撞坏了。那我们该怎么办呢？"

3. 告诉他们能做什么，而不是不能做什么。

"让我看看你能跳多高。"

4. 写一张便条。

"亲爱的运动员，参加比赛前记得带上你的跑鞋。"

5. 提供信息。

"点点不喜欢有人拽它的尾巴。"

6. 描述你看到的情景。

"哎呀，牛奶洒在地板上了。"

7. 只用一个词表达。

"鞋子。"

8. **描述你的感受。**

   "我不喜欢被人戳。"

9. **提供一个选择。**

   "你是想帮忙收拾桌子,还是把盘子放进洗碗机?"

10. **游戏化。**

    "我打赌你不可能比我先到汽车那里。预备,跑……!"

第 2½ 章

如果这些策略都没用

第 2 章的补充说明

你一直在暗示，如果我使用这些策略，我的孩子就会合作。你骗人！

如果这些策略都没用，又该怎么办？你可以试试如下两种做法。

1. 采取行动，但不要攻击孩子的个性

有时你需要立即采取行动，以避免发生事故（或保护你的家具）。这时你没有时间思考！

你的孩子不顾你的警告，在马路上乱跑？不管他怎样尖叫和抗议，你都要把他抱起来，带到安全的地方，告诉他："我不能让你在马路上乱跑。这太危险了！"

你的孩子不在画布上画画，而是用画笔在沙发、窗帘和猫身上乱画？你需要拿起颜料和画笔，把它们放在孩子够不到的地方，再对他说："到处乱画确实很好玩，但我不能让你这么做。家具上全是颜料，我会非常生气！"

你的孩子要打弟弟？你要马上把他拖走，对他说："我不能让你伤害弟弟！"

即使没有迫在眉睫的财产损失和身体受伤的危险，当你尝试了一些策略，而你的孩子仍然没有反应时，你会发现自己已经失去了耐心。我们不建议你压抑自己的愤怒，继续在策略列表上寻找

合适的选项。先深吸一口气,想一些愉快的事情。巧克力……小猫……在海滩上散步……然后采取理性平和的行动。

你的孩子在一次烹饪实验后把厨房搞得乱七八糟。他很认真地答应过要自己收拾,现在却只想让你开车送他去朋友家。你可以采取行动,坚定自己的立场,对他说:"在你收拾完烂摊子以前,我不会开车送你。如果我在做晚饭前还要打扫厨房,我会非常恼火。我不想对你发火。"(从技术上讲,这是一种**无为而治**,你懂的,有时候,拒绝配合就是最强有力的表态!)

在比萨店里,你的孩子总是从一条长凳跳到另一条长凳上,即使你已经给他讲了别人的感受("这样跳来跳去会打扰到餐厅里的其他人"),并给了他一个选择("你要不就在屋里坐好,要不就到外面去跳"),他仍然充耳不闻。这时你可以采取行动,告诉你的孩子:"我们现在要回家了。我们需要让其他人安静地吃饭。"

以上策略的原则是**采取行动保护人身和财产的安全，有时还要保护人际关系**。孩子当然会哭闹和抗议，但如果我们不采取行动，孩子就会觉得可以无视我们所说的话。最终我们还是会因为疲惫或恼怒而失去理智。

当我们采取行动时，使用的语言很重要。注意，在所有这些例子中，我们都没有侮辱或攻击孩子。（比如："你太自私了。除了你自己，你还考虑过别人吗？""你错过了聚会，这是你自己造成的。是你违背了诺言，留下这么大的烂摊子。"）被攻击的孩子会把精力集中在自卫或反击上！（"这不公平，又不全是我弄乱的。你总是把什么事都怪在我头上！"）如果我们坚持自己的价值观，温和而坚定地让孩子知道我们的界限，同时承认他们的感受，提供信息，描述我们自己的感受，克制自己不去使用侮辱性或指责性的语言，孩子会更容易听进去我们的话。

2. 问问自己"为什么"

当你有时间反思的时候，问问自己："我的孩子在想什么？为什么他如此抗拒我'合理'的期望？"

妨碍合作的常见问题
（以及处理办法）

- 你的孩子可能有某种强烈的感受，因此变得不合作：**承认这种感受。**

  还记得第1章中所有关于承认感受的内容吗？如果你的孩子一直拒绝配合你的某个要求，试着去了解他的感受。

  你们每天早上都要为了去上学而大吵一架吗？如果你从接受他

的感受开始,可能会得到一些有用的信息。

你的孩子会有什么样的反应?也许你会发现,他不想去学校是因为他害怕在那里上厕所。也许他在担心考试。也许他认为还是婴儿的弟弟会在他离开的时候把他的拼图拆开,放进嘴里。也许他正在玩闯关游戏,不想停下来……

无论是哪一种情况,承认感受都会有所帮助,甚至可能会让你找到一个创造性的解决方案。

- 你的孩子可能是太饿、太累或者情绪低落,因而无法与你合作:**请先满足他的基本需求——吃东西、睡觉和休息放松。**

你的孩子是不是经常在一天快结束的时候情绪低落?当孩子累了或饿了的时候,再高明的语言技巧也比不上让他吃点零食或小睡一会儿。对于小孩子来说尤其如此。我们曾经帮助过这样一位家长。

我3岁的儿子诺兰每天晚上都会失控,会莫名其妙地尖叫、踢打、咬人、扔东西,从浴缸里往外泼水,所有这些行为都看不出明显的原因。我尝试了各种不同的策略,但都无济于事。直到最后我才搞清楚,诺兰最近在幼儿园不午睡了。因此一到下午5点钟,他就会失去理智。找到原因后,我让他更早一些上床睡觉,他晚上的失控行为就停止了。

对于年龄大一些的孩子,这个方法同样有效。

在教育创新项目中,有些学校会为学生提供免费午餐,同时又不将他们登记为低收入家庭;有些学校将放学时间提前,让学生能得到更多的睡眠。实行这些措施的学校的学生行为和表现都得到了显著改善,考试成绩、出勤率和毕业率都有所提高,破坏行为也减少了。这两个简单的方法解决了很多复杂问题。当学生过度饥饿或劳累时,很难集中精力完成功课,也很难冷静行事。[1]

如果孩子现在身体疲惫,心理负担很重,你就不能对他提出更多要求,也不能开始新的行动,而是要先想办法让他恢复平静。一位妈妈跟我们分享了以下这个故事。

我6岁的女儿阿马娅放学回家时,她的妹妹基安娜非常兴奋,迫不及待想和她一起玩。我一直都鼓励阿马娅多关心基安娜,但常常事与愿违,她总是对着妹妹发脾气,或者把妹妹推到一边。我终于意识到,在承受了一天的学习压力之后,阿马娅需要独自待一会儿,放松一下。如果我在阿马娅回家的第一个小时里，让基安娜先避开姐姐，相信阿马娅之后会非常温柔耐心地跟妹妹玩。我不是说小学一年级的一天对孩子是多么沉重的负担，但对我内向的女儿来说，有很多事情做起来都很难。比如要遵守严格的规则，和一大群孩子相处，还要担心能不能完成家庭作业，担心是否得到老师的认可……这些都是她的心理负担。

- 孩子的发展能力可能不符合你的期望：**调整期望，管理环境，而不是一直针对孩子。**

　　但他其实有这个能力。只要他想，他就能做到_____。他今天早上就做到了！

我们倾向于认为，只要一个孩子能把某件事做好一次，他就应该能一直做好。但事实并非如此！

　　他早上醒来后可以自己上厕所，并不意味着当他因为玩耍或吃饭而分心时，仍然可以及时去上厕所。他可能需要温和的提醒，或者在下午穿上纸尿裤。

　　他可以在有人监督的时候温柔地和邻居的小猫玩耍，并不意味着他已经准备好照顾自己的小猫了——无论开心还是沮丧，都能对身边的小生命温柔以待。尽管他迫切地想要一只宠物，但也许一年后再让他养会是更明智的选择。

　　到这个年龄，他应该能……

个人发展不会总是完全遵循成长图表上的曲线。

大多数幼儿园的孩子可以坐成一圈,保持10分钟不扭动身体,但并不意味着每一个孩子都可以做到。在讲故事的时候,有的孩子可能需要特别叮嘱才不会站起来四处走动。

也许大多数五年级的学生已经准备好参加为期三天的学校露营旅行,但你的孩子却很抗拒。他可能一想到要在外面睡觉就会非常焦虑。

也许一些七年级学生可以坚持参加学校安排的活动,在自己的房间里独立完成家庭作业。你的孩子却有可能需要你帮助他整理和修改作业,在他学习的时候,需要你的陪伴和支持。

- 生活变成了一场又一场战斗,没有任何乐趣:**花时间和孩子重新建立连接。**

我们日常的工作似乎就是管理孩子,让孩子做他们必须做的事情。面对现实吧,这的确是我们工作的一大部分,但这远远不足以维持一段爱的关系。

你有没有遇到过这样的邻居,他只有在出问题或投诉时才会打电话给你。即使那个邻居很有礼貌,但每当你看到来电显示的号码时,你的心就会往下一沉,有一点不想接电话。

在与孩子的互动中,如果我们总是以纠正他们或让他们服从我们的命令为目标,那么到了某个时刻,他们就会找不到任何与我们合作的理由,甚至根本不会与我们互动。我们可能需要一些时间重新建立与孩子的连接。和他们一起做一件事,"只是为了好玩"才去做。

把你的安排和计划放到一边,和你的孩子坐到一起,阅读一个故事,用积木搭一座高塔,玩一回骑马游戏,用毯子做一个山洞,一起摔跤,用葡萄干给花生酱做眼睛,挖一个泥坑,玩一个电子游戏,听听他们喜欢的音乐……一切的关键是遵从孩子的意愿,做他们喜欢做的事。当玩耍结束时,告诉你的孩子:"我喜欢和你一起做这件事。明天我们等小宝宝睡着的时候再做一次。"计划一个可以让孩子期待的具体时间,孩子的感受会非常好。

如果这些办法都没有帮助,说明你正面对一个更复杂的问题,需要升级版的解决方案。关于如何解决更棘手的冲突,请继续阅读第3章。

习题

在不同情况下，选择适当的方法——或者采取行动，或者承认感受，或者调整预期并满足孩子的基本需求，或者给孩子休息恢复的时间，或者和他重新建立连接。

1. 你的孩子又一次粗暴地对待小猫咪。你一个早上就警告他十次了，要对小猫咪温柔一点。

    A. 猫有九条命，没事的。玩玩填字游戏，分散一下注意力吧。

    B. 问他："如果有人抓住你的一条腿把你倒提起来，你会有什么感觉？"

    C. 对他说："我暂时把'毛球'放在我的卧室里。它需要休息。你可以玩你的毛绒小猫。"（锁上卧室的门。）

    D. 告诉他："你不配养宠物！跟'毛球'说再见吧，明天我就把它送到寄养机构。"

2. 你的孩子总是把课本和运动器材放在餐桌上。你已经描述了问题（"我需要在桌子上摆晚餐"），并让他了解你的感受（"我不喜欢桌子上有运动器材"），现在你没有耐心了！

    A. 把他的所有东西都扔进一个大垃圾袋里，然后大声宣布你要把它们扔进垃圾桶。

    B. 小心地把他的东西堆在桌子的一边，堆成一座摇摇欲坠的塔。吃晚饭的时候，把你的盘子放在他的曲棍球棒上。

    C. 请一位钟点工帮助打扫。

    D. 对他说："我已经没耐心了！我要把这些东西挪到你的卧室

去!"在孩子卧室里找到唯一一块干净的地方——可能是他的床,然后把他的东西扔到那里。

3. 每天晚上,你那个白天很平静的孩子就会变成一个怪物。如果不能用蓝色的杯子,他就会悲伤地哭泣,还会把盘子里的食物扔到地上;如果你让他穿上睡衣,他就会尖叫。

    A. 告诉他,在他这个年龄,行为得体很重要。

    B. 考虑让他早点上床睡觉,或恢复午睡。

    C. 告诉他:"我不会再让你吃甜点了!乱扔食物的孩子不配吃冰激凌。"

    D. 在网上订购一打蓝色杯子和一件新的彩虹独角兽睡衣,并额外支付43.65美元,要商家连夜送货。

4. 你不希望你的孩子把作业留到最后一刻才做。当他放学回家时,你给他时间放松,让他吃点零食,但当你催促他拿出作业本时,他却哭了起来。

    A. 他用平板电脑看视频,你在旁边帮他做作业。(你可能需要温习一下多项式长除法。)

    B. 给他讲数学能力在日常生活中的重要性。警告他,如果不好好学习,会导致成绩落后,影响以后找工作。

    C. 别指望他在学校遵守了一整天的规定之后,回家马上就能投入地做作业。花点时间和他一起坐在地板上,商量如何拼好乐高飞船。

    D. 制作奖励贴纸。告诉他,如果他能按时完成作业,就可以得到一张贴纸,连续得到10张贴纸,你就给他买一辆新的遥控车。

5. 周末你打算去拜访姐姐一家，你的孩子却拒绝为出门做准备，即使你已经告诉了他信息（"我们必须在10点前出发"），给了他一个选择（"你想带什么零食在车上吃"），并描述了你的感受（"我担心如果我们再耽误时间，路上会遇到堵车"）。

    A. 告诉他："算了，我不带你去了。"

    B. 开始用一种威胁性的方式数数："1、2、2.5、2.75……"

    C. 叹口气，对他说："我不管你了，你自己看着办吧。"

    D. 对他说："看来你不是很愿意去表哥家玩。"花5分钟倾听他的委屈，承认他的感受。时间实在不能再往后拖的时候，你可以说："我们去车里继续聊吧。"

答案▶

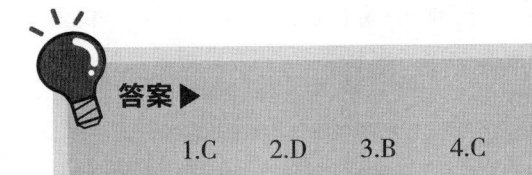

1.C   2.D   3.B   4.C   5.D

注意：这些答案错在哪？

1B 问他："如果有人抓住你的一条腿把你倒提起来，你会有什么感觉？"

    试图让你的孩子对小猫产生同理心是很理想的选项，但问题是，孩子（和一般人）通常会觉得这种问话是一种不加掩饰的指责。他们更有可能会和你斗嘴（"如果你抓住我的一条腿，把我倒提起来，我会很高兴的"）。即使他们知道猫咪不喜欢这样，也不会对你承认。

    当然，教育孩子从他人的角度看问题是很重要的，但如果我们想让信息传递出去，就不能用指责的语气。你可以另外找时间和孩子坐在一起聊聊，请他想想小猫害怕什么，怎么做会让小猫开心，能让它高兴地"喵喵"叫。

2D　对他说："我已经没耐心了！我要把这些东西挪到你的卧室去！"在孩子卧室里找到唯一一块干净的地方——可能是他的床，然后把他的东西扔到那里。

　　如果这是一个反复出现的冲突，你就应该和孩子一起解决问题（参见第3章）。

4D　制作奖励贴纸。告诉他，如果他能按时完成作业，就可以得到一张贴纸，连续得到10张贴纸，你就给他买一辆新的遥控车。

　　对动机[2]的研究证实了来参加我们父母小组的那些家长的经验。虽然贴纸和奖励可以在短期内激励孩子去做我们想让他做的事，但从长远来看，这样往往会适得其反。一方面，奖励的性价比会越来越低。孩子可能会不再满足于现有的奖励，而是要求更有价值的奖励，只有这样他才会去做你认为他本就应该去"做"的事情。甚至原先他"免费"就能做的事情现在也要求奖励："你要我打扫房间/摆桌子/铲门口的雪/遛狗吗？能给我多少钱？"物质奖励还会让孩子越来越缺乏内驱力去参与各种活动。比如，如果孩子为了得到奖励而读书，那么他就不太可能从读书中获得乐趣。

　　最后，如果一个孩子没能完成任务，那悬在他眼前的奖励就变成了一种惩罚，随之而来的将会是怨恨和敌意："现在这个美妙的东西不会属于你了！如果你当初做得更好，你本可以拥有它的！"（关于惩罚的问题，请参见第3章。）由于奖励并不能从根本上解决问题，尽管有承诺中的奖励，孩子可能仍然难以开始做作业。而现在他还将因失去奖励而更加痛苦。

●本章要点：当合作策略不起作用时

1. 采取行动，但不要攻击孩子的个性。
   "我不能让你伤害你弟弟。"

2. 问问你自己，为什么你的孩子非要和你对着干。你可能需要……
   （1）承认他的感受。
       "看来你真的不想出门。你现在没有心情上学。"
   （2）满足他的基本需求：吃东西、睡觉、休息放松。
       你的孩子需要早一点睡觉吗？……需要一些零食？……一些放松的时间？
   （3）调整期望，管理环境，而不是一直针对孩子。
       晚上还是穿上纸尿裤吧。
   （4）花时间和孩子重新建立连接。
       花些时间遵从孩子的意愿，和他们一起做他们喜欢的事情——读故事书、玩电子游戏、烤饼干、搭积木塔……

第 3 章
惩罚存在的问题
以及替代惩罚的方法

惩罚的利与弊

利	弊
• 传统教育方式 • 家长都在用 • 满足了报复的欲望 • 让孩子体验到不良行为的自然后果 • 必须做些什么！	• 没有作用

惩罚的好处是，它看上去是一个简单的方案，可以解决孩子行为不端这种常见问题。"如果你这样做，我就会那样对你。你会后悔的，你会记住这个教训，永远不再这样做。"这个方案简单便捷，可以制成图表，一目了然。对于每一种可能的违规行为，都可以制定并列出不同级别的惩罚措施：在街上乱跑——狠狠打屁股；说谎——在小黑屋静坐10分钟；乱扔食物——不允许再吃甜点；咬弟弟妹妹——爸妈也会咬你的胳膊（不会咬到流血，不过会让你知道被人咬是什么感觉）；沉迷手机游戏——这个月手机没收；数学考试不及格——不能再参加足球队了……

惩罚的唯一问题是，从长远来看，它**不会起作用**。多项研究表明[1]，受到惩罚的孩子很可能会再次犯错。

- 惩罚往往会激发愤怒和怨恨情绪，而不是真正的悔恨或想要做得更好的愿望。如果一个孩子因为和弟弟妹妹打架而被体罚或被要求在角落里静坐，他很可能会对弟弟妹妹和父母产生更大的敌意。我们总是幻想他会积极地反省自己的错误行为："哦，坐在角落里的这把椅子上，我突然醒悟了！当我亲爱的弟弟推倒我的积木塔时，我应该对他更温柔些。"事实上，他更有可能只是想着自己："我还要在这里坐多久？"他还会恼羞成怒："这不公平，那个小宝宝就从来不会被惩罚！"这样的惩罚不会让他对弟弟妹妹更温柔一点，因为正是这个小小的闯入者吸引了父母所有的注意力。他很可能会受到启发，在攻击时变得更加狡猾。同样，一个因为不做作业而被没收手机的少年不太可能突然对数学产生兴趣，他更有可能对数学充满仇恨，对父母也心怀不满，并且会通过一些不太光明正大的方式登录自己的社交媒体账号。

- 惩罚并不能从一开始就解决孩子行为不端的问题，也不能帮助孩子学习如何使用更容易接受的方式来满足自己的需求。就像一位老师说的那样："被送到角落去静坐的孩子还是那个孩子。"想想那些好冲动、自控能力差的孩子，他们一生气就乱扔东西，把他们赶到角落里并不能教会他们换一种方式处理挫折感。下次他情绪激动时，各种东西又会在家中四处乱飞。他会再次被送进那个角落。这会让他觉得自己是个坏孩子，而且每次这样的重复都会加强他的认知。这样的重复会发生很多次！当我们以为惩罚是正确的，但在实际操作中却发现惩罚没有任何效果时，我们典型的应对方式就是使用更严厉的惩罚。

- 当惩罚趋于严厉时，它的确可以让孩子改掉你不希望出现的行为，但也必然会带来另外的损害。严厉的惩罚会导致信任的丧失、恐惧、对同伴的攻击行为，以及许多其他心理问题。美国儿科学会

（American Academy of Pediatrics）在回顾了过去几十年的研究后，引用压倒性的证据[2]反对使用体罚（包括用手掌打屁股）。这些研究还发现，曾经受到过体罚的人，往往会对父母、兄弟姐妹、同伴和配偶有更严重的攻击行为，并且其抑郁和焦虑的发病率还会增加，导致亲子依附关系中断，更容易引发吸毒和酗酒，认知发展减缓，学业成绩下滑以及恶劣的反社会行为。这些影响不仅会在体罚后出现，还会持续到青少年时期，直至成年期。[3][4]

- 当我们惩罚孩子时，其实是在向他们展示一种可以使用的应对冲突的方式。如果他们不喜欢某人的所作所为，他们就会想办法让那个人痛苦，而不是想办法解决问题："如果你不让我用你的光剑，我就不邀请你参加我的生日会。""如果你再不停止在我耳边唱歌，我就揍你。""马上滚出我的房间，不然我就摔碎你的手机！"

那么，有了所有这些反对惩罚行为的证据，我们是否就能够创造一个更加温暖的未来，每一个冲突都能在和谐、友好、温馨、愉快的氛围中得到完美解决？这是否意味着，我们只需要对孩子温和耐心、晓之以理就行了？

你有没有见过真正的小孩子啊？

事实是，即使我们一开始想要表现得友善、讲理，有时也会发现自己正面对着来自孩子的抵触和挑衅。在意识到这一点之前，我们可能已经把自己逼到了死胡同，惩罚似乎是唯一的选择。这种情况是怎么发生的？让我们来看看慢镜头回放（来自一个真实的故事）。

伪装成提问的命令

> 宝宝马上就要醒了,他会把这些小碎片放进嘴里!

> 莉莉,你现在能把你的手工作业收起来吗?

> 他是在问我问题。我还没做完,所以……

> 不能。

尝试表现得友善

> 我要表现出友善,再给她一点时间。

> 好吧,你可以再做5分钟,然后你就必须收拾好。

> 哦,看来我们是在谈判……

> 不,我还需要100分钟!

不加掩饰的命令

带有指责意味的警告

提出告诫

情况不太好。也许我需要解释一下。

好了,莉莉,你知道小宝宝喜欢把东西塞进嘴里,弟弟可能会被这些小东西卡住嗓子。在你开始做手工的时候,你就知道必须在弟弟睡醒以前收拾好。如果这次你不赶快收拾好,以后我就再也不让你做这种手工了……

烦死了,那个小宝宝破坏了一切。

我才不在乎呢!小弟弟真讨厌!

以惩罚作为威胁

她得学会关心别人!

时间到了。如果我来收拾这些东西,你以后就别再用了。

这不公平,你真可恶!

这不公平,你真可恶!

这位家长的初衷是好的。他提出了一个非常合理的要求，给了女儿不止一次合作机会，并解释了为什么她需要赶快清理。

当然，他也有一些失误——命令、告诫、威胁——但即使你做的每件事都是"正确的"，当你的孩子愤怒地抗议（包括但不限于尖叫、踢打、扔东西）时，你会发现自己还是不得不采取行动。当小宝宝把会卡住嗓子的小纸片塞进嘴里的时候，你不可能再无休止地提供选择和承认感受。

即使这次我们让步了，冲突也不会结束。宝宝明天还要睡觉，姐姐还会想要做其他包含小件物品的手工作业。父亲是否应该更严厉地警告她不能再做这种手工了？那一定会增加父女之间的敌意，而且会使女儿对弟弟的存在越来越心生怨恨！

那么父亲就应该屈服，再给不合作的女儿一次机会吗？这可能会增加父亲的不满，并向孩子传递一个信息——他的威胁是假的，而她可以完全无视。

幸运的是，还有第三种方法！当情况偏离正轨、孩子感到不满意、父母开始后悔当初要孩子时，解决问题的时机就成熟了。这个过程有助于让孩子和父母回到同一阵线。在解决问题的过程结束时，你将不再觉得你的孩子是不知疲倦的"敌军"。你将把他们无穷无尽的能量从反抗权威的力量转化为寻求尊重各方需求的解决方案的力量。

解决问题

第0步：如果你正怒火中烧……先等等！在战斗最激烈的时候，在你生气的时候，不要使用解决问题的工具。你需要找到一个平静的时刻——你感觉有一点点耐心的时候。

第1步：承认感受

① 我在想我们昨天因为收拾东西闹了点别扭。
　　呃，我又有麻烦了？

② 你在做手工，让你中途停下来的确会不开心。
　　也许我没有麻烦了。

③ 是的，我就要做完了。
　　你想要把做了一半的手工完成。
　　我觉得他理解我了。我也要再和他说几句心里话。

④ 弟弟睡觉的时候，我总是必须保持安静，他睡醒的时候，我又不能做手工。
　　是啊，有个弟弟真的会带来一些不方便。
　　他真的理解我了。

第1步是最重要的。不要着急！倾听孩子的心声，继续接纳她的感受。你花越多的时间向她表明你理解她的观点，她就越愿意在第2步中考虑你的观点。

第2步：描述问题

> 我希望你能完成手工作业。问题是，我也担心你弟弟会把小纸片放进嘴里。

这一步必须简短直接！孩子不会听冗长的说教。如果你能克制住喋喋不休的冲动，阻止自己滔滔不绝地说她把手工作品放在宝宝够得着的地方会有多么危险，你将会得到一个更好的结果。

第3步：征求意见

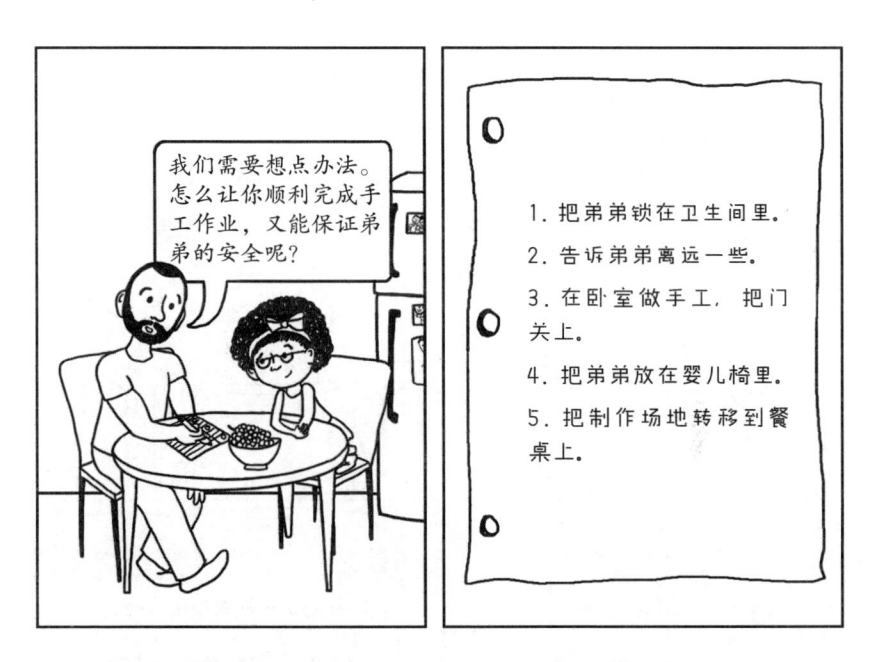

> 我们需要想点办法。怎么让你顺利完成手工作业，又能保证弟弟的安全呢？

1. 把弟弟锁在卫生间里。
2. 告诉弟弟离远一些。
3. 在卧室做手工，把门关上。
4. 把弟弟放在婴儿椅里。
5. 把制作场地转移到餐桌上。

你不一定**非要**写一个清单，但这样做会有帮助。孩子会感激你足够认真地对待她的想法。把这些想法一一写下来，并复述一遍！试着让你的孩子先提出一个想法，然后写下你们所有的想法，即使其中有些想法不合适。对于孩子来说，看到一个离谱的建议被白纸黑字地写下来，会感到特别满足！

第4步：确定你们两个都赞成的办法

① 嗯，如果我们把弟弟锁在卫生间里，他会哭的。
我们不能告诉他离远一些，他根本听不懂。我也不想一个人在房间里做手工。

② 我们可以试试婴儿椅。他会在那里开心地待上一会儿。
我会把一些玩具放在地上，让弟弟踢着玩。

③ 你可以用餐桌，不过我们得在桌子上铺上塑料布。
那就用这个办法吧。

④
1. ~~把弟弟锁在卫生间里。~~
2. ~~告诉弟弟离远一些。~~
3. ~~在卧室做手工，把门关上。~~
4. 把弟弟放在婴儿椅里。
5. 把制作场地转移到餐桌上。

在这个时候，你们中的任何一个都可以否决自己不喜欢的办法。（看，你不用担心要把孩子锁在卫生间里！）

第5步：尝试你的解决办法

看来，仅仅是让一个孩子从地板转移到餐桌，就需要付出很大的努力。为什么不能放弃所有的谈判，直接告诉孩子"去餐桌那里做手工吧，那样你弟弟够不着"？

你可以试一试，但可能不会得到热情的回应。邀请孩子参与解决问题时，你们一起想出的解决办法可能更适合孩子。因为孩子也参与了这个过程，他就不再是对手，而是队友。额外的收获是，你还向孩子传授了一项宝贵的生活技能：如何以尊重各方需求的方式解决冲突。

> 你真的和我住在同一颗星球上吗？你知道我家里每天、每小时、每分钟有多少冲突吗？如果我每次和孩子发生冲突都按这些步骤去解决问题，那我这一天就别干别的了。

好好好，不是每个问题都需要一个冗长持久的解决过程。你可以把这个工具留给那些反复出现且无法解决的最棘手的冲突。如果只是小冲突，你可以选择其他工具来快速解决问题。

如果我们刚刚告诉孩子不要做什么，他却还是做了，我们会很容易攻击他的个性。"看看你干的好事！跟你说什么你就是不听！你看你现在把家里弄得这一团乱！"这种对话会让孩子感到敌意并进行自我防御。"这不是我的错。是你干扰了我！"如果我们能克制住攻击的冲动，坚持描述自己的感受（使用"**我**"，避免使用有指责意味的"**你**"），孩子就更有可能专注于实际发生的事情，并为此感到懊悔。

惩罚背后的理论是：我们需要让孩子感觉不好，这样他才能学着变好。惩罚确实会让孩子对自己感觉不好，对惩罚他的人感到愤怒，但这并**不能激励他变好**。

想让孩子学会在将来做得更好，就要给他一个机会，让他现在就做得更好。与其思考要对一个犯错的孩子采取什么样的惩罚措施（或让他承担"后果"），不如把精力花在教他如何弥补上。

提供一个选择，将孩子的注意力转到他更容易接受的活动上。既然我们已经告诉孩子**不能**做什么，那我们就还要告诉他**能**做什么。下次他再想玩杂耍时，就会知道该怎么做不让妈妈（或易碎品）担心。

如果这位有志向的"马戏演员"继续无视你的意见，你可能就需要采取行动了。没收被当成道具的水果，把他赶出厨房，让他知道你不想看到苹果掉到地上摔成几半。

当我们和孩子发生冲突时，我们不只是要在这一刻"救火"，还要教他们在大家意见不合时该怎么做。我们要给孩子做出示范，在未来的冲突中应该采取什么行动。无论是和配偶吵架，还是与老板发生分歧，他们都要在维护关系的基础上解决冲突。

习题

A卷：在下面这个解决问题的案例中，找到缺失的那部分

妈妈："诺亚，我们早晨的时间安排有问题。我受够了每天上班迟到。我们得想想办法，保证能准时出门。"

诺亚："我也受够了你每天对我大喊大叫。还有，我们为什么非得现在谈这个？泰勒在问我数学作业，我正回他消息呢。"

1. 为什么妈妈会得到如此敌意的回应？她忘记了解决问题的哪两个关键步骤？

   如果她记得这些步骤，她会说什么呢？

   让我们继续上述这个场景。

妈妈："我们得想点办法，怎么能在早上按时出门，免得最后互相抱怨。我想我们要做的第一件事就是把你的闹钟提前半小时。"

诺亚："不行，别打这种主意。我不能起得更早了。"

2. 妈妈遗漏了什么解决问题的原则？

   妈妈该怎么做，才能让儿子更有兴趣参与呢？

   回到我们的场景。

诺亚："要不别让我坐校车了，你开车送我上学，这样我们就能晚点出门，我的时间也更富裕一些。"

妈妈:"不行,那我上班就要迟到了。而且所有孩子都坐校车,这样很环保。"

诺亚:(翻白眼)

妈妈:"你这是什么态度!"

3. 这次遗漏了什么解决问题的原则?

对于一个不合适的建议,妈妈还能做出怎样的回应?

回到我们的场景。

妈妈:"好,那我们说好了,你不需要提醒,可以自己早起准备上学。但如果没做到,你就只能打车走,而且车费要从你的零用钱中扣除。"

诺亚:"啊,不能这样。那我宁可逃学!"

4. 为什么解决问题的过程会失败?

为了保持合作精神,妈妈还能说些什么呢?

回到当时的场景(几周后)。

妈妈:"拜托,拜托,拜托你快点行吗?我求求你了!你会害我被辞退的,到时我们就都要流落街头了。这就是你想要的吗?"

5. 如果孩子之后还是赶不上校车,这位妈妈该怎么办?

答案▶

1. 这位妈妈忘记了应该找一个心平气和的时间来进行这次交谈,她也忘记了要从承认儿子的感受开始。如果她这样开始谈话,她的儿子会更愿意考虑妈妈的需求。

　　妈妈:"我一直在想早上准时出门的问题。现在我们聊聊好吗?"

　　一旦他们坐到一起,对话可能会是这样的:

　　妈妈:"最近我们早上经常吵架。我对你大吼让你快点的时候,你一定很生气。"
　　诺亚:"对,你总是冲我喊,'动作快点!'我讨厌这样。我不需要你告诉我该怎么做。"
　　妈妈:"哦,我这样说话让你特别生气。"
　　诺亚:"是的!"

2. 最好让你的孩子先提出一个办法。如果我们太快讲出自己的计划,我们传达出的信息就是——我并不在意寻找解决方案的过程中是否有孩子的参与。通过安静的等待,我们展示了对孩子思考问题能力的尊重。

　　妈妈:"我们得想想办法,能保证准时出门,不再互相抱怨。我们可以一起把想法写下来。"

等等……等等……数到5……再等一会儿……再数到5……如果你的孩子一直不回应,那就先提出一个异想天开的办法:"我们可以发明一个传送光束,让你不用坐校车,直接出现在学校里。"

3. 在和孩子进行头脑风暴时,重要的是把所有的想法都写下来,而不是对想法进行评估。即使你绝对不愿意给你的儿子当私人司机("这绝不可能!"),你也要承认,这是他的希望。只要把它写在清单上就可以了。如果你一听到他说出自己的想法就断然否定,孩子就会觉得没有必要继续头脑风暴了。

相应的对话可能是这样的:

妈妈:"哦,你想让我开车送你,这样你早上就有多出来的时间了。我来记一下,'开车送诺亚去上学'。好的,还有什么?"

把它写下来,表示尊重孩子的想法。不要担心——你写下这个想法,并不意味着你必须将它付诸实施!在第4步,你将有机会说:"我不赞成这个办法。如果我要先开车送你上学,那我上班就会迟到。"

4. 以友善和乐观的态度,结束这个解决问题的过程。如果你以威胁结束,就是在破坏之前的努力。如果你和搭档或同事解决了一个问题之后却受到他们的威胁,你会作何感想?你会不会更不想使用这个解决方案了?

妈妈可以说:"好啦,我们已经有了计划!让我们试一试吧,看看会不会有效果!"

如果你们双方都同意的解决方案最终还是不起作用,你们还有采取其他行动的机会。

5. 如果你们的计划没有成功,你可能需要再次坐下来,与孩子一起寻找一些新的方案。

妈妈:"真失望!我们制订了一个计划,在一段时间内也挺奏效,可是现在我们又回到了原先的问题上。我们需要新的办法。"

或者你可能觉得是时候采取行动了:

妈妈:"我上班不能再迟到了。从现在开始,如果你赶不上校车,你可以骑自行车或者坐出租车(或其他适合你们居住地的交通方式)。"

B卷：处理问题时，不去惩罚闯祸的人

情景1：你6岁的孩子特别喜欢滑着滑板车往墙上撞，即使你警告他很多次不要这样做。

  回应1 坚定地表达你的感受：_____
_____

  回应2 给孩子一个弥补的机会：_____
_____

  回应3 提供一个选择：_____
_____

  回应4 采取行动，但不要攻击孩子的个性和人品：_____
_____

情景2：孩子借了你最好的一双靴子去朋友家参加聚会。你是因为她苦苦哀求，并且保证会完好无损地还回来，才把靴子借给她。可是，她回家时没穿着那双靴子！看样子，她是脚疼的时候把靴子脱掉，向朋友借了一双人字拖，然后很快就把你的靴子忘得一干二净了。

  回应1 坚定地表达你的感受：_____
_____

  回应2 给孩子一个弥补的机会：_____
_____

  回应3 下次她向你借东西时，采取相应的行动，但不要攻击她的个性和人品（保护他人或财产）：_____
_____

  回应4 提供一个选择：_____
_____

答案

情景1

回应1:"嘿,我不喜欢滑板车撞到墙上!会留下黑印子。"

回应2:"这是刷子和肥皂,可以把这些印子擦掉。"

回应3:"你可以去广场上滑滑板,如果你心情不好,就去打打沙袋。"

回应4:"我先把滑板收起来了。我知道你心情不好,但我不想让墙上留下印子。我们找点别的事做吧。"

情景2

回应1:"我真的很生气!这是我最好看的一双靴子,我很担心找不回来了。"

回应2:"如果你现在给你朋友打电话,请她找到靴子收好,然后你明天去取,我会感觉好一些。"

回应3:"我暂时不打算把衣服借给你了。我不想再担心你又把衣服忘在哪里。"

回应4:"你可以去自己的衣橱里找找衣服,或者用零用钱去买一件。"

●本章要点：惩罚的替代方法

1. 尝试解决问题。

　　第0步：找一个心平气和的时刻——你既没有生气，也不会不耐烦。

　　第1步：承认感受。

　　"你在做手工的时候，确实很难停下来。"

　　第2步：描述问题。（用语一定要简短。）

　　"问题是，我担心宝宝会把小纸片放进嘴里。"

　　第3步：征求意见。

　　"我们需要想点办法。在你做手工时，我们该怎么保证小宝宝的安全呢？"

　　第4步：确定你们两个都赞成的办法。

　　"我会把所有东西都放在餐桌上。"

　　第5步：尝试你的办法。

　　"我们铺张塑料布来保护桌子吧。"

当你没有时间按照上述步骤解决问题时：

2. 坚定地表达你的感受，但不要攻击孩子的个性和人品。

　　"看到被摔烂的水果和打碎的玻璃杯，我会很难过。"

3. 给孩子一个弥补的机会。

　　"这里需要清理一下。把碎玻璃装到罐子里。"

4. 提供一个选择。

　　"下次你想玩杂耍时，可以用围巾或沙包。"

第 4 章

有效赞美和无效赞美

为什么我们夸他是好孩子,他却表现得很糟糕?

大家都知道孩子（和正常人）喜欢正反馈。如果我们对孩子只是批评，指出他的错误和失败，就有可能彻底打击孩子的积极性，让他失去继续尝试的意愿。

所以我们会不停地赞美孩子，然后我们又会担心……我们的赞美够不够？我们是不是应该用更夸张的赞美来提升孩子的自尊心？还是我们表扬得太多了？我们是否做过了头，让他们对自己有了不切实际的认知？当他们意识到自己其实并没有那么优秀时，这些赞美会不会让他们崩溃？我们到底应该以怎样的尺度说这些鼓励的话？

但也许这些问题并非关键。最近的研究表明，是我们使用的**赞美方式**，而不是赞美的次数，造成了效果的差异。当我们想要鼓励、激发、鼓舞别人的时候，我们选择的词语是很重要的！评判或评价式的赞美之词并不总是能达到我们想要的效果。

有时我们赞美孩子，是因为我们想让他们知道自己的优势，从而渴望取得更大的成就。

女孩子需要更多的正反馈才能坚持学好数学。我要夸奖她的能力，这样她就会受到鼓舞，进步得更快。

你在数学上非常有天分，你应该报名参加明年的进阶课程。

我没那么有天分。二次方程对我来说就已经很难了，下一步只会越来越难。

进阶数学课和我的乐队活动有冲突。

这次对话出了什么问题？**评价式的赞美**——比如夸一个孩子有天分、聪明、完美——会干扰孩子的学习过程，实际上抑制了她的冒险意愿。在面对新的挑战时，那些接受过大量评价式赞美的孩子往往会失去信心。他们可能会认为，与其坚持完成一项困难的任务、暴露自己的无能，还不如趁自己领先的时候放弃。

研究人员[1]发现，许多被说成"有天分"的孩子在遇到无法轻易解决的问题时，处境要比"没有天分"的孩子困难得多，其中原因不难想象。因为不能很快得出答案，那些"有天分"的孩子的自我认知会受到沉重的打击。有些孩子会变得焦虑，想要放弃；还有一些孩子可能会表现出厌烦或反抗，他们其实是不想辜负父母和老师的评价。

那么，我们该如何回应孩子，才能激发出他们最好的一面——既能表明我们对他们取得的成就感到高兴，又能提升他们的自信，让他们更愿意接受挑战？

激励孩子的其中一种方式是**描述努力**。当孩子的努力被注意到、被赞美时，就是向他们传达这样的信息——他们可以在逆境中取得胜利。努力奋斗不是因为没有实力或缺乏天赋，而是一种值得自豪的品质，代表着能力的不断提高。

当我们关注孩子的努力时，孩子就会知道，他们的能力不是固定不变的，而是会随着努力不断增强。有这种心态的孩子在面对新的困难和挑战时，更有可能积极尝试。

描述努力

> 我注意到，你遇到数学难题时，会努力钻研，不断尝试用不同的方法解出答案。明年你想不想参加进阶课程？

> 没错，我不会轻易放弃。

> 嗯，我会考虑一下。

有时我们会在孩子感到泄气或者迷茫的时候赞美他们，想给他们一点信心。

孩子很难接受"伟大"和"优秀"这样的最高级形容词，尤其是孩子自己的感觉并非如此时。这样的赞美常常会使孩子关注自己的弱点而不是优点。如果孩子接受了父母不切实际的赞美，很可能会导致其他问题。我们没有让孩子对自身能力有一个真实的认识。如果你真的"伟大"和"优秀"，你还要往哪里发展？你为什么还要努力提高自己呢？

我们需要另一种赞美方式，来替代实际上并不能支持孩子继续发展的最高级的赞美词汇！

既能给予孩子支持，又符合现实情况的一种反馈方法是**描述进步**。

描述进步

> 你们今天遇到的对手进攻能力很强。你们遭到了最猛烈的攻击!我知道你有几次失手,但你防住的球要比刚参加比赛时多了很多。我能看出来,你的反应速度变快了。

> 真的是这样。尽管我错过了几次传球,但我的确比以前有进步。我还要继续练习。

有时我们赞美孩子,是为了让他们继续保持良好的行为。我们认为正确的事情,希望他们能继续做下去!

> 以前我总是批评他对弟弟太粗鲁。我应该表扬他能和弟弟一起好好玩,这样他以后还会这样。

> 你真是个好哥哥。你看,只要你努力,你就能表现得特别好。

> 我可不想努力。弟弟总是那么烦人。

当我们的赞美很**过度**("你是一个好哥哥、一个伟大的作家、一个完美的家长")时,对方就会觉得我们想要操控他,会怀疑我们的真诚或评价。孩子知道自己不是一个"那么好的哥哥",他妈妈不是在撒谎就是有妄想症。不管怎样,他都会纠正妈妈的错误说法!

而最后的那个转折,"只要你努力",更是伪装成赞美的批评:"你只是大部分时间都不愿意尝试!"如果你的伴侣称赞你说:"看,我就知道只要你愿意努力,就能按时做好晚餐!"你会感激他吗?

你是不是开始觉得开口说话是一件很危险的事了?不要害怕,解决方法很简单。与其虚情假意地奉承孩子,不如**描述孩子的行为对他人的影响**,让孩子自己得出结论。

描述对他人产生的影响

你弟弟真的很喜欢搭积木,他跟你一起玩的时候特别开心呢。

我可以做一个好哥哥。

我要教他搭一座真正的高塔。

有时我们赞美孩子,是因为他们渴望得到对他们来说很特别的人的关注("妈妈你看,我骑车不用扶车把!"),我们想要满足他们与我们连接、被看到和被欣赏的渴望。

太棒了！完美！太好了！漂亮！干得好！很奇怪，这种赞美既**过度又不足**。**过度**是指这些表示最高级的词汇听起来根本不真实，**不足**是指它们传达给别人的感觉是忽视和不屑。爸爸真的看了吗？他是真的喜欢还是随口说说？说一句"干得好"很容易，但要认真欣赏孩子向我们展示的东西就没那么容易了。在我们这样说的时候，孩子常常会问："你真的喜欢它吗？"

　　家长或老师要怎样满足孩子对得到认可的需求呢？你可以多花一分钟来**描述你所看到的**。如果你还有一分钟的空闲时间，你甚至可以**问一个问题**来表示你的兴趣，给孩子一个机会来详细说明。当成年人愿意花时间和精力去关注孩子成就的细节时，孩子会感到极大的满足，这样可以激励他更上一层楼。

请注意，这个成年人并没有夸大其词。他没有夸大孩子的成就，给人一种错误的"优秀"印象。相反，他的反馈很具体，让孩子对自己的成就有了一个准确的印象。

这一章你读得不错，如果你能坚持到最后，可以得到一颗金色的小星星。我们知道，只要你努力，你就能做到。（看到了吧，被人用评头论足的方式赞美有多烦！）现在你可以在你的孩子身上进行描述式赞美的试验，看看会发生什么。

101

习题

对于下列场景，避免评价式的赞美，描述努力、进步、对他人的影响或你看到的情景，或者问一个能表示你感兴趣的问题。

1. 你和孩子在超市排队结账。她在帮你把东西搬到传送带上，而不是像往常那样去抓货架上的糖果和口香糖。你要鼓励这种行为！

    A. "好孩子！你是妈妈的小帮手。"

    B. "我喜欢你表现得像个大女孩，而不是还像小宝宝一样抓糖果。"

    C. "哇，你把我们买的罐头都搬到了传送带上。真是帮了大忙！"

    D. "你表现得这么好，应该得到一个冰激凌。"

2. 你的孩子正在努力学习一段很难的钢琴曲，他说："这太难了。"你要鼓励他继续努力。

    A. "没有啊，你弹得很好听。你是个很有天赋的音乐家。"

    B. "第二节的附点八分音符真的很复杂。等你练习好不用左手弹和弦的时候，就可以掌握了。"

    C. "不要放弃！我知道只要你继续练习，就一定会成功。你只需要付出努力。"

    D. "前奏听起来不错，但是你需要在第二节多花点时间。这里是附点八分音符，不是四分音符。你节奏慢了，应该用节拍器。"

3. 一场暴风雪后，你的孩子把整个车道的雪都铲掉了。他骄傲地向你展示他的成就。

    A. "看，只要你愿意，你就能做得很好！很高兴看到你帮忙，而不是坐在那里玩手机。"

B. "车道铲得很干净,但是你没有铲房前的雪。这才是最重要的部分。"

C. "真棒!"

D. "哇,你铲掉了好多雪!这可是一项很辛苦的工作。你把从咱们家到街上的路都铲干净了。"

4. 你的孩子有一份家庭作业,要画一个名称以字母D开头的东西。他画了一幅恐龙(Dinosaur),却又把那幅画揉成一团扔在地上,还说:"我画得不好!这张脸看起来不对劲!"

A. "尽你最大的努力。这才是最重要的。"

B. "宝贝别扔啊,让我看看……画得很好啊!"

C. "哦,我看到一只紫色的恐龙,有绿色的条纹和又大又可怕的牙齿。但你对这张脸不满意是吗?你希望它更特别一些?"

D. "好啦,别抱怨了,画个甜甜圈(Donut)就行了!"

5. 你的孩子打扫了自己的房间,整理了书架。

A. "你的房间看起来很干净!你真棒!"

B. "你真是大孩子了。房间收拾得很干净。希望弟弟也能学会像你这样打扫卫生。他的房间脏得像猪圈一样。"

C. "这下你自己也知道房间干净有多好吧?我想看看你能保持多久。"

D. "哇,你做了这么多细致的清洁工作。你把整个桌面都清理了,还把脏衣服放进了洗衣篮,连书架上的书都分门别类整理好了。"

6. 你的孩子向你展示他制作的电脑动画。

    A."哇，你是怎么把动作画面做到这么逼真的？"

    B."非常好，宝贝。你作业做完了吗？"

    C."太棒了！我敢打赌你们班同学没有人能做到你的一半那么好。"

    D."你总是这么有创造力！"

7. 想想你的孩子上周做了什么你想要赞美的事情。

    他/她做了什么？_____

    你会对他/她说些什么，来描述他/她的努力、进步、对他人的影响、你看到的细节，或者问一个能表现出你的兴趣的问题？_____

> **答案▶**
>
> 1.C　　2.B　　3.D　　4.C　　5.D　　6.A
>
> 7.填空做得非常好！（开个玩笑。）

注意：这些答案错在哪

奖励

    1D　"你表现得这么好，应该得到一个冰激凌。"

当孩子按照我们的意愿行事时，我们很容易给他们奖励。问题是，得到奖励的孩子会失去内驱力。许多研究都发现，与没有得到奖励的孩子相比，得到奖励的孩子在无法再次得到奖励的时候，就不太可能重复他们曾经被奖励过的行为。下次你的孩子在收银台帮你结账时，她会期待再得到一个冰激凌（或者两个）。如果没有了冰激凌，她可能会拒绝再帮助你。[2]

描述努力

2C　"不要放弃！我知道只要你继续练习，就一定会成功。你只需要付出努力。"

这是一个有欺骗性的答案！要求努力和描述努力是不一样的。

批评

2D　"前奏听起来不错，但是你需要在第二节多花点时间。这里是附点八分音符，不是四分音符。你节奏慢了，应该用节拍器。"

即使批评是有道理的，给一个遇到困难的孩子罗列出一串他做错了的事情，也会让他非常沮丧。指出一件积极的事情比指出十件消极的事情更能激励孩子努力学习。如果我们想让孩子注意到某些需要改进的地方，我们可以先用赞赏的语气来描述他到目前为止所取得的成就，然后每次只批评一件事，这样孩子会更好地接受意见。

承认感受

4C　"哦，我看到一只紫色的恐龙，有绿色的条纹和又大又可怕的牙齿。但你对这张脸不满意是吗？你希望它更特别一些？"

当孩子感到沮丧时，承认他的感受比给予和他的看法相反的赞美更有用。

可疑的问题

  3A "看，只要你愿意，你就能做得很好！很高兴看到你帮忙，而不是坐在那里玩手机。"

  5C "这下你自己也知道房间干净有多好吧？我想看看你能保持多久。"

  3A和5C是有欺骗性的回应。家长在问问题，但这些问题并不是表明兴趣，而是暗含着批评。

比较

  5B "你真是大孩子了。房间收拾得很干净。希望弟弟也能学会像你这样打扫卫生。他的房间脏得像猪圈一样。"

  6C "太棒了！我敢打赌你们班的同学没有人能做到你的一半那么好。"

  当我们赞美别人的时候，很容易使用比较的方法，但结果往往很糟糕。我们不希望孩子们互相怨恨，也不希望他们被对方的成就威胁。不应该让孩子觉得我们的认可是基于他人的失败或不足。我们也希望他们乐于帮助弟弟妹妹或与同学愉快合作。

●本章要点：有效的赞美方式

1. **描述努力。**

    "我注意到，你遇到数学难题时，会努力钻研，不断尝试用不同的方法解出答案。"

2. **描述进步。**

    "你防住的球要比刚参加比赛时多了很多。"

3. **描述对他人的影响。**

    "你弟弟真的很喜欢搭积木，他跟你一起玩的时候特别开心呢。"

4. **描述你所看到的。**

    "哇，你把面条涂成了亮绿色……还加了金色的光点……哟，这里还有一根绳子从小洞里穿过去。"

5. **问一个问题。**

    "你是怎么想到用意大利面做项链的？"

第二部分

成长的烦恼

我们经常帮助读者和父母小组的参与者处理棘手的问题。在这个部分,我们将分享他们的一些故事。

自从我们的第一本书《如何说小孩子才会听》(*How to Talk So Little Kids Will Listen*)出版以来,我们收到了世界各地读者的一千多封来信。很多读者向我们询问如何处理各种棘手的情况,或者和我们分享自己与孩子(或学生、伴侣、同事、亲戚)使用这些沟通工具的故事。在本书的第二部分,你会看到读者和父母小组的参与者提出的各种问题和相应的答案。这次我们也记录了一些大孩子的故事,应该可以帮到正面临孩子青春期挑战的父母。

本书的这一部分不需要按顺序阅读。你可以直接跳到感兴趣的小节。

第 1 节
怎么熬过这一天

1 够了够了！

当孩子完全不讲道理时

我们听许多家长和老师说过，"承认感受"这件工具对他们与孩子的关系产生了深远的影响。但我们也有一大堆故事，可以放在这个主题下面：**够了够了！**

有些感受似乎不值得共情。当我们觉得某种感受毫无来由的时候，真的很难承认它。

以下是一些在现实生活中遇到挫折的父母在我们的小组活动中分享的例子。

一模一样的气球

上个周末，我们去参加了一个生日聚会。孩子们都得到了氦气球，我确保我的双胞胎女儿得到了同样大小和颜色的气球。但不出所料，我们一到家，珍娜就开始抱怨，说她的气球不够好，她想要艾拉的气球。我当时的反应就是："哦，天哪，别说了，你太荒唐了！气球是完全一样的！"整个晚上她都在抱怨和生闷气。我真想拿着大头针走进她们的房间，把两个气球都戳破，这样就没事了？你必须承认，有时孩子会毫无缘由地抱怨，只是为了引起大人的注意。我不想鼓励这种行为。

木棍争夺

我的孩子们总是为了争抢木棍打起来。一个人找到一根棍子,另一个人就想要那根棍子,不管我怎么告诉他们,院子里到处都是这种木棍,他们都不理会。他们的争斗根本不是因为资源有限。我告诉儿子:"你妹妹的那根棍子没什么特别的!你自己再去找一根吧。外面有好几百根棍子呢,伙计。"你肯定可以猜到这么说的结果是什么。

小孩子,大支出

当我的女儿违背我们教给她的价值观时,我就会感到很难接受。我12岁的女儿玛丽安娜喜欢网购。她给我看一双网上售价229美元的运动鞋,坚持说她需要这双鞋,因为她的朋友们都有。我可不打算承认这种感受!一个12岁的孩子为了赶时髦比着花钱,这是我最不希望看到的事情。我要把它扼杀在萌芽状态!

这些都是考验我们的时刻!我们还是应该找到一种方式去承认孩子的感受,**即使那些感受看起来不可理喻**,这样才会让孩子进步和改正。那我们要怎么做呢?

"你觉得这个气球不好是吗?在我看来两个气球完全一样,但你还是更喜欢姐姐的气球。"

当她做出回应时,你可以继续承认她的感受:

"哦,你不喜欢你的气球,是因为它打结的位置有些歪,这样它就没那么圆了。"

我们不是建议你跑到礼品店再给她买一个气球,仅仅是你的接纳就有可能帮助她冷静下来。也许她只是需要哭出来,真正的问题并不一定在气球上。我们通常觉得生日聚会是一种令人愉悦的体验,但是,对于一个4岁的孩子来说,生日聚会的体验可能是没有砸到金蛋,因为金蛋已经被别人砸破了;或者是在拔河比赛中被人踩到了脚;或者是没有得到她想要的奖品(也可能是她回家时在车里把奖品弄坏了);要不就是她吃了太多蛋糕和冰激凌,胃很不舒服……这些都有可能让她一回到家就开始为一个气球哭泣。孩子的一天常常充满了小小的挫折、担忧和失望,并因此产生累积效应。我们要安慰他们,在不质疑孩子的逻辑的前提下,接纳他们的感受。("嗯,你希望你的气球不是这个样子!你一点都不喜欢这个气球!")当孩子无端抱怨时,或许只是为了获得关注。我们可以给予他关注,因为这正是他所需要的——从我们这里得到情感上的安慰。

但是那些棍子呢?孩子就是觉得所有的棍子都不如妹妹手里的好,你能对他说什么?(真是个棘手的情况!)

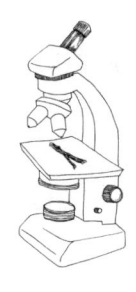

"那根棍子对你来说很特别!院子里有那么多木棍,你还是很喜欢妹妹那一根。它一定有什么地方吸引了你。"

我们当然不能指望这样就能结束争论。毫无疑问,你的孩子会坚持说,仔细看,这根棍子比另一根更直。

你不必反驳。当然，你很想要告诉孩子，这两根棍子中没有哪一根是更直的，但问题是，即使你赢了这场争论，你也输了，因为你仍然要面对"失败者"的吵闹。

相反，你可以继续承认他的感受。"哦，看来你喜欢的是超级直的棍子！笔直得像箭一样！你想要别人帮你去找更多超级直的棍子，还是你自己找找看？"（注意我们是如何帮助孩子放弃争抢的，要选择更友好的做法。）

那么鞋子问题呢？如果我们接受价格高得离谱的鞋子，会不会培养出过分奢侈、崇尚物质享受的孩子？

与其因为孩子的欲望而责骂她，不如接纳孩子的感受，这样能更成功地教会她做一个明智的消费者。而此时正是利用幻想的最佳时机。"你很喜欢那双底部有锯齿图案的运动鞋。真希望价格不是那么贵。如果能突然降价打1折就好了！"让孩子向能共情她的听众描述她喜欢的运动鞋，她就能够从中享受到乐趣。当她说完自己想说的，你可以告诉她："现在的问题是，我们只有＿＿＿美元（在这里填上你的数字）可以用来买新运动鞋。要不要一起去商店看看？还是你更愿意在网上找一下，看看用＿＿＿美元或者更少的钱可以买到什么？"

看看我们刚才使用的所有工具：承认感受，在幻想中实现孩子的愿望，提供选择，请孩子帮忙，研究如何采购。

但如果孩子对自身痛苦的关注时间长得超出我的想象，而我实在听不下去了呢？没有极强共情能力的人类父母能忍受孩子为一个气球、一根棍子或一双昂贵的鞋子哀号多久？

你能忍受多久就忍受多久，到达极限后就不要再忍受了。只要让孩子知道你感受到了他的悲伤，就可以离开现场了。但这时你要表达出对孩子的共情，而不是说教！注意你离开时说的话。不要说："孩子呀，放过自己吧，生活中还有很多更困难的事要面对。如果你连打结打歪了的气球都受不了，那你以后注定会失败。"

相反，即使你暂时要从孩子的身边离开，也要让孩子知道你是站在她这一边的。你可以坦率地描述自己的感受。"我现在不想再听更多关于气球的事了。我要去厨房准备晚饭了。等你准备好了，就来帮我把生菜洗干净。"你也可以提供一个帮助她转移注意力的选择："你想不想在气球上画一张脸，让它好看一点？还是想让它保持原来的样子？"

早在17世纪，一位名叫布莱士·帕斯卡（Blaise Pascal）的哲学家就指出："心有着自己的理由，不为理性所理解。"即使是在几千年前，古希腊人可能也会渴望一双他们买不起的凉鞋——那种装饰着金色流苏的凉鞋。

你无法说服孩子或大人不再想要他们想要的东西，无论是气球、棍子还是鞋子。相信每一个读到这句话的人都能想到一些他们无比渴望却又负担不起的东西（一辆兰博基尼、一幢海滨别墅、一艘游艇、一次环球旅行）。承认这样的感受并不意味着认同，接纳孩子的异想天开也不意味着就是溺爱。即使孩子的感受看起来不合逻辑，没有道理，我们也要去承认和接纳，这样才能让孩子更容易接受现实。

○ 来自"战斗前线"的故事

纸上的绿线

快4岁的拉胡尔有一个小笔记本,他喜欢在上面写写画画。现在他已经填满了其中整整一页。

突然,他哭了起来,因为那一页纸上有一条绿色的线。

我:"出什么事了?"

拉胡尔:"这一整页都毁了。我的字上面有一条绿色的线。"

通常我会说,"这没什么大不了的。你可以翻一页,在下一页上写字。再说,这条绿线不就是**你自己画的吗**?"

但这样说不会有任何帮助。

这次我试着承认他的感受。

我:"哦,你不想看到纸上有绿色的线。"

拉胡尔:"是的!"

我:"你想在一张干净的纸上写字。"

拉胡尔:"是啊!"

我:"现在这张纸都毁掉了。"

拉胡尔停止了哭泣,但他还是很难过。

我:"我们该怎么做呢?这根绿色的线是擦不掉的。"

两岁的小儿子一直在听我们的对话。他从一副桌牌游戏中拿起一个小卡片(我们家到处都是桌牌游戏里的小卡片,不过现在根本没人玩了),把它放在绿色的线上,然后说:"用胶带粘住!"拉胡尔非常喜欢胶带,所以他对这个建议很感兴趣。小儿子又跑去拿了另一个小卡片粘在绿线上面。拉胡尔对这个解决方案非常满意。这真是一次神奇的补救。

车窗上的冰

上个星期,像往常一样,孩子上幼儿园又迟到了。我费了很大力气,终于把伊莎贝尔放在汽车座椅上。那天天气特别冷,我要先下车去刮掉车窗上的冰。我没有戴手套,手指都冻僵了,感觉很不舒服!当我开始刮伊莎贝尔旁边的车窗玻璃时,我看见了她的小脸——她在号啕大哭。我打开车门,问她怎么了。她尖叫着说:"**我不想让你把冰刮掉!**"在参加你们的小组活动之前,我会说:"哦,对不起宝贝,但我必须要刮掉这些冰,这样才能看清窗外。"我的意思是,你还能更无理取闹一点吗?但这次我说:"哦,你不想让妈妈把那些冰刮掉啊!"

她抽噎着说:"我想要看到它慢慢融化!"

我说:"哦,你想要看到它融化的样子。那刮掉真是太可惜了!问题是,如果不能从这扇车窗往外看,我就没办法倒车出去了,就会撞到别的车。要不这样,我们在你对面的车窗上留下一片冰,让你看它融化。"

她说她只想要把自己旁边车窗上的冰留下。

我继续承认她的感受:"哦,你想要把旁边车窗上的冰留下来啊！嗯……那我在另一边的车窗上留下一些冰可不可以？"她终于同意了，后面的行程很愉快。

列车员托马斯

我带汤米和妹妹去植物园看"托马斯小火车"圣诞展览。孩子们可以走到前面，对着麦克风说话，假装自己是列车员。汤米特别兴奋，连续三次跑到麦克风前面，毕竟，这辆火车和他有同样的名字！他的妹妹只玩了一次。在回家的路上，汤米一直在抱怨轮到他玩的机会太少。我听了很生气。我想告诉他，他得到的远比他应得的更多——他应该对此心存感激！

但是我没有这样说。我对他说："看来你真的很喜欢当列车员。我敢打赌，如果有机会，你能玩一百次。"然后我忍不住又说了一句："这次你玩了三次，而妹妹只玩了一次，但你还是没玩够。"

我的回答让他高兴起来。他说，是的，他长大以后想成为一名列车员，到时他会带着全家坐火车。事情就这样结束了。但我注意到，在我承认了他的感受之后，他也非常大方地想到了邀请家人。

华夫饼

埃玛早餐时想吃华夫饼，但当我把华夫饼摆到桌上时，她又说想要吃煎饼。如果我没有参加过小组的活动，我肯

定会告诉她,她太不讲道理,尽管我知道这样会激怒她。不过我们实际上的对话是这样进行的:

埃玛:"我不要华夫饼!我要煎饼!"

我:"哦,原来你真正想吃的是煎饼,但现在只有华夫饼了,真是有点扫兴。"

埃玛:"我很难过!……哦,看啊,院子里进来一只小松鼠!"

她开始吃华夫饼。

我差一点就因为她要吃煎饼的事大发雷霆,还好最后我没跟她吵起来。

以自我为中心的少年

一场暴风雪袭来,整个小镇都停电了。据预测,此次停电将持续一周以上。因为我90岁的母亲和我们住在一起,我担心她会受寒,所以订了一家酒店,准备全家一起搬到酒店住几天。当我让15岁的女儿收拾行李时,她立刻就生气了。

"这不公平……我不想去酒店……你不能强迫我……学校放假了,我和朋友都约好了要一起出去玩……你毁了我的假期!"

她怒气冲冲地躺到床上。

我的脑海里浮现出无数想对她说的话:"你怎么能这

么自私？你想让你的外婆生病吗？你为什么不能利用这个机会多陪陪她？她身体很不好，明年这个时候她也许就离开我们了。没有电，你和朋友们怎么出去玩？不能看电视、上网，也不能用热水器洗澡，不能每隔5分钟就开一次冰箱，你有没有意识到人们正在承受这场暴风雪带来的痛苦？你不能只想着自己！"

我在脑子里想象了一遍教训她的样子，先让自己平静下来。然后我走进她的房间，真诚地说："我知道你有多么失望，你不想去酒店，你很期待留在家里，和你的朋友们一起玩。"说完我就离开了房间。

5分钟后，她走进厨房，兴高采烈地帮我们收拾行李，就好像我刚才挥动了一根魔法棒。

不合适的水瓶
（父母小组活动中的讨论）

妈妈甲："在主题公园度过了美好的一天后，我们从萨克拉门托开车回来。当我们离家只有5分钟车程的时候，儿子开始吵着说他想用另一个水瓶喝水。我试图向他解释我们很快就能到家，爸爸已经把车开到最快了，但儿子根本不听，开始号啕大哭。于是，我只好把水从一个瓶子倒到另一个瓶子里，再把水瓶递给他，他却又哭着说水太少……他非常非常渴……但我给他的水，他一点都没喝！这时我们离家只有2分钟的车程了，我实在无法让自己说出任何理解他的话。我知道我应该'接纳他的感受',但我已经受够了,我甚至不想试着去了解他的感受。我没法让自己说出任何有帮助的话。你们都是怎样做到的呀?"

妈妈乙:"我明白你的意思。当你自己疲惫不堪的时候,真的很难想到该说些什么。我坐在这里,很容易就会想到。哦,你应该告诉他:'嗯,**真希望**水能装在正确的水瓶里,真希望水瓶里有足够多的水。'"

妈妈甲:"是啊,如果我能想到那些话就好了。也许下次我就能想到了。"

●本节要点：当孩子完全不讲道理时

1. **承认感受，即使它们看起来不可理喻。**

 "那根棍子对你来说很特别！院子里有那么多木棍，你还是很喜欢妹妹那一根。它有什么地方吸引了你？"

2. **用幻想实现孩子的愿望。**

 "如果（这双鞋）能突然降价打1折就好了！"

 为了帮助孩子摆脱眼前的困境，你可以：

3. **提供一个选择。**

 "你是想在气球上画一张笑脸，还是保持它原本的样子？"

4. **请孩子帮忙。**

 "你的任务是找到一双你喜欢穿的鞋子，同时价格要在_____美元以下。"

胶带时间

我发现如果我在家里打电话,我要面临的一个巨大挑战就是孩子们会因此而精神失控。他们好像无法忍受我就在他们身边,却不关注他们。

我通常会悄声对他们说:"闭嘴!""安静!""你们没看见我在打电话吗?"(是的,他们肯定能看出来。)如果他们不停下来(他们总是不会停下来),我就把手机调成静音,并警告他们:"如果在接下来的5分钟内你们还不安静下来,等我打完这个电话,你们一定会后悔的!"(我还不知道该怎么做才能让他们感到后悔,不过管他呢,现在我得全神贯注地打电话!)他们会抱怨我:"你总是在打电话。"我说:"胡说!我很少打电话。"

我决定试着告诉他们能做什么,而不是不能做什么。我需要找到一件特别的事情,只有在我打电话的时候,他们才可以做。我告诉他们我要打个电话,然后他们就会得到"胶带时间"。我给了他们一卷油漆工用的胶带(这种胶带不会在墙上留下痕迹),告诉他们可以用胶带在墙上作画。

这样做的结果比我预期的更好。现在我们有了一个新的日常习惯。他们就像一群小穴居人,通过胶带挖掘出了古老的洞穴绘画的基因。有时候他们会主动要求我打电话,这样他们就能用胶带在墙上画画了。

衣服的僵局：迷你衫拯救了我们的一天

我女儿得不到她想要的东西时，我会用画画来帮助她解决情绪问题。她有一件最喜欢的衣服，几乎随时随地都要穿着它。我决定用绘画、贴纸（胶带）和剪刀给她做出一件同款小"衣服"。我告诉她，当她不能穿那件真正的衣服时，可以随身携带这样一件迷你衫。这个办法奏效了！她不再那么执着于一定要穿那件真正的衣服——我成功了！

2 问他什么都不说

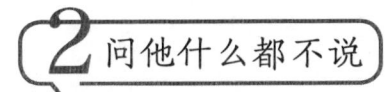

"你今天过得怎么样?""挺好。"
"今天都做了什么呀?""没什么。"
"盘问"孩子的艺术

当孩子出去闯荡世界时,我们总会迫不及待地想要知道他们过得怎样,但结果往往令人失望——我们越是向他们打听,他们就越闭口不言。我们很难接受孩子不愿意分享他们生活中的细节,但现实就是如此!孩子需要走出家门,体验生活,同时又不必事无巨细地向家长汇报。不过,还是有一些策略可以帮助我们保持沟通渠道的顺畅。我们不能期望和要求,但可以发出邀请。

1. 示范你希望看到的行为

> **你想知道我的一天吗?**
> (朱莉的故事)
>
> 阿瑟上幼儿园的时候,我很想知道他今天过得怎么样。他喜欢幼儿园吗?他交了新朋友吗?
> 我无法从他那里得到任何有用的信息。我们的对话总是千篇一律:
>
> "今天过得怎么样?"

"挺好。"

"今天都做了什么呀？"

"没什么。"

我突然想到，也许我需要向他展示一下该怎么交流。所以下次我去幼儿园接他的时候，我问他："你想知道我今天过得怎么样吗？"

他看起来很惊讶，也有点困惑，好像在想："你也有自己的一天？没有我，你也是存在的？"

我绘声绘色地给他讲了我的故事，包括我今天的心情。（"我担心车钥匙丢了，后来我在洗衣篮里找到钥匙的时候，实在是太开心了！"）然后我问他："**你**这一天有什么想让我知道的吗？"

在我持续几天这样做之后，阿瑟用强调的语气回答说："是的！利亚姆爬上了书架，然后从窗户爬了出去，然后他就掉下去了！"

"天哪！太可怕了！他没事吧？"

"老师说他很幸运，掉在了灌木丛里，所以他没有受伤。"

我一到家就给利亚姆的妈妈打了电话："我听说了利亚姆的事，他还好吗？"

她恼怒地说："你怎么知道的？我还是听幼儿园老师说的。这孩子什么都不告诉我！"

2. 承认感受，而不是质问

如果我的孩子放学回家时看起来很沮丧，该怎么办？我问他："你怎么了？"他什么都不说。

当一个孩子处于困境时，他最不需要听到的就是一连串的问题："怎么了？""发生了什么事？""你为什么这么不高兴？"这些疑问只会得到"没什么"和"我不知道"这样的回答。

有些问题会让人感到压力。孩子可能无法解释到底是什么在困扰他，可能觉得无法准确描述自己的痛苦。也许他很担心父母会说："哦，就这点小事啊，也还好啊，没什么可烦恼的！"

如果父母只是承认孩子的感受，而不需要他们做出回答，肯定会对孩子更有帮助，也会给他们带来更多安慰。

不要问"怎么了"，试一下说"你看起来很伤心"。

不要问"你为什么这么沮丧"，试一下说"看起来你今天不太顺心"。

不要问"发生了什么事"，试一下说"是不是出了什么事"。

这些问题不会让孩子进入防御状态。如果孩子需要的话，他可以随时找你聊，或者只是从你充满共情的话语和一个拥抱中获得安慰——这样就够了。

○来自"战斗前线"的故事

约会恐惧

一天,我12岁的儿子在家里闷闷不乐地走来走去,我问了他好几次怎么了,每次他都回答:"没什么。"最后我想起了你们的建议:不要问问题,说出感觉就可以了。

"杰森,你今天看起来心情不好。"

他立刻大大地叹了口气,告诉我有个女生约他出去。("哦,太恐怖了。"我极力抑制住自己的冲动,没有脱口而出:"你就因为这事心烦意乱?")他的确很不安。约会时该说些什么呢?可能会很尴尬!

"哦,难怪你看起来心事重重。这事确实会让人不安。"

他又和我聊了一会儿,然后决定和女生一起去看电影,因为这样就不用和她说很多话,是最安全的。他轻松地走出家门。乌云终于散去了。

不要问!
(乔安娜的故事)

当我走进办公室时,我看到一群老师正围着一个哭泣的女孩。他们全都在问她:"怎么了?发生了什么事?你还好吗?"简直是异口同声。大人们问得越急,女孩哭得越厉害。她是六年级的学生,不是我的学生,但在我上第一堂课之前,我还有20分钟的时间,于是我主动走到她身边。

我带她离开那些人,绕过几把椅子,和她一起坐下来,静静地看着她哭泣。过了一分钟左右,我说:"好像有什么事让你心烦意乱。"

她吸了口气,哽咽着说:"我听到学校里有很大的声音,我以为有人在向我开枪。"

"哦,那太可怕了!"

"是啊,昨天有人在我住的街道遭到了枪击。"她稳住呼吸,向我靠近了一点。

在此之前我还不太相信,不需要询问,只需要接纳对方的感受就可以,现在,我的疑虑完全打消了。看到女孩平静下来,两个老师走过来,又开始提出问题:"到底发生了什么事?她还好吗?到底出了什么事?"

在他们俩善意的"攻击"下,女孩又开始惊慌地抽泣起来。我告诉他们:"她有点害怕,但不会有事。"他们这才走开。

我们又一起坐了5分钟,我告诉她我要去上课了。我提出带她去辅导员的办公室,但她说她已经准备好去上课了,于是我们就此告别。

我们并不总是需要先弄清楚发生了什么事情,再去给予安慰。但我认为在这种情况下,她需要说出来,我很高兴自己知道如何让她轻松地说出来。如果我没有掌握这种技巧,就会和其他人一样,按照直觉疯狂地试图从她嘴里撬出信息,以为这样才能提供帮助。

3. 让孩子主导：提出邀请，而不是要求得到信息

> 但如果我的孩子没有什么苦恼呢？我只是想和他聊聊，想知道他今天过得怎么样。我不能表现出兴趣吗？我试过先给他做出示范，但不起作用。而什么都不问又显得对他漠不关心。

想象一下，你度假回来不久就接到了一个电话。你已经舟车劳顿了一整天，还是长途飞行，最要命的是，在从机场回家的路上，你又经历了令人崩溃的交通堵塞。你还没打开行李，也没吃东西，飞机上只发了一小包杏仁和劣质的咖啡。你的四肢被挤在各种各样的交通工具里这么长时间，还在适应新环境，需要慢慢舒展。

此时你的妈妈突然出现了！她想要知道："这次旅行怎么样？玩得好吗？都去哪玩了？有没有参观我跟你说过的那个博物馆？你和谁一起去的？你交到新朋友了吗？"

她这么问，只是因为她很在乎你！但也许你更希望她对你说："哦，你度假回来了。等你有心情讲讲这次旅行的时候，我很想听一听。"

我们的孩子也和我们一样。他们在学校度过了漫长的一天回到家，不喜欢面对一连串的问题："你的班级旅行怎么样？""你花了一周时间准备的那篇关于飓风的报告，老师怎么评价的？""你一直担心的数学考试怎么样？"他们更愿意听到："欢迎回家，宝贝。我给你准备了好吃的！"

那么，你如何表现出对他们生活的兴趣呢？**发出邀请，而不是要求得到信息**："如果你有心情讲讲这次班级旅行，我很想听。"

很有可能在几分钟（也有可能是几小时）以后，有人轻拍你的肩膀。"妈妈，你现在想听我讲讲这次旅行吗？"

这里的关键词是"……等你准备好了"或者"……等你心情

好的时候",这样说是在向孩子表达我们很尊重他的感受,他可以自主决定一切。消除了孩子的压力后,我们才能对孩子的经历有全面的了解,否则他只会为了摆脱我们而随意敷衍几句。

4. 游戏化:将问答变成游戏

餐桌边的奇闻逸事

(朱莉的故事)

我们家有一个传统游戏,在晚餐时间玩了好多年,叫作"真相与谎言"。我们围着桌子坐在一起,每个人轮流讲述自己的一天。说一个真故事、一个假故事。听众的任务是猜哪个故事真的发生过。

孩子们很喜欢编出各种稀奇古怪的故事,我也借机了解他们一天的生活。(同时还知道了一些关于我丈夫的有趣的事情!)作为回报,他们也会非常认真地倾听别人的故事,好分辨真假。

我听说其他家庭也在玩这个游戏的不同版本:每个人都要说出他们一天之中发生的一件好事和一件坏事。(或有趣的和悲伤的事,或惊喜的和无聊的事……)

我甚至还和来家里吃晚餐的客人玩过这样的游戏,大家围坐在餐桌旁,分享"一周的亮点"。我真的很喜欢这个游戏,因为我能从那些本来不会主动开口的人那里听到有趣的故事。它为每个人创造了分享的机会,无论是害羞的人还是开朗的人,无论是成年人还是孩子。

●本节要点:"盘问"孩子的艺术

1. **示范你希望看到的行为。**
   "你想听听我这一天是怎么过的吗?我很担心车钥匙丢了……"

2. **承认感受而不是质问。**
   "看起来你今天有点不顺心。"

3. **让孩子主导:提出邀请,而不是要求得到信息。**
   "等你有心情讲讲这次班级旅行的时候,我很想听一听。"

4. **游戏化:将问答变成游戏。**
   在晚餐时玩"真相与谎言"的游戏。

"我们怎么还没到?"
——忍不了口渴的孩子

我们全家人一起开车回家,车程只有10分钟。5岁的儿子里希说他很口渴,但车上没有水了。

我们尝试了一些常用的策略:"再忍10分钟,马上就到家了。""好啦!你又不是真的要脱水了!你要学会等待!"结果他越来越沮丧。

我丈夫把手机递给我,他装了"如何说"(How To Talk)的App,我点击了菜单中的第一个选项:"我需要帮助来缓解孩子的情绪。"一个新菜单弹出:选择你的孩子此刻的感受。于是我问里希:"你现在是生气、失望还是沮丧?"

他说:"我很沮丧!"

我点击"沮丧"选项,另一个菜单弹出,上面列出了承认感受要说的话。

我逐字阅读了App中列出的三段叙述文本,然后将示例中的场景替换成我们的场景,它真的起作用了!里希开始冷静下来,问我们能不能给他讲一个我们感到沮丧的故事。我丈夫先分享了一个非常有趣的故事。他小时候在超市里想买薯条,但他的母亲说:"不行!"于是他赌气说:"不给我买薯条,那就什么都别买了。"然后他开始把所有的东西从传送带放回到手推车里。但他搞错了，他把后面的人买的东西也都放进自己的手推车里了！讲到这里，汽车后座传来一阵"咯咯"的笑声。

我也分享了一个故事。小时候我们全家去远足，而我哥哥一开始就把水喝光了。我没有水喝了，这让我很恼火，更让我沮丧的是，我父亲告诉我"忍一忍就好了"。

我们终于解决了麻烦。但我们7岁的女儿突然说："好了，我们不要提醒里希关于水的事了，本来他都忘了要喝水了。"一切又回到原点，因为这时里希又想起了他的口渴！

我又低头去看App，其中一个选项说，点击查看它会有帮助，但是不会完全解决问题。我点击了那个选项。一个附加工具菜单弹了出来。我选择了用幻想来为里希提供有魔法的"仙子水"。我卷起一张纸，开始念咒语。这时我们正好把车开到家门口。我问他："里希，我们到家啦，现在你想要真正的水还是仙子水？"他说："仙子水！"

我悄声让里希的姐姐去房间里拿一杯水，同时我接着念仙子的魔法咒语。姐姐回来的时候，我们偷偷把杯子放进纸卷里面，继续念咒语："巴啦巴啦变！"水出现在纸卷中的杯子里！里希开心地笑了，端起水杯一饮而尽。

"失踪"的汽车

在我们必须离开公园之前,我告诉孩子们,只能再玩5分钟,但我看得出来,他们玩得太开心了,要让他们离开,势必会引发一场战争。于是我告诉他们:"我忘记我们的车停在哪了!"孩子们说:"我们带你去找!"就这样,他们把我带到了汽车旁。

3 作业纠纷

"只有我的孩子在对着作业哭泣吗"

世界上似乎没有什么比家庭作业更让孩子崩溃、让家长抓狂的了。

回想过去的美好时光,当本书的两位作者还在上幼儿园时,(我们一起上的幼儿园!一起听迪纳太太的课!)作业是不存在的。我们在幼儿园里只会用手指画画,玩积木,在寒冷的室外学着拉上自己的夹克拉链。我们所谓的学习,就是围坐成一圈,唱着一个星期里的每一天和一年中的每一个月。这也是我们一天中最困惑的时候:6月……10月……3月……这里面有某种神秘的顺序,不过我们还不太了解。

我们上二年级时,家庭作业也很少,老师偶尔会邀请我们"自愿带一些东西来分享、展示和讲解"。

当我们长大,成家立业,开始送自己的孩子上学时,世界已经变了。孩子从幼儿园回家后,每天晚上都要完成老师布置的作业,比如把字母 B 写十遍,然后再画四件名称以 B 开头的物品。

乔安娜的回忆

我还记得我5岁的儿子丹一边用橡皮在纸上擦来擦去,一边努力地画出他想象中的那辆自行车(Bicycle)的样子。我没办法说服哭泣的儿子:"好啦好啦,画个球(Ball)

> 就可以了。"他就偏偏执着于画那个复杂得要命的两轮车，而那只是他上幼儿园的第二天！上小学时，情况变得更加糟糕。一页页的长除法题、五篇议论文、科学小实验，所有这些似乎都在把疲惫的父母推向精神错乱的边缘。

每个家长都认为自己的孩子是唯一遇到这种困扰的人。别人家的孩子肯定都在兴致勃勃地画着可爱的泡泡（Bubbles）、气球（Balloon）和盒子（Box），而你的孩子偏要为画一辆自行车（Bicycle）而抓狂。肯定有孩子可以轻松完成家庭作业，但我们遇到的那样的孩子并不多。家庭作业困境没有简单的解决方法。我们需要从各方面入手来解决这个问题。

根据研究，没有证据表明低年级学生做家庭作业能提高学业成绩，甚至没法证明它对学生是有益的。[1] 几乎所有的家长都要面对疲惫不堪（有时还会哭闹）的孩子熬夜写作业的难题。

和一位母亲的对话

"我的孩子根本不想做家庭作业。每天晚上都是一场战斗。"
"你是怎么跟他说的？"
"我告诉他：'你必须做作业！'"
"结果如何？"
"不太好。"

让我们来做一个小小的思维试验。想象一下,你工作了一天回到家,对你的伴侣说:"真不敢相信,我的老板简直不可理喻!我今天一整天都在辛辛苦苦地写这份报告,工作量特别大,才完成了一半,下班前他告诉我今晚必须全部完成,这怎么可能呢?我可没这能力,我现在已经快累瘫了,又不给我加班费,我干吗要这么卖命?我想放松一下,干点自己喜欢的事,我现在压力太大了,根本没有自己的生活!"而你的伴侣对你说:"好了,别抱怨了,这份报告你必须完成,赶紧弄吧!"(我想你们的关系一定出现了问题,需要去找婚姻治疗师。)

你**知道**你必须完成这份报告,否则你可能会失去工作。你的孩子也是一样,他知道他必须完成家庭作业,否则老师会罚他在课间休息时补作业,如果他不写作业的次数太多,这门课可能会不及格。

所以现在我们处于进退两难的境地。怎样做才是有帮助的?

在督促孩子开始学习之前,我们必须先**满足他们的基本需求**。孩子需要休息放松。即使是成年人,如果没有时间放松、吃饭、运动、社交、偶尔开开小差,而是一直专注于别人要求他们做的事,也会变得暴躁易怒。如果每天的日程安排里没有休息时间,铁打的人也会吃不消。成年人有时可以克服一下,但不能期望孩子也能做到。你期望孩子上完一天学以后,再接着参加课外活动,然后又去学跳舞/空手道/钢琴/足球,回到家还要马上写作业,这基本上是不可能实现的。也许在写作业之前，让孩子先吃点零食，效果会好一些。

但即便是一个基本需求已经得到满足的孩子，也不太可能对你说："爸爸，我现在干劲十足，准备好做作业了！快把作业拿给我吧！"如果你有这样的孩子，你可以跳过这一部分直接阅读下一节了。对于大多数人来说，我们需要更多的工具来帮助孩子面对令人讨厌的作业任务。那么接下来我们能做什么呢？

承认感受！站在孩子这一边。成年人会感谢伴侣对自己不合理（但又无法避免）的工作量表示共情，孩子也会感谢父母在作业问题上给予他的情感支持。

不要在孩子耳边唠叨："早点开始写，就能早点结束！"试试下面这些更有帮助（也没那么让人愤怒）的回应吧：

"唉，烦人的作业！"

"听起来作业很多啊！"

"你在学校学习了一整天，现在最不想做的事就是坐下来写一大堆作业吧。"

"如果**你**是老师，你一定不会用一大堆作业来折磨学生！"

前两条回应可以作为"保留曲目"，只要你发自内心地去说，就经得起多次重复使用。但你不能每天重复使用最后两句话。你得有创意，做点改变。也许到周末的时候，你会想到用一个克隆人来做作业，或者编一个关于宇宙飞船和外星人的故事。

家庭作业山
（朱莉的故事）

莱西从学校回到家，瘫倒在沙发上，开始抱怨："今天怎么有这么多作业！我要写作文，还有一个科学实验报告要写完，还有一大堆数学习题，还有历史课本中的一章要精读……"听他说这些的时候，我越来越焦虑：天啊，他怎么可能把这些作业都做完呢？这太可怕了。感觉他永远写不完，明天他肯定就不想去上学了。

我本来想说："别在这里抱怨了，赶紧写吧！先写数学作业——这是你最擅长的科目。你可以用最快的速度做完，然后再写其他科目的作业。"

但我没有这样说。因为我以前试过这种策略，它是无效的！我**应该**说什么呢？

"莱西，等一下。"我走进厨房，一边假装在摆弄烤箱，一边脑子在飞速转动。如果是在父母小组的活动中，我会建议家长怎么做？哦，对，**承认感受！**

我回过头说："天哪，一个下午要完成这么多作业！从哪一项开始好呢？"

他叹了口气："是的。"然后他站起来，一边往自己的房间走，一边对我说："我想从数学作业开始。"

对孩子要完成这么多家庭作业表示共情，不一定就能轻松地解决问题。但这是一个重要的开始。我们希望孩子知道，我们不是敌人，我们和他们是同一阵营的。

下一个策略是**提供选择**。

"有什么方法能轻松愉快地完成作业呢？"

"你是想马上写完，把晚上的时间空出来，还是想先玩会儿滑板（或者打篮球……），然后在五点半开始做作业？"

"我做晚饭的时候，你想一个人在房间里完成作业，还是在餐厅写作业，让我陪你？"

"你是想让我考考你，还是你考考我？"

（提示：当你的孩子考你时，你一定要给出大量错误的答案，这样他们才能纠正你。对于年龄比较小的孩子，你可以假装不知道；对于大一点的孩子，你甚至不需要假装就会有很多不知道的问题！比如你不需要假装你不记得二次方程的解法，或者"一战"发生的所有原因。）

当家庭作业特别繁重时，最好的策略可能是**调整期望值**。孩子在不同领域的发展速度是不同的，也许其他孩子很顺利就能完成某项作业，但你的孩子在这方面就存在一些困难。所以你需要与学校沟通，共同探讨如何帮助孩子。

大多数家长不会首先想到和老师讨论孩子的家庭作业问题，但是我们发现很多老师都喜欢礼貌的反馈和建议。他们布置作业的目的不是在学生家里制造混乱。其实老师很愿意调整作业量，让它更适合你的孩子。

有个孩子一直被家庭作业压得喘不过气来，在学习上越来越感到紧张和痛苦，于是家长给老师写了这封信。

亲爱的"严厉"女士：

　　谢谢您提醒我关于杰里米不做作业的问题。我对杰里米讲了您对他的担忧。我们商量了一个方案，就是严格规定作业时间，这样他就不会感到压力太大。我们可以遵守学校对二年级学生每晚做30分钟作业的要求。我计划让杰里米定好计时器，一直写到计时器响起为止。

　　我向杰里米保证，时间一到，即使作业没写完，也不会要求他继续写下去。杰里米听了很开心，也不再觉得有压力。我认为这是让他回到正轨的最好方法，希望您能看到他的作业有了进步。非常感谢您的支持！

简·古德贝瑞

　　另一位家长在意识到阅读作业对孩子的负面影响后，决定不再让孩子做阅读作业。

妈妈的拒绝

　　索尼娅读三年级的时候，老师在每天留的作业中增加了一项阅读作业——要求学生记录自己每天阅读的书籍的书名、作者，还有阅读时长和页数。在那之前，索

> 尼娅一直很喜欢读书——她看书的时候，我要喊她好多次她才放下书过来吃饭——但现在她开始害怕读书了。她再也不能随手拿起一本感兴趣的书，坐在那里津津有味地阅读。因为她得想着她的阅读作业，她要记下书名和作者，看着时钟，记下开始阅读的时间，然后还要数清楚自己读了多少页，用了多少分钟。这样做剥夺了她阅读的乐趣！如果我必须看时间，数页数，我也不会喜欢阅读。
>
> 我很担心，如果我不尽快做点什么，索尼娅就会完全失去阅读的兴趣，所以我安排了一次与老师的会面。我告诉她，我很感激她希望所有的孩子都能培养对阅读的热爱，但问题是阅读作业让索尼娅失去了拿起一本书阅读的热情。这样做可能对一些孩子有用，但对索尼娅却有相反的效果。我说，我希望老师允许索尼娅不写阅读作业，我会承担后果。
>
> 令人惊讶的是，老师竟然同意了我的建议！索尼娅从阅读作业中解脱出来了，这让她感到特别轻松。几个星期之后，我看到她又主动拿起了书。

如果你已经尝试过这些策略，但仍然面临战斗到深夜的窘境，你可能需要找一个平静的时刻，和你的孩子坐下来，通过一些具体方法来**解决问题**。

作业恐惧

洛根今年刚上一年级，还不太适应那么多的作业，每次他都要花很多时间才能完成，于是他放弃了。他有书写困难，所以写作业对他而言是一件吃力而乏味的事情。我们每天晚上都要为此大吵一架。

我给他规定，他不写完作业，就不能去睡觉，也不能玩游戏机和看电视。我吼他吼得嗓子都哑了。一天晚上，我跟着他上了楼，对他说："洛根，你**必须**完成作业！必须！"

洛根从我手里抢过作业本，大叫着："不……我就不！"他把作业本撕成碎片，扔下楼梯。

学校叫我去和他的老师以及辅导员开会。他们告诉我，洛根有留级的危险。每次他不交作业，就会得零分。即使他通过了所有的考试，他还是可能不及格。我难过得说不出话来。我告诉他们，我会和儿子谈谈，然后再联系他们。

我越想越觉得，对于洛根这样活跃的孩子，在学校度过漫长的一天后，回家再坐下来写作业，真的是一种酷刑。我不能再固执地尝试说服他"做作业对他有好处"，或者"只要他肯认真做，很快就能做完"。

我决定尝试解决问题。首先，我告诉他，我需要他的帮助。"我们都不想每天晚上为了作业吵架。你不喜欢被人吼，我也不想生气心烦。我不希望我们再这样下去。"

然后我发自内心地承认他的感受。我说："我知道这对你来说非常困难。你在学校待了六个半小时，回家后还要坐下来做那么多作业，确实很辛苦！你一定更想看看电视，放松一下，出门跑跑步，或者玩玩电子游戏，吃点零食……除了写作业，你还有很多事想做。"

一开始，洛根看起来有点怀疑我的动机，但很快他就变得不再敌对，在我继续说话的时候不停地点头。然后我说："问题是，你会因为不写作业受罚，我不希望这种事发生。我们一起想个办法吧，渡过这个难关。"我拿了一张纸，在上面写下"如何对付可怕的作业"。

我觉得，一开始可以先提出一些大胆离奇的想法，让气氛变得轻松起来。于是我写下："告诉老师，狗狗在作业上撒了一泡尿。"洛根说："没错！"然后他补充说："也可以说埃米莉（他的8个月大的小妹妹）在作业上撒了尿！"我把这个想法也写下来。然后他又提议："像《黑衣人》里那样，发射'橡皮激光'，这样老师就会忘记曾经布置了作业。"我又写道："在写作业的夜晚，祈祷一场暴风雪。"洛根说："如果天气太热不适合下雪，我们就祈祷停电。"我想此时气氛已经非常轻松活跃了，可以提出一些更现实的想法了。

我:"做作业前吃点零食,给自己补充能量。"

洛根:"一边做作业一边吃零食。"

洛根:"一边做作业一边吃冰激凌。"(他知道晚餐前不能吃冰激凌,但我还是把这个想法写了下来。)

我:"做完一道数学题后,做五个开合跳。"(目前的科学研究强烈支持这个解决方案!)①

洛根:"一边看电视一边做作业。"

我:"边听音乐边做作业。"

我:"设置计时器,当它响起时就停止做作业。"

我:"在电脑上写作业?"(洛根说学校不允许这样做,我说我们必须把所有的想法都写下来,所以我留下了一个问号。)

我们把所有想法看了一遍。刚开始的几个想法让洛根开怀大笑,他说:"我觉得我们需要一些更**切实可行**的方案,妈妈。"于是我把那些想法划掉了。我还取消了看电视的方案,因为我知道那行不通。

洛根喜欢用计时器的方案。我想他拒绝写作业是因为他觉得会写很久(至少要写到睡觉时间)……他经常会拖到很晚,因为他在写作业的时候总是找出很多方法

---

① "神经学家研究发现,运动能提供无与伦比的刺激,创造一个帮助大脑做好准备、有意愿并且有能力学习的环境。有氧运动对适应、调节可能失衡的身体系统有显著的影响,并能优化那些没有失衡的系统——它是一个不可或缺的工具。"

来分散自己的注意力。学校规定一年级的作业标准是每晚30分钟，所以我们决定设置10分钟的数学时间，10分钟的英语时间，10分钟的阅读时间，我会陪他一起写作业。如果他在这段时间里确实一直在认真写作业，在他完成作业之前，计时器响了，我就会给老师写一份证明。他还喜欢开合跳、一边听音乐一边写作业和一边吃零食一边写作业的方案。

以下是我们试验的结果。

他回到家以后，我不再问他作业的事了。当我开始做晚饭时，我会叫他回房间做作业。检查他的作业时，我会说："要背下来10个单词？真够多的！还要做20道数学题？天哪！"

他会选好写作业的背景音乐，并准备好零食，然后我们开始计时，让他知道"磨难"终会结束。这对他真的很有帮助。他有时甚至会为了完成作业而主动超时，这让我很吃惊。"还有两行字，妈妈。我能写完！"有几次，计时器一响，他就停了下来，但第二天早上校车到来之前，他就会将作业补完。我从来都不觉得把家庭作业留到最后一分钟是个好主意，但他好好睡一觉之后，学习效率会提高很多。这件事给我留下了深刻的印象。

我给他的老师写了一封信，解释了我们使用计时器的新方案，并告诉老师，如果洛根在同一个晚上有很多项需要书写的作业，我们将让他使用电脑。洛根可以先在字少的作业中练习书写，比如拼写单词，而要做字比较多的作业时,他可以使用电脑,因为写太多的字会让他的手疼痛,他的情绪也会因此而失控。

　　老师同意了!我想我的表达方式让人难以抗拒。这也让我们的生活更加和谐!

●本节要点：作业纠纷

1. **首先要满足基本需求。**

   提供吃东西、运动、休息和放松的时间。

2. **承认感受。站在孩子这一边。**

   "唉，烦人的作业！"

   "听起来作业很多啊！"

3. **提供选择。**

   "我做晚饭的时候，你想一个人在房间里做作业，还是在餐厅里写作业，让我陪着你？"

4. **调整预期，支持你的孩子。**

   打电话或写信给老师，让老师知道发生了什么，并有礼貌地提出解决办法，比如限定写作业的时间，减少一些不适当的作业。

5. **尝试解决问题。**

   "怎么能轻松地完成作业呢？我们一起想想办法！"

二年级太难了!

萨曼莎刚上二年级,这是个艰难的过渡。她放学以后对我说:"我讨厌上学!我数学不好。而且作业也太多了!班里没有人喜欢我。"我不知道该说什么,所以我只是重复了一遍她说的话:"数学真的很难!二年级就有这么多的作业。"她仍然心烦意乱,哭着跑进了自己的房间。

我和她一起坐到床沿上,对她说:"作业很难是吧!"

她说:"是啊!"然后她开始对我讲,老师今天对她大吼大叫,因为她弄丢了一份作业;她的朋友对她很生气,因为她在校车上没和朋友坐在一起。事实证明,真正让她心烦意乱的是这两件事。如果我像往常一样急着反驳她("你数学学得很好啊!大家都很喜欢你!"),我想她不会把她与老师和朋友之间发生的事情告诉我。分享了这两件伤心事之后,她终于放松下来。

4 如何让兴奋过度的孩子安静下来

亲爱的乔安娜和朱莉：

我有一个快5岁的儿子和一个2岁的女儿。我不知道该怎么处理儿子的吵闹和偶尔的暴力行为。他是一个好哥哥，对妹妹很友善也很耐心。可是有时候他真的很冒失。他会冲着妹妹飞奔过来，把她推倒在地，也会从我身边跑过，打我的腿（或者在我坐着的时候打我的后脑勺）。家里来客人的时候，他会变得更狂野，客人根本看不到他懂事、可爱的一面，只看到一个完全失去控制的疯狂男孩——大声尖叫、到处乱跑、伤害别人。他总是毫无来由地尖叫、推人、踢人，想把别人绊倒，就像在跟人家玩游戏一样，这真的快把我和我丈夫逼疯了。

我不知道该如何解决这个问题。我试着向他解释，被他伤害的人会有怎样的感受。我也试着承认他的感受——他太兴奋了，他不是有意要伤害别人。我曾试着在朋友来访之前想出一个方案，告诉他，如果他感觉太兴奋，需要冷静下来，他该怎么做。我试过在他和其他小朋友玩耍前先找一些活动消耗掉他的体力，就像训练狗狗那样。但这些办法都无济于事。我可不希望因为儿子把朋友都得罪光了，我希望我儿子能够以一种文明的方式与他人相处。请帮帮我。

一个英国狂野战士的妈妈

亲爱的英国狂野战士的妈妈：

你唤起了我的回忆，而且不是特别好的回忆！当我的儿子丹在你儿子这么大时，我（乔安娜）有很多和你一样的想法和感受。我清楚地记得，只有把儿子累得像条狗一样，他在家里才会安静下来。他有一个特别喜欢的朋友，我也很喜欢他那位朋友的母亲。但我很害怕他们一起玩。丹会变得非常兴奋，跑来跑去，和那个男孩扭打在一起，到处乱撞，撞到人，又撞到房间里所剩不多的易碎物品，包括灯具和杯子。我曾经真的非常努力地让他表现得像个"人类"，他在大多数时候都能做到，特别是在家里没有外人的时候！我记得有一次家里来了客人，我求他不要在厨房里转圈，他向我高喊："我没有原地转圈！我在转椭圆形的圈！！"至少他几何学得不错。

也许我可以告诉你一些令人感到安慰的事情：我的儿子和另一个"野孩子"到现在仍然是非常要好的朋友，他们早已经能够安静地相处，不会破坏周围的环境或伤害彼此。但你需要的是当下的解决方案，而不是十年后的解决方案。

你可以提前做的事

如果要去一个你知道会让你儿子无比兴奋的社交场合，那就提前制订计划。这是**解决问题**的好时机。在一个平静的时刻坐下来跟他说："上次我们约亨利过来玩，结果却完全失控了。如果亨利再过来，我们需要安排好活动。一起想一些办法吧。"列一个清单，收集你需要的所有物品。这种计划可以帮助孩子把他的兴奋引导到一个可以接受的活动中，而不是又变成"大闹天宫"。

如果活动场所局限在室内，这里有一些我们最喜欢的活动，可以帮助你应对那些放荡不羁的家伙们提出的挑战。

跳跃游戏：在乔安娜家里，这种游戏通常被称为"熔岩"、"流沙"或"鳄鱼"。孩子们会从低矮结实的儿童工艺桌跳到地板上的软垫或懒人沙发上。他们必须从一个特定的区域跳到另一个特定区域才算成功。有时他们会完全沉迷在这种惊险的活动中。在朱莉的家里，这种游戏被称为"撞垫垫"。朱莉把两张旧床单缝在一起，里面塞满海绵。孩子们总是会兴高采烈地从旧沙发上跳到垫子上。

障碍赛：用几个呼啦圈、一条"隧道"、几根棍子来设置几个可以绕着进行8字跑的锥形路障。用毯子盖在椅子上就能做出一条隧道。孩子们很快就能学会设立自己的障碍赛路线。他们可以用秒表来计时，然后努力打破自己的纪录。（不要让他们试图打破对方的纪录，那会引发竞争并引起一场战斗！）

碰碰车来了：我们俩过去常在朱莉家玩这个游戏。她妈妈弹钢琴，我们从餐厅到客厅跑圈。当朱莉妈妈弹奏节奏很快的音乐时，我们也跑得很快；然后，她的弹奏节拍慢下来，我们就慢悠悠地往前走；然后再快起来，越来越快，越来越快，最后朱莉妈妈按下了所有琴键，我们就假装摔在地上，像碰碰车撞车一样。然后我们重复这个游戏。这是我们最喜欢的游戏。如果没有钢琴师，你就必须即兴发挥（也许可以用一个鼓来设定节奏，用敲击两只锅盖来宣告撞车）。

还有一个方案是给孩子安排一些安静的活动。这样能把孩子的精力释放从奔跑和冲撞转移到锻炼小肌肉和灵活性。下面是一些参考方法。

自制面团：把面粉、盐和水混合在一起——挤压和捣碎面团，可以让身体得到意想不到的锻炼和满足，也可以让孩子放弃奔跑和冲撞，坐下来消耗力气。你还可以添加食用色素来制作不同颜色的面团。

制作欧不裂[1]**：**让孩子们把玉米淀粉和水调和在一起，放进一只罐子里，这种液态混合物有一些非常奇怪的特性。如果你轻轻地碰它，会感觉它像牛奶一样丝滑柔软；如果你用力拍打它，它就像一块冷冻的肉一样，又硬又结实；如果你轻轻一捏，它就又变回淀粉。在你挤压的过程中，水会流出来，弄得到处都是——别怪我们没有警告过你！

缝纫：我们两家最喜欢的活动是让孩子们缝沙包，在他们完成后一起玩"把沙包扔进桶里"的游戏。让他们从你的破布里挑选材料，剪出一个长方形，对折，将三道接缝手工缝上两道半，只剩两厘米左右缺口的时候，把沙子倒进去。如果孩子们喜欢，还可以用大眼睛贴纸或者各种颜色的记号笔来装饰沙包。

画画：在餐桌上铺上一块塑料布，摆上水彩或手指画颜料，让孩子们随意作画。下次你有朋友来访时，他们会对你装裱起来挂在

---

[1] 制作欧不裂（Oobleck）时，淀粉和水必须要保持3∶2的比例。最好先在容器中倒入适量淀粉，这样水多了就可以倒出一部分。

浴室里的精美现代艺术品赞叹不已。

折纸飞机：拿一叠纸，教孩子们折纸飞机。让他们在折叠时自由发挥，然后鼓励他们放飞自己的作品，看看他们的飞机能飞多远。给他们蜡笔，让他们装饰飞机的翅膀。

最后，作为你的计划的一部分，你可以考虑把玩耍时间缩短，这样你的孩子就会更容易保持行为得体。

当下你能做的

如果无论是与小伙伴玩耍，还是在家里和兄弟姐妹在一起，你的孩子都表现得很躁动、粗鲁，又该怎么办？**是时候采取行动了**，但不要攻击孩子的个性。如果你的孩子开始伤害别人或做了让别人很不舒服的事，不要犹豫，立刻把他从现场带走。

你可以直接告诉孩子："我需要你过来陪我坐几分钟。你想想有什么更安静的游戏可以玩，想好了你再回去。"如果他说他想好了，你可以问他想玩什么游戏，让他清楚地知道他是带着安静游戏的计划"重返现场"的。

如果他真的非常躁动，你可能需要亲自把他带出房间。这时你说的话仍然很重要。如果他对自己感觉不好，就会更难合作。你一定不希望他被贴上"粗鲁的野孩子"这样的标签。克制你说教的冲动。不要对孩子说："你现在太闹腾了。我跟你讲过好多遍了，你这样会伤害到别人！想想别人这么打你一下，你是什么感觉！"

你应该用更中性的语言来描述问题："你现在过于活跃，就像马上要发射的火箭。我可不能让你撞到别人。"

如果孩子需要更多的帮助才能平静下来，**告诉他，他能做什**

么，而不是他不能做什么。你可以让他去做引体向上，指导他做十个开合跳，或者把他扔到蹦床上……只要是能让你的孩子消耗体力的活动都可以。

当一个过度疲劳的孩子变得狂躁时，你能做什么

孩子睡眠不足时，有时精神会非常紧张。出现这种情况时，我们往往不会在第一时间将孩子的异常和疲劳联系在一起，因为这时的孩子看上去充满了能量，但实际上，他可能是在"消耗燃料"。解决方法就是**满足孩子的基本需求**，比如让孩子早点睡觉，或增加午睡的时间。

音乐的催眠魅力
（朱莉的故事）

我儿子阿瑟3岁的时候，如果不睡午觉就会变得很暴躁，但他经常兴奋得无法入睡，甚至根本不愿意在床上安静地躺着！我向乔安娜抱怨了这件事。一周后，我收到了乔安娜寄来的包裹，里面有一盘她自己录制的磁带，上面写着"阿瑟的舞蹈音乐和休息音乐"。（现在可以直接通过电子邮件发送一个播放列表，但我们那时还是"石器时代"。）第一首曲子是节奏非常明快的打击乐，阿瑟听着这首曲子跳上跳下，就像一个踩在弹簧上的朋克摇滚歌手。我也随着他一起跳舞。接下来是几首欢快的曲子。再后面是一首旋律柔和的曲子，名叫《飞机》，阿瑟听到这首

> 曲子的时候，就在房间里挥舞着双臂，像飞机一样来回盘旋。磁带的结尾是本笃会修道院僧侣们合唱的《格里高利圣歌》。这时，阿瑟躺在地板上，听着音乐就睡着了。后来阿瑟睡觉时一直使用那盘磁带，直到他不再需要午睡。这已成为他日常生活中必不可少的一部分。

英国狂野战士的妈妈的回信

亲爱的乔安娜和朱莉：

　　我有个新消息要告诉你们。上周，我和我儿子的"野孩子"朋友们在家里举行了一次游戏聚会。这是我一直担心的事情。但现在我可以骄傲地说，这次聚会非常成功！

　　我选择的策略是将自由玩耍和一些计划好的活动结合在一起，这样他们就不会一直处于失控状态。

　　从学校回来后，我给了他们每人一份零食，让他们先吃上半个小时，然后我们开始做欧不裂淀粉糊，尽管厨房被弄得乱七八糟，但他们都很兴奋，完全被吸引住了。然后他们几个人出去疯跑、踢足球，我在厨房收拾好烂摊子，又做了一些晚饭的准备工作。

　　他们回房间以后，我们开始自制比萨当晚餐。（这也是一项精细的肌肉运动！）在面饼发酵和烤比萨的时候，他们又自由玩耍了一阵。那可能是最惊险的时刻，因为等比萨烤熟需要两个小时，他们都饿了，玩的时候就有点躁动不安，但结果还不错，没有人哭,也没有人受伤。比萨终于烤好了,呼!吃完比萨,我建议他们进行一项更安静的活动。我们一起聚精会神地搭建了一条弹珠轨道,大家都很投入,甚至根本没有察觉到一个孩子的爸爸已经站在门口,准备接他回家了。

成功!

谢谢你们的建议。我认为有活动计划的游戏聚会是我们改善生活的关键。

一个(更加)安静的孩子的妈妈

●本节要点：应对兴奋过度的孩子

你可以提前做什么？

1. 尝试解决问题。

"上次请亨利来的时候，你们玩得太疯了。如果再请亨利来，我们需要提前规划好活动。"

现在你能做什么？

2. 采取行动，但不要攻击孩子的个性。

"我需要你过来陪我坐几分钟。等你准备好玩更温和的游戏时，你再回去。"

亲自把他带出房间。"你现在精力过于充沛。我不能让你撞到别人。"

3. 告诉孩子能做什么，而不是不能做什么。

"我们去做引体向上吧，释放一下你的能量。你觉得你能做多少个引体向上？"

当一个过度疲劳的孩子变得狂躁时，你能做什么？

4. 关注基本需求。

尝试安排一些能帮助孩子入睡的日常活动。

造个太阳来治愈阴天

昨天又是阴天,我们却依然保持着高昂的情绪。我没有解释天气是怎么回事(就像我过去做的那样),而是问3岁的米拉:"如果太阳一直不出来,我们该怎么办?"米拉回答:"我们能造出自己的太阳吗?"

于是,我拿出了——我们的太阳!

教爸爸解决问题的孩子

米拉快成为解决问题的专家了。上周她和爸爸开了一个解决问题的会议。当爸爸质疑她提出的解决方案时,她提醒爸爸:"爸爸,你只管写和画。不要评判。我们完成后再复盘!"

第 2 节
最没用的教育方法：讲道理、发脾气、刻意感动

5 救命！我的孩子们在打架！

家庭主场的维和行动

我们要问你的第一个问题是：形势有多严峻？

他们现在是不是**正在**互相殴打、掐对方的脖子？

放下这本书（轻一点，不要把它扔向战士们），把他们分开。哦，等一下，在你放下这本书之前，请先读读下面这段简短的对话，也许你需要一些有用的话来配合你接下来的行动：

"嘿！！！（你可能需要大喊一声来引起他们的注意。）我不能让你们互相伤害！"如有必要，抓住孩子："你，到沙发上去。你，坐到椅子上。"

当他们怒气冲冲地分开坐好后，你就可以说："看来是发生了什么事！你们真的很生对方的气！"

花点时间——哪怕只是一秒钟——注意一下你需要多么有技巧，才能保护你的孩子不受伤害。陈述你的价值观，同时不要攻击他们的个性，并接纳他们在这场激烈战斗中的感受！

接下来要做什么？你很可能想要发表一篇关于"使用暴力解决分歧只会造成负面影响"的启发性演讲。你已经准备好拿出一个无懈可击的论据来支持这样的论点，"你应该对弟弟更有耐心，因为他比你小"，或者"你们简直就是无事生非"，或者"掐人是不对的，如果有人这样对你，你肯定受不了"。我们对此深感认同，因为我们也都经历过这种场面，但我们可以告诉你，你的孩子基本不可能回答："哦，天哪，谢谢你的提醒。现在你已经向我解释清楚了，我的感受不重要，我的行为不符合家庭规范，我很后悔我的行为，我决定，从今往后，用耐心和爱心善待我的兄弟姐妹。"

现在你知道什么不该说了吧！那么，说些什么才会有帮助呢？

1. 从依次承认每个孩子的感受开始。避免偏袒！

"你的确不喜欢……她把你正在听的音乐关掉了。"
"你的确很心烦……音乐太吵了，敲鼓的声音太大。"
"你很生气，因为……她从你手里抢走了遥控器。"
"你很痛，因为他……使劲掰你的手指，还掐你的胳膊。"
"这对你来说不公平……她可以听音乐，却不让你听。"
"哦，你们俩都想……听音乐，只是喜欢的风格不一样。"
……

有时这样说就足够了。当孩子感到被倾听时，他们就会平静下来，可以更清晰地思考，也许能够自己想出解决方案。

如果他们冷静不下来，反而开始互相辱骂呢？

你可以**坚定地表达你的感受**："嘿！我不喜欢听到你们骂人！这只会让大家更生气。"然后帮助他们用比较平和的方式表达自己的感受："你可以告诉弟弟，'我读书时需要安静，音乐太吵，很干扰我'。"

如果他们现在还没有平静地走开，你可以继续下面的步骤。

2. **描述问题，但不要大事化小。**

"你们一个想听吵闹的摇滚音乐，一个不想听。这个问题有点难办。"

这样说足以激励你的年轻战士们自己解决冲突。

但如果还是不行，也不用担心。你有没有注意到，我们已经完成了**解决问题**的前两个步骤。在第3章《惩罚存在的问题以及替代惩罚的方法》中，你已经看到了这个策略是如何发挥作用的。现在，你可以把它提升到一个新的水平，教你的孩子自己解决问题。把这当成一个绝佳的机会，让孩子体验解决问题的过程，有一天他们会熟练掌握这个方法，自行解决问题，你就有空去喝一杯咖啡了。

3. **头脑风暴。**

"怎么做才能让你们两个都接受呢？我们需要想个办法。"

进行头脑风暴时不要拒绝任何想法。（不能说："什么？你想花3万美元建一个隔音室？这怎么可能！"）

把所有的想法都写下来会很有帮助。你要先保持一会儿沉默，不要马上说出自己的绝妙想法。（"为什么不……"）记住，孩子自己想出的任何解决方案都可能会更有效，你等待的每一分钟都在悄悄传递一个信息："我相信你能想出解决方案。"

4. **评估你们的方案清单，选择所有人都赞成的方案**。你可以把它们圈起来，排除的方案可以打叉，或者用对钩、笑脸、皱眉的表情,任何你喜欢的符号都可以。

找一个磁力贴,把你们都赞成的解决方案清单贴在冰箱上,有机会就可以使用它们了。

	尼雅	马库斯	妈妈
-- 建造隔音室	☺	☺	☹
-- 使用隔音耳机	☺	☺	
-- 使用降噪耳塞隔音	☹	☺	
-- 在不同的房间听音乐	☺	☺	
-- 将最大音量定在5	☹	☹	☺
-- 每个人轮流选择一首歌	☺	☹	
-- 选定两个人都喜欢的歌单	☹	☺	

如果解决方案不起作用怎么办?或者它只有一次管用,后来又不灵了,那该怎么办??

现在你知道哪个方案不起作用了,说明你离一个好的解决方案又近了一步。我们再试一次。你可以告诉孩子们:"我们试过这个办法,结果没有我们希望的那么好。我们看看还能想出什么办法。"告诉自己,尽管直接告诉孩子们该做什么会简单得多,但这样做是值得的。以相互尊重的方式解决冲突是世界和平的前奏。想象一下,以后不需要你的干预,孩子们自己就可以解决问题,那该有多美好!

你在开玩笑吧？我没时间也没精力干这种事。我的孩子们在任何事情上都不能达成一致。你是要把我累死啊！

如果你或者你的孩子完全没有耐心保持平和冷静……
可以简要总结一下每个孩子的观点，然后采取行动。如有必要，将攻击者从对方身边拉开，或者把他们正在争抢的东西拿走，等你有耐心的时候，再按照上述解决问题的步骤来执行。

"马库斯想听他最喜欢的音乐，而尼雅不想在读书时听到那些音乐。她更喜欢安静的音乐，没有嘈杂的鼓点。现在我就要做决定，也许不能让你们每个人都高兴。我要让马库斯听完这首歌，然后我把音响关掉，把遥控器收起来。我们可以一起坐下来，想出一个对大家都适用的解决方案。"

但是，如果一个孩子不断攻击另一个孩子，可能是身体攻击，也可能是语言攻击，而所有这些方法都不起作用，那该怎么办呢？那个攻击的孩子不应该受到惩罚吗？

我们成年人确实有责任禁止那些不可接受的行为，保护孩子。问题是，惩罚能达到这个目的吗？

惩罚的问题在于，它并没有教会"攻击者"在未来如何处理类似的冲突，它不能修复关系，也不会让"受害者"更安全。

而且惩罚也不能解决冲突的根本原因。这些原因可能有很多：对新生婴儿的嫉妒，想独占某样东西，或者只是内心很焦虑、沮丧。如果我们能够根据这些潜在的感受和需要来调整我们的反应，我们就能提供最大的帮助。

○ 来自"战斗前线"的故事

"你是个长不大的宝宝!"

我在书里读到过,当一个孩子对另一个孩子表现得很刻薄时,应该关注受害者,而不是加害者。但在我家里,这行不通。这种挖苦变成了无休止的循环。

今天列夫(11岁)又在欺负阿维(8岁)。他说阿维"就像一个长不大的宝宝"。阿维试图辩护,但列夫一直在挖苦他:"你刚才说的话恰好证明你就是个长不大的宝宝!"

我要求他们分开。理智告诉我不要惩罚列夫,但我的内心却在尖叫:"把他锁到房间里,然后扔掉钥匙!"我怒火中烧,只好先把自己关在房间里,尽情地大喊,发泄情绪。

啊!我讨厌这样!阿维只是想获得一点点关注和认可。列夫怎么能对弟弟这么刻薄?我生了一个多么可怕的孩子!

但我是"如何说"父母小组的负责人,所以我就在想,如果是在小组的活动中,我该告诉那些家长要怎样做呢?……我会告诉家长们,要试着从列夫的角度看问题,承认他的感受……但我现在不在乎他的感受!他是一个怪物!

终于,我平静下来,走出房间,来到列夫的房间里和他单独聊聊:"你本来是一个又善良又温和的孩子,你对阿维说那些话一定有什么原因吧,是不是发生了什么让你特别生气的事?"

听了我的话,列夫就像打开闸门一样,吐出了一长串的抱怨。"每次我们去看棒球比赛,阿维都躺在地板上说他累了,害我们迟到,错过比赛的开场……家里做大扫除的时候,我们都应该帮忙,他还是说他太累了,也不帮忙干活,这不公平!……而且他每天都害我上学迟到,因为他总是在要出门的时候去洗手间……"

列夫不停地抱怨着。在他看来,阿维的表现就像个长不大的宝宝,动不动就躺下耍赖,也不能控制自己的膀胱!这显然让他这个当哥哥的感到很气恼。

我没有和列夫争论,也没有试图解释。我只是听着。(在这里我不应该用"只是",因为能坚持听完列夫所有的话其实并不容易。)然后我说:"哦,难怪你这么生他的气。他做的这些事,你真的很不满。我觉得阿维需要听你说说,不然他根本不知道。但问题是,要说的事情实在太多了,让他一下子听到这么多负面反馈,估计他没办法全消化了。你挑一件最重要的事跟他谈谈怎么样?"

列夫选择告诉阿维,当阿维没有帮忙打扫卫生时,他有多么生气。阿维回答说他想帮忙,但有时他真的是太累了。我问:"我们该怎么做,让打扫的人不那么愤愤不平,也让阿维在太累的时候不觉得有压力呢?"我们想出了一个办法,让阿维在自己有精力时帮忙做些家务,比如倒垃圾、擦桌子。后来阿维在做这些家务时,总是会想着告诉哥哥。他也想做出补救嘛!

那次讨论对他们的关系产生了很大的影响。当然,他们仍然有冲突,但没有了持续不断的挖苦和嘲笑。列夫知道他生气的时候可以跟我和阿维谈谈,我们可以找到解决问题的办法,而不是让他的愤怒升级。

一年后,阿维被诊断出患有严重的睡眠呼吸暂停,他说的第一句话就是:"我们快告诉列夫吧!"他想让哥哥知道,他那恼人的疲倦感终于有了合理的解释!

有时,减少争吵的最好方法是给每个孩子一点额外的关注,就像下面这两个故事中的父母做的一样。

地板上的解决方案

孩子们的争吵真的让我很心烦,而且我注意到一个规律——每次他们参加完课外活动,我刚把他们带回家,他们就会吵起来,简直无一例外。我一进门就赶紧去厨房烧水,刚把水灌满,他们就开始吵架,要么是争玩具,要么是争谁往谁脸上吹气了。我只能跑出来阻止他们互相伤害,最后的结果总是所有人都怒气冲冲——尤其是我!

上个星期,我开始实行一套新的生活流程。我们一进门,我就把外套和包扔在沙发上,然后坐在客厅的地板中间。对孩子们来说,我就像一块磁石。米里亚姆(5岁)爬到我的大腿上。约瑟夫(7岁)给我看他带回家的东西。瑞秋(9岁)告诉我她的社交圈里最新的八卦消息。在这段时间里,我不接电话,不去想要做什么晚餐,甚至不会偷偷看一眼电子邮件。至少有5分钟的时间,我什么都不做。他们似乎也只需要这么多时间。然后我会说:"好了,我得去做晚饭了。"他们就开始自己找事做来打发时间,或者到厨房来"帮"我。真是没想到,只需要5分钟的投入,就能换来这么多和平。

"请大家注意听好吗?"

我4岁的儿子特朗一直在向8岁的姐姐梅扔玩具。梅很生气。我赶紧先承认梅的感受("你不喜欢被玩具砸到!"),然后没收了特朗的投掷物("玩具不是用来朝姐姐扔的!"),但只能暂时阻止这种行为,很快就会有下一次。

我突然想到,我还不知道特朗为什么要这么做。直接问特朗也许没有用,所以我说:"一定有什么事情让你很生气,你才会把玩具扔到姐姐身上。我想知道那是什么事……"

特朗告诉我,他希望我和姐姐去看他的木偶表演,但没人听他的。的确是这样。我听到他叫我们过去,但我们没有理睬他。当他意识到我们不会来的时候,才开始扔东西,想引起我们的注意。我终于理解了他的感受。我告诉他:"我不能允许扔东西这种事,但你叫我的时候,我会更努力地注意听,如果我过不来,我会告诉你,绝对不能不理你。"特朗听了我的话,感到很满意。

到目前为止,我们家再也没发生过投掷事件,房间里已经连续一周没有出现过飞行物了。

有时候,解决冲突的方法出奇地简单。

"请把我关在里面"

我有两个儿子。多姆4岁半,罗科1岁。自从罗科会爬了,他就开始破坏多姆的东西,多姆对弟弟也越来越暴力。有一天,多姆正在用乐高积木搭一座城堡,罗科爬过来把城堡推倒了,多姆气得尖叫着打了罗科的脸。

我差点抑制不住冲动,想揍多姆一顿。幸亏我及时意识到，不能一边喝令多姆"不许打弟弟"，一边自己动手打他，这是自相矛盾的行为。所以我大喊一声：**"不许打人！"**然后把罗科带到我的卧室，安慰他，还锁上门不让多姆进来。多姆心乱如麻，在门外不停地哭喊着。等大家终于平静下来时，我还是没办法和他们好好谈一下这件事。因为我已经心力交瘁了！我需要安静一会儿，才能理性地思考。

那天晚上我哄多姆上床睡觉时，我们都很冷静，我想应该可以尝试解决问题了。我说："我知道弟弟抓你的东西，把你的东西弄坏，你很难受。"我问他该怎么做，才能让他的乐高作品不被破坏，也让罗科不受伤害。我建议他在房间里玩乐高，但他不喜欢自己待着，所以拒绝了这个方案。他的方案是把罗科关在婴儿围栏里，但我拒绝了，因为罗科现在已经学会走路了，他讨厌被关在围栏里。然后我们想到，可以将婴儿围栏变成乐高围栏。多姆可以在婴儿围栏里玩乐高积木，而罗科无法进入围栏。我们试了一下，效果很好！这样多姆能够在客厅里得到家人的陪伴，而他的作品也很安全。

自从采用了乐高围栏后，多姆在和弟弟相处时脾气好多了。看来他很需要有属于自己的空间！

有些冲突没有简单的解决办法，但我们仍然可以尊重孩子的感受，用开放的心态来对待冲突。

大家都想学音乐

我有一对10岁的双胞胎女儿，萨曼莎和詹妮弗，还有一个6岁的儿子泰勒。萨曼莎喜欢音乐剧中的歌曲，总是在家里练习唱歌。朋友给她介绍了一位声乐老师，她一想到自己要去上声乐课就很兴奋。妹妹听说后马上插话说她也想上声乐课。我说她们可以一起上课，但萨曼莎很生气，她说这是她的爱好，如果妹妹也要和她一起上课，"那就会把一切都毁掉！"她含着愤怒的眼泪，重重地跺着脚走开了。

婆婆建议我只让萨曼莎一个人上声乐课，因为这是她先提出来的，詹妮弗只是在模仿姐姐。但我不太确定。一方面，我理解萨曼莎的感受。有一个同卵双胞胎妹妹有时会很麻烦。她希望这个爱好是她独有的。但另一方面，我怎么能只给一个孩子上声乐课的机会，而拒绝另一个孩子呢？这样做是不对的！

我和一个朋友聊了聊这件事。她是一位职业歌手。听到这件事，她深有感触。她告诉我，在她的家里，只有她学了音乐，而她的姐妹们都没能得到这个机会，因为父母认为她是"有天赋的人"。她的姐妹们为此至今都怨恨她，不想听到任何关于她事业的消息，也不来看她的演出。

朋友的话让我不寒而栗。但我的问题还是没法解决。如果我坚持她们俩都有权利去上声乐课，那就会毁了萨曼莎的积极性。她一直在努力塑造自己的独特身份，想找到只有自己能做的独特的事情。

最终我决定告诉她们我的感受，再一起聊聊她们的感受。我双手合十，祈祷能有一个好的结果！我是这样说的：“这是一个非常非常棘手的问题。萨曼莎想上声乐课，有很多事情都是她和妹妹一起做的，但这次她想一个人尝试这件事，这对她来说非常重要，所以如果她不能自己去上声乐课，她就不打算去了。

"詹妮弗也喜欢唱歌。她不希望只因为不是自己先想到的，就失去上声乐课的机会。

"我不知道我们该怎么办！我不想对詹妮弗说，她不能上声乐课。音乐不是只属于一个人的。但我也希望萨曼莎能拥有她的特别爱好。我看得出这对她有多重要。"

詹妮弗说：“嗯，我其实不是想上课。我只是想借一下乐谱，这样我就可以唱那些歌了。"

萨曼莎说：“我不介意借给你乐谱。我可以给你复印一份。"

这时泰勒也插话说：“可我也想上声乐课！"（当然，当然，我就知道事情没那么简单！）

我丈夫说，他可以用我们的尤克里里教泰勒弹和弦，这样我们就能组建一支家庭乐队了。我们费了好一番口舌，泰勒终于同意了。

这种感觉真好。对孩子们坦诚相待，也是一种解脱。我真的很庆幸自己没有代替他们做决定，让他们中的某一个感到痛苦和怨恨。

我们希望孩子学会使用语言而不是拳头。但我们有时会忘记，这对他们来说是多么困难的挑战。

被褥大战
（乔安娜的故事）

萨姆和丹又为毯子吵起来了！每次都是这样，游戏开始时，5岁的萨姆一边"咯咯"地笑着，一边从7岁的丹的上铺把毯子拽下来。作为报复，丹又会把萨姆的毯子拉到上铺。然后萨姆会意识到哥哥比他更高大强壮，他会输掉这场比赛，所以他就开始使劲地把自己的毯子往后拉，脸涨得通红，还高声叫喊着："**住手！**"丹继续拽毯子，完全没有注意到弟弟的情绪变化。他从上铺倒挂下来，抓起萨姆的床单和枕头，拿到上铺，作为新的战利品。

萨姆气疯了。他开始向丹挥拳头。丹也很愤怒："你打我！不许打人！"他开始反击。我冲进去制止了这场越来越激烈的打斗。

我把他们分开，让他们在自己的床上坐好，并将枕头和被褥分别归还给它们的合法主人，然后我开始按惯例发表讲话："我不能让你们互相伤害。我们家不允许打人。要用语言和对方交流，不要用拳头。"这些话他们已经听过无数遍了，可为什么就是做不到呢？

我突然意识到，不打人是**很难**做到的。如果弟弟不听哥哥的话，哥哥该怎么办？如果弟弟被哥哥狠狠地打了一拳，弟弟又该怎么办呢？

所以这次我修改了"演讲稿"："我知道，你们生气的时候，的确很难做到不打人！就连许多成年人都不一定能做到。"

我感觉到气氛发生了变化。孩子们真的开始注意听我说话了。丹说："怎么会呢？成年人不会打人的。"

"不，成年人非常生气的时候，也是会打人的。愤怒的感觉会进入你的身体，让你很想打人。（我握紧拳头摇了摇。）不过，成年人打人是违法的，因为他们又高又壮，可能会严重伤害到对方，所以他们必须学会控制这种情绪，学会用语言表达出来，否则他们会被关进监狱。"

此刻孩子们都被我的话吸引住了！我觉得最好再说些

让人安心的话，我可不想吓唬他们。

"孩子们不会进监狱，因为他们还在学习不要打人。这并不容易做到！帮助对方学习的一个好方法就是倾听对方说的话。所以如果弟弟说'住手'，你就停下来，你就是在帮助他学习，让他明白可以不用打人。"

丹有点生气："但这是弟弟先动手的。一分钟前他还在笑呢！"

萨姆说："我没有！"

丹说："你就是！"

我打断他们："这种情况的确会让人很困惑。有人开始玩游戏时还在开心地大笑，然后他突然变得很生气，不想再玩下去了，可你还不知道是怎么回事！"

丹："就是这样！"

"这种打闹游戏很容易把握不好。所以你要做的另一件事，就是一直看着对方的脸，确保他还是很喜欢玩这个游戏。那么，如果你生气了，想要打人，你要怎么做才能阻止自己呢？"

两个孩子一脸茫然地看着我。

"如果再发生这种事，你们可以叫我。大声喊'**紧急情况**'，我就会跑过来帮你们解决问题。你们不需要打人。"

我至今都记得，当他们听到我说成年人必须与自己的愤怒作斗争，必须控制打人的冲动时，他们脸上出现的敬畏的神情。这向他们证明了不打人确实是一个挑战，他们就更有动力去征服它。我注意到从那以后，他们的冲突

> 模式发生了变化。他们几乎不打架了，而是更愿意互相倾听。当我发现他们的打闹变得过于激烈时，我就会提醒他们"看对方的脸"，事实证明，这样做非常有用！

任何孩子都很难从另一个人的角度看待冲突，对于自闭症的孩子来说，这尤其具有挑战性，比如下面这个故事中的诺亚。

电脑战争

诺亚（9岁）暂停了他的电脑游戏去洗手间，大卫（12岁）跑过来关掉了诺亚的游戏，开始玩自己的游戏。诺亚回来的时候，冲大卫大喊，要他离开电脑。当他发现游戏被关掉时，喊叫很快升级为怒吼和辱骂。

我命令他们到客厅去，远离电脑。"你们两个都很生气！我想知道发生了什么事，但如果你们两个同时说话，我就听不明白了。"诺亚的精神状态似乎更不稳定，于是我说："诺亚，你先说吧。大卫，等他说完你再说。"

诺亚语无伦次地说："大卫**知道**我的游戏刚玩到一半。他给我关掉了，害我丢了分。他不能这么做！"

大卫急着插话，但我首先认可了诺亚的说法。"哦，你还没完成游戏，但你要去洗手间。你觉得大卫应该知道你马上会回来。你生气是因为你丢了分。"

诺亚说:"是的!"

"大卫,该你了。"

"我不知道他正在玩。他每次玩完游戏以后都不关掉。"

诺亚打断他说:"你知道我在洗手间,你只是想霸占电脑!"

"诺亚,现在该大卫说话。等他说完,你再说。"

大卫接着说:"我怎么知道他在洗手间?!"

我总结说:"所以大卫认为自己可以用电脑了,而诺亚认为大卫应该知道他正在玩游戏,他会马上回来。我们需要想出一个使用电脑的方案,因为这种情况可能会再次发生。"我拿出一张纸,开始征求他们的意见。之后的谈话是这样进行的。

诺亚:"大卫在关掉游戏之前,应该问一下我是不是已经用完了电脑。"(我记了下来。)

大卫:"不可能!我每次用电脑之前还要满屋子找你。我可做不到。"

我:"我们要写下所有的想法,然后再决定我们赞成哪一种。"

大卫:"我们应该规定,一个人离开电脑,就代表他已经用完电脑了。"

(诺亚玩游戏时特别投入,以至于没有注意到自己憋了很长时间没去洗手间,有好几次都尿裤子了。直到最近,他才开始在及时上洗手间这件事上有一些进步。这个方案对他来说是一场灾难！但我刚刚告诉大卫不要批评任何方案，所以我也要遵守规则。我写下了大卫的方案。）

诺亚："但如果我必须要上厕所怎么办？"

大卫："好吧，那你必须在电脑旁留一张便条，说明你还要用。"（我把它写了下来。）

诺亚："我没时间写便条。"

我："你可以提前写一个牌子，'诺亚在用电脑'，如果你要去洗手间，就把它放在键盘上。"

诺亚："好吧……"

大卫："如果没看到牌子，我就可以关掉你的游戏，继续用电脑。"

最终，他们两个都同意由诺亚做一个牌子，如果他在游戏进行一半时要去洗手间，就把牌子放在键盘上。

有趣的是，诺亚并没有真的去做那个牌子，他和大卫却再也没有为电脑而争吵过。当诺亚在使用电脑的过程中需要上洗手间时，他会对大卫大喊："我还要用电脑呢。"大卫也会在关掉游戏之前看看诺亚在哪里。表达观点和协商解决方案的过程，使他们理解了彼此的需求。对于患有自闭症的孩子来说，猜测别人的想法和感受是一件很有挑战性的事情。我认为，开一个解决问题的会议对于培养他们这方面的能力是有帮助的。

● **本节要点：救命！我的孩子们在打架！**

1. **采取行动，但不要攻击孩子的个性。把"战士"们分开。**
 "嘿！我不能让你们互相伤害！"

2. **承认感受，但不要偏袒任何一方。**
 "你不喜欢她把你正在听的音乐关掉。"
 "他从你手中夺走了遥控器，你很生气。"

3. **描述问题，但不要大事化小。**
 "这个问题很难办。一个人想要听声音很大的音乐，但另一个人嫌吵。"

 如果这样还不行……

4. **开一个解决问题的会议。**
 • 征求意见。
 "我们怎样做才能让你们俩都满意呢？"
 • 选择每个人都赞成的方案。
 "我们把这些圈起来，贴在冰箱上。"

 权宜之计（如果缺乏时间或耐心）：

5. **简要总结每个孩子的观点并采取行动。**
 "你想听你最喜欢的音乐，但你不想在看书时听到那些音乐。现在我来做个决定吧，也许不会让你们每个人都高兴。"

吃肯德基还是麦当劳

我下班后去接孩子,告诉他们,我们要在回家的路上吃晚饭。儿子说:"我们去麦当劳吧!"他妹妹说:"不,我们去肯德基。这次轮到我选了,我想吃土豆泥。"哥哥踢着妹妹的椅背说:"我要吃麦当劳!"

我说:"你好像很生气!"

儿子说:"我没生气。我只是想吃麦当劳!"

我说:"但是,这次轮到你妹妹选了,所以我们这次吃肯德基。我知道你特别希望我们能去麦当劳。下次轮到你选时,你会在麦当劳吃什么?"

"鸡块"。

"好啊,我们可以在肯德基吃鸡块!"

"好啊好啊!"

我猜他不知道肯德基(KFC)里的那个"C"代表什么!

6 救命！我的孩子在打我！

对抗小战士的自我防卫术

亲爱的乔安娜和朱莉：

我和丈夫已经按照你们的指导，对我们4岁的儿子马克斯承认他的感受，也开过很多次解决问题的会议，他现在越来越擅长思考解决方案了。但我们的新挑战是马克斯会突然失控，尖叫、踢打、挥拳打人。在他爆发之前，我甚至根本没意识到他在生气。

任何小事都能激怒他。比如在洗澡的时候，我们一起把塑料字母摆在瓷砖上，拼写单词，我不小心把一个字母碰到了水里，他就从浴缸里爬出来，对我拳打脚踢。我不得不按住他的胳膊和腿，保护自己不受攻击。

我试着坚定地表达我的感受：

"妈妈被你打得很疼！"

"我不喜欢这样！"

"不要打了！"

最后……我不得不大喊：

"不许打我！"

如果他在睡觉前打我，我就告诉他：

"今晚我不能陪你睡了。我太害怕被你打了。明天我们再看看。"

到目前为止，一切都无济于事。我一直在努力，却从来没

有成功,这种感觉很糟糕。

不想当出气筒的妈妈

亲爱的不想当出气筒的妈妈:

你现在做的一切都是对的。你态度坚定地让儿子知道你的感受,你在采取行动保护你自己——同时又没有攻击他。

等到他平静下来(等到晚上或者第二天),你可以这样对他说:"昨晚你洗澡的时候,那个字母掉进水里,你很生气。我当时也很生气。我不喜欢被人打。我们互相向对方发脾气,这很伤感情!我都不想在浴室里陪你玩字母玩具了,要是不小心又碰掉字母,你又要打人。我们制订一个方案吧,这样你生气的时候就可以告诉我,而不是打我。我们来约定一个特殊的词当暗号,比如'巴啦啦'或者一个特殊的手势,比如大拇指向下?"

如果这个方案成功了,他使用了这个特殊的词或信号,你就可以用夸张的方式承认他的感受。"哦,你不想让字母掉进水里!它应该站在瓷砖上!这太让人生气了!"

我们想让孩子知道的是:当你又踢又打的时候,别人会对你非常生气,以后再也不想跟你玩了。不是因为别人想惩罚你,而是因为他们需要保护自己。我们还想让孩子学习如何在不伤害别人身体的情况下表达愤怒。

想想为什么马克斯最近脾气这么暴躁,也许会有帮助。在经历重大变化或承受压力之后,这种行为很常见:比如转学到新的学校,家里添了新生儿(可能是父母有这样的计划,或者是宝宝出生,或者是宝宝可以四处爬的时候),在学校度过了艰难的一天,换了新保姆,搬到新家,家人去世,父母争吵,出现健康问题(比如耳朵发炎或者要感冒了),甚至只是睡眠时间表被打乱。以上任何一种情况都可能导致孩子情绪失控。[1]字母玩具掉到浴缸里不只是看起来那么简单。那可能是压倒骆驼的最后一根稻草!

亲爱的乔安娜和朱莉:

我读到你们列出的那些会让孩子感到压力的变化,才终于意识到是怎么回事。马克斯的弟弟芬恩快1岁了,在过去的几个月里,他学会了爬。他对哥哥在做什么很感兴趣,对哥哥的东西也很感兴趣。我们拿了几盒马克斯不再玩的旧玩具给芬恩。马克斯看到芬恩在玩他的旧玩具,特别生气。有一次,他充满恐惧地对我说:"芬恩要把我所有的玩具都拿走!"他的眼睛里满含着泪水。

我意识到,马克斯心里很生气,因为我们一直在责怪他玩芬恩的玩具。他要么很粗暴地对待玩具,要么就直接从芬恩手里把玩具抢过来。昨天他和芬恩一起进了婴儿围栏,一开始还好,但后来他变得非常狂躁,我们命令他离开婴儿围栏。当时他打了他爸爸,并且说:"你对我不好!"

大家都平静下来以后,我丈夫带芬恩去散步,这样我就能和马克斯坐下来聊聊。我拿出纸和笔,开始写:"爸爸妈妈不让马克斯玩芬恩的玩具,马克斯很生气,于是打了人。"(他更喜欢我写下来读给他听,而不是直接说出来。)他问:"'生气'这个词怎么写?"我告诉了他,他就写在纸上。我们谈到他仍然喜欢他的旧玩具,即使这些玩具更适合婴儿玩。我说爸爸妈妈也喜欢玩一些婴儿玩具,所以他还喜欢那些玩具并不奇怪。他说他不喜欢他跟芬恩玩得正开心的时候，我们不再让他玩了。我说："这确实让人难过！你不喜欢我们阻止你和弟弟玩。"然后我在纸上写下大大的"**办法**"两个字。我们已经开过许多次解决问题的会议，所以他一下子就明白了。他提出了他想到的几个办法：

1. 芬恩睡觉的时候，马克斯可以在芬恩的婴儿围栏里玩。
2. 芬恩不在家的时候，马克斯可以玩芬恩的玩具。
3. 马克斯可以玩芬恩没有拿在手里的婴儿玩具。
4. 马克斯还没准备好把机器人罗比给芬恩，他想要回来。（我建议他把罗比放在房间里。）

我们给所有办法都画了圈，因为这些办法我们都赞成。到目前为止，马克斯一直做得很好。

他偶尔还是会生气。有一次他在玩球的时候，我让他停下来去换衣服，他就打了我。我说："马克斯一定气坏了！"然后我们开始解决这个问题。我们设计了一个捉迷藏的游戏，这次不是数数，而是穿衣服，你穿得越快，其他人躲藏的时间就越少！我们想出的另一个成功的游戏是假装间谍，悄悄地穿上袜子和鞋子，然后吓爸爸一跳，告诉他我们准备好出发了。

情况更新：
现在马克斯打人的情况有所改善，但还没彻底根除。他有时还有打人的冲动，但我能看出来他在努力克制自己，我认为这对一个4岁的孩子来说是非常不容易的。当我能承认他的感受时，他就越来越善于控制自己的情绪，并且能够以其他方式发泄他的愤怒（比如把纸揉成一团、握紧拳头、大声咕哝），他和弟弟相处得也更好了。这样我就能腾出时间来陪马克斯做他想做的事，比如玩乐高玩具或者读故事书，有时只需要5到10分钟。

我也在努力更好地识别出马克斯什么时候需要休息。如果他过于疲劳，或者刚在学校度过了漫长的一周，我就会对他要求松一点。我会允许他不洗澡就睡觉，或者让他看看电视节目。有时我会在游戏室里放一个屏风，让他拥有自己的独立空间，这样他就可以玩他的玩具，而不用担心芬恩会抢走。

● **本节要点：救命！我的孩子在打我！**

1. **坚定地表达你的感受。**
    "妈妈被你打得很疼！"
    "我不喜欢这样！"

2. **承认孩子的感受。**
    "你不希望发生这种事！你很生气！"

3. **采取行动，但不要攻击孩子的个性。**
    "今晚我不陪你睡了。我不想被你打。"
    "我要抓住你的胳膊。我不能让你打我。"

4. **尝试开一个解决问题的会议。**
    "你不喜欢字母玩具被碰到水里，我也不喜欢被打。我们一起制订个方案吧，这样你生气的时候就可以告诉我，不用再打我了。"

特别提醒 孩子在经历重大变化或承受压力时会变得很容易发怒，这是一种常见情况。这时你要先解决外在问题，而不是孩子。

出手相救[1]

　　我在西哈莱姆教小学时，我的职责是帮助有学习障碍的学生提高数学和阅读成绩。但我的许多学生都是一点就着的暴脾气。当过老师的人都知道，当孩子生气或难过时，他们是无法学习的。于是我花了很多时间处理孩子们的情绪问题。我帮他们把情绪用语言表达出来。（"他那样做让你生气了！你不喜欢他抓住你的帽兜。让我们告诉他，不要抓帽兜。"）我提醒他们，如果有人受伤或生气，打闹就必须停止。（"看着对方的脸，他哭了吗？他是看起来很生气，还是仍然玩得很开心？"）

　　路易斯是一个矮小结实的五年级学生，他脾气很暴躁，而且发作起来很严重。他在课堂上表现得富有创造力和好奇心，但在操场上却让人害怕。一天下午，我正在值班时，看到一群孩子围在栅栏那里。有个三年级学生踢到了栅栏底部松动的地方，卡住了脚。这个可怜的孩子努力想要挣脱，可周围的孩子都在笑话他，一些孩子还故意把栅栏往下压，让他的脚卡得更死。我朝栅栏走去，准备制止那群孩子，这时我看到路易斯冲到了我前面。他咆哮着让人群后退，然后掀开栅栏，救出了被困的孩子。

---

[1] 坦白说，这是乔安娜的故事，不是读者的。

我问路易斯:"你为什么这样做?"

"法伯女士,你给我们讲过,我看着他的脸,知道他现在玩得**不开心**!"

我为我的学生感到骄傲。面对一群暴力的孩子,他表现出了勇气和对一个弱小孩子的同情。他本可以加入恶作剧的行列,或者走开,但他没有。我不能说这个孩子的正直是我教出来的,但我至少为他提供了一种方法,帮助他从共情他人的角度进行思考。

7 和动物共处的原则

在和动物的相处中,培养孩子的分寸感

亲爱的乔安娜和朱莉:

我邻居家的猫咪生了小猫,孩子们央求我找邻居要一只。我真后悔答应了他们。现在我有很多冲突要解决。

两岁半的朱利安喜欢追小猫,我一直跟他说这样会吓着小猫,但他根本听不进去。当小猫抓着窗帘往上爬,想要逃走时,他哈哈大笑。他6岁的哥哥塞巴斯蒂安更可怕,因为他使用了更过分的"战术"。他趁小猫吃饭的时候偷偷靠近它,一把抓住,因为他想背着它到处走(小猫可不喜欢这样)。结果,小猫把他抓伤了,但他还是继续这样做。

我每天都要告诉他们很多次:"希望你们能温柔地和小猫一起玩!"我也向他们展示了和小猫玩的正确方式,但一点用都没有。

请帮帮我!

加利福尼亚的猫咪受难者

亲爱的乔安娜和朱莉：

我需要一些关于孩子和狗狗相处的建议。我自己的孩子没有问题，因为我们的金毛寻回犬在他们出生之前就来到了我家，他们知道如何与动物相处，但别人家的孩子给我带来了麻烦。

我的金毛洛奇很温顺，但它已经老了，不喜欢别人戳它的鼻孔或拉它的耳朵，更不喜欢别人坐在它身上。我告诉来我家玩的孩子们不要打扰洛奇，但有些孩子就是不听，或者只能老实一小会儿。这真让我担心。即使是和孩子相处很好的狗狗也会有发怒的时候。我不想让孩子再邀请那些朋友来玩了，但又会觉得很内疚。

有什么办法可以既让孩子们过来玩，同时又不用把可怜的狗狗一直锁在卧室里？

（到目前为止）一直在白费工夫的妈妈

亲爱的猫咪受难者和一直在白费工夫的妈妈：

在电影中，孩子和动物看起来相处得十分和谐，文学作品里也经常写到年轻人和他们的宠物之间深厚的情感。但在现实生活中，一切并不总是那么美好。即使是灵犬莱西和乔[①]，他们之间也一定有过不太愉快的时刻，只是最终被电影剪辑掉了。

[①]《灵犬莱西》是第一部以狗为主角的真人版电影，于1943年上映，讲述了牧羊犬莱西和它的小主人乔之间的深厚友谊。——编者注

一个意志坚定、热爱动物的孩子是不会轻易气馁的,所以你还是忘记下面这些策略吧。

命令和指责:"住手,你下手太重了。""离小猫远点,你吓着它了!""你会伤到小狗的。"

警告和威胁:"如果你继续这样做,你会被抓伤的。""小狗会咬你的,那可都怪你自己!"

说教、责骂、要求同理心:"不要拉小狗的耳朵。如果有人这样对你,你会舒服吗?"

重要的是记住,同理心是需要培养的。我们不能指望小孩子天生就能对他人和动物温柔以待。即使孩子在某些情况下已经表现出了这种能力,你也不能指望他们能始终如一,尤其是在他们兴奋的时候。

那么,我们能做些什么来保护动物、保护孩子,还有我们脆弱的神经呢?

我们必须从承认感受开始,然后给出简单的信息,告诉孩子他能做的事,而不是一直强调他不能做的事。重新引导孩子的兴奋点,要比抑制它容易得多。

以下是一些可行的策略。

承认感受

"追小猫很有趣。"

"你真的很喜欢拉狗狗松软的耳朵!"

提供信息

"小猫不喜欢有人追它。它很害怕。"

"小狗不喜欢有人揪它的耳朵。它会很痛。"

告诉孩子能做什么，而不是不能做什么

"你知道小猫喜欢什么吗？它喜欢追系着皱巴巴的纸的绳子，我们一起做个猫咪玩具吧，你可以试着在它面前慢慢地拖着这根绳子走。"

"小猫喜欢有人轻轻挠它耳朵后面。我把小猫抱在腿上的时候，你试试这样做。"

"有时候小猫喜欢偷偷溜进纸袋里。你能给艾丽找个纸袋吗？"

"我们坐在这里看着小狗喝水吧。看它的舌头怎样把水卷上来。"

"你知道我们的小狗喜欢什么吗？它喜欢去叼网球。现在你把网球扔出去，看它能不能给叼回来。"

"你可以轻轻地抚摸它的肚子。"

"洛奇喜欢吃饼干。你可以把饼干放在它面前的地上，或者捧在手里。"

"你可以悄悄把饼干藏在这张纸下面，我们来看看小狗怎么用鼻子嗅出饼干。"

给予描述性的赞扬：描述孩子的行为对宠物的影响

> "看，小猫正朝绳子跳起来。它喜欢玩你做的玩具。"
> "艾丽发出了'呜呜'声，这说明它喜欢你这么摸它！"
> "洛奇喜欢你这样给它挠痒痒。它在摇尾巴呢。"
> "它把球叼回来了。你让它得到了很好的锻炼。"
> "洛奇找到了饼干。你在训练它寻找丢失的东西！"

但如果以上这些方法都不管用呢？

如果一个孩子太兴奋了，不能温和地与宠物互动，或者孩子想和宠物玩，而宠物却很害怕，那该怎么办？你需要保护宠物和孩子都不被对方伤害。

承认感受，并提供一个选择

> "你现在很想玩疯狂游戏，可以玩你的毛绒小猫，或者像猫一样爬到沙发上，然后像扑老鼠一样跳到地毯上。"
> "看起来你想踢什么东西，但我们不能踢狗狗。你想踢皮球还是踢足球？"

告诉他能做什么，而不是不能做什么：把孩子的精力转移到不需要触碰宠物的活动上。

> **如果孩子喜欢猫**：可以让孩子用里面衬着软布的纸板箱给猫做一个窝，用蜡笔在上面画图案，可以给猫准备好吃的，看着小猫吃。他们还可以看关于猫的图画书，可以躺在地板上

观察猫，假装自己是研究野生动物的科学家，或者假装自己是猫，伸展身体，爬行，跳跃，互相喵喵叫。如果他们是大孩子了，还可以用针和线缝个小袋子，把猫薄荷装进去。

如果孩子喜欢狗：让孩子把狗粮放到漏食玩具里，狗狗需要运用智慧才能吃到食物，可以观察狗狗怎么用爪子推倒玩具，让狗粮掉出来。孩子还可以编织绳子给

狗狗玩具

狗狗做成玩具，或者找一个用过的塑料瓶，把它塞进一只旧袜子里，把开口的一端打个结，就可以做成一个寻回玩具了。孩子还可以假装自己是狗，试着不用手就能从碗里喝水，爬过一个由隧道和呼啦圈组成的"狗狗障碍赛道"。也可以让他们看关于狗狗的故事书，学着画小狗狗。

采取行动，但不要攻击孩子的个性：把孩子从宠物身边带走，或者把宠物从孩子身边带走。

临时行动："我把小猫艾丽关到卧室里了。现在它需要休息，大家不要吵它。"

永久行动：如果你真的觉得在孩子还小的时候养宠物是一个错误，可以考虑为宠物另找一个家。尊重你自己的需求和宠物的需求，并不是什么可耻的事。让孩子和宠物分别生活在两个不同的家庭里，这样他们都能得到安全和快乐。不要一直承

受压力，把你的孩子和宠物都置于危险之中。

你可能已经注意到，在家有宠物的情况下，看护年幼的孩子工作量巨大。我们并不是建议小孩子不要和宠物待在一起，他们的相处一定也有很多乐趣。但如果这种共处带给你的痛苦多于快乐，那就要做些调整。当你在考虑你是否能做到这一点时，简单的规则是：**如果你不能看管好年幼的孩子和宠物，就应该把他们分开**。不要寄希望于宠物的温顺本性和孩子的自觉意识。

○ 来自"战斗前线"的故事

小猫带来的混乱

我跟孩子们说了你给小猫做玩具的主意。塞巴斯蒂安想缝个玩具，他花了很长时间在废纸篓里寻找合适的材料，我在宠物店买了猫薄荷塞进他的手工作品里。他很自豪地看着艾丽玩他做的玩具。朱利安也很开心地和小猫一起玩烟斗清洁器和羽毛。

我还让塞巴斯蒂安负责喂猫。他会在小猫的碗里装满猫粮，然后看着它吃掉。他画了一只猫，并把它贴在小猫饭碗旁边的墙上，这样小猫就会"知道"这个地方是属于它的。自从我招募了塞巴斯蒂安做帮手，他就变了。

不过朱利安还是会有过度的行为，他总是喜欢突然抓住小猫。我只好把小猫放在我的卧室里，然后锁上门，这样朱利安就进不去了。我第一次这么做的时候，他不停地尖叫，还用力拍门。我买了一只毛绒玩具猫，艾丽"没心情"玩的时候，朱利安可以和玩具猫一起玩。他还给它起了名字——"朱利安的艾丽宝宝猫"。非常独特的名字，不是吗？

一开始，我们养小猫可能是个错误，但情况正在好转。昨天晚上，朱利安在摸小猫的时候说了很"温柔"的话，他的动作也非常……轻，好像他要用很强大的自控力才能轻轻地触碰小猫。这就是希望！

纸扁虱

埃玛看到我用镊子从狗狗身上拔虱子，她也想这么做。她开始追汤姆。你能想象一个4岁小孩用尖尖的金属镊子戳一只敏感的博美犬时，它会做出什么反应吗？那可不是一幅美好的画面。我对埃玛说：**"不要！汤姆不会喜欢的。"** 但埃玛很坚决，她坚信自己能做到。

我灵机一动，告诉她汤姆身上已经没有虱子了，但我有个办法让她练习。我在一张纸上画了一些扁虱，然后把它们剪下来，粘在她的牧羊犬毛绒玩具身上，让她用镊子把它们夹下来。埃玛对这个游戏非常感兴趣。我相信汤姆对此也非常感激。

好狗狗

我家有一只上了年纪的黑色拉布拉多，它对孩子是出了名的友善。上个星期，我的朋友带着她1岁的女儿伊莎贝尔来我家玩。我和朋友在厨房做点心，伊莎贝尔在我们脚边玩耍。斯玛奇在桌子底下打盹儿。伊莎贝尔悄悄爬到桌子底下，突然骑到斯玛奇身上。斯玛奇一定是吓了一跳，可能是伊莎贝尔的膝盖碰到了它的肋骨。伊莎贝尔突然哭了起来，我们发现她的脸颊上有一块鲜红的印记，就在眼睛附近。

我们都没想到斯玛奇会咬人。我和我的朋友都吓坏了。我们决定，以后如果孩子在地板上玩，一定要把狗狗关到房间或外面的院子里。我们不能指望狗狗能忍受小孩子的任何挑衅。

公园里的危险

在我有孩子之前，我有一只叫火花的小狗。它毛茸茸的，对孩子们很有吸引力，但它很害怕小孩。我在公园里遛它的时候，一群小孩跑过来问我能不能摸摸它。他们一边问一边追赶它。火花害怕地想要摆脱他们，狗绳都绕到了我的腿上。我告诉孩子们，我的狗狗很胆小，但他们根本不听。我只好切换到老师模式，大声喊道："不许动！"孩子们停住了。我说："看得出来你们真的很喜欢狗狗。

你们想帮我训练它吗?"他们高兴地同意了。

我问谁想把一只凉鞋藏起来,让火花去找。他们都很想接受这个任务。于是我让他们轮流在树后面或灌木丛里藏一只凉鞋,然后我让火花去把凉鞋叼回来。孩子们很兴奋。我又让他们轮流扔球,让火花去叼;给火花扔饼干吃(我遛狗的时候总会带着狗饼干)。我对他们的帮助表示感谢,向他们挥手告别。他们也都向火花挥手,大声地说再见。有趣的是,他们根本没有碰过火花,但他们都很满意,很兴奋,因为他们"和火花一起玩"了。

如何让孩子走近陌生人的狗狗
（乔安娜的故事）

我是最不可能告诉你让孩子远离狗狗的人。因为在我学走路之前,我就很喜欢狗狗了。我们家有这样一段传说。我6个月大的时候,父母让我躺在沙滩上的毯子上午睡,他们走到海边去踩水。当他们回过头的时候,看到一只巨大的德国牧羊犬正朝着柔弱无力的婴儿扑过去。他们吓得魂飞魄散,急忙跑去救孩子(也就是我),但那只强壮的大狗跑得更快。当他们来到我身边的时候,牧羊犬正在用舌头使劲舔我的脸,我开心地尖叫起来。从那以后,我看到狗狗就要去摸一摸,我喜欢狗狗。现在,我自己也养了一只狗狗,经常邀请小朋友来摸我的狗狗,和狗狗一起玩。值得骄傲的是,我的狗狗虽然看起来有点"吓人",但它给胆小的孩子带来了积极的体验。看到狗狗和孩子们和谐相处,我有种莫名的快乐。所以下面这些话并不是要打击你,而是为了确保孩子的安全!

大多数人都知道这个规则:**你不应该在未经允许的情况下碰陌生人的狗狗**。想象一下,你的孩子小心地询问是否能摸一摸狗狗,然后得到了一个让他非常激动的回答。

"你当然可以摸摸它。它很友好,很喜欢小孩子!"

即使有主人的热情邀请,**你仍然需要监督你的孩子和狗狗的互动**。你不知道狗主人是否能"读懂"他的狗。狗狗经常会发出不被人注意的、微弱的痛苦信号。主人愿意相信狗狗对孩子们怀有友好的感情,但他可能不了解孩子的不可预测性。他的狗狗可能不喜欢孩子碰它的脸,也不喜欢孩子突然尖叫、从背后冲过来、戳它的眼睛、抓住它的耳朵或尾巴。被吓坏的狗通常会用咬人来保护自己,这可能就发生在眨眼之间。

那么,你该怎么做呢?

首先,不要让孩子接近狗狗。相反,**可以邀请狗狗接近孩子**。站在几步远的地方,让你的孩子拍拍自己的腿,用邀请的声音叫狗狗过来。"嗨,小狗狗,我能摸摸你吗?"[1]

如果狗狗没有靠近过来,这样跟孩子解释:"狗狗今天不想打招呼。我们走吧。"然后走开。

如果狗狗兴奋地跳起来，不停地想挣脱拴它的绳子，主人无法让它平静，那你要这样向孩子解释，"这只狗狗太兴奋了，现在不适合抚摸它"，然后带孩子走开。

如果狗狗平静地靠近你，**你可以向孩子展示如何让狗狗嗅他的手，以及如何轻拍狗狗的脖子和背部**。不要亲吻脸部，不要搂住狗狗的脖子，不要拥抱。

当陌生人的手越过狗狗的头部或抓住它们的脖子时，狗狗会感到一种威胁。即使眼前这只狗狗不介意，你也得想想，当你的孩子试图对其他不太温顺的狗狗做出这种举动时，会发生什么。

最后，**如果狗狗走开了，不要跟着它**。让狗狗自己决定"玩耍时间"是否结束。

这些规则似乎过于严格。的确有许多狗狗非常温顺，会容忍孩子的各种恶作剧，但教会你的孩子如何和狗狗相处（并在孩子练习时监督他），能保证他与所有的狗狗安全地相处。

●本节要点：和动物共处的原则

1. **承认感受。**

    "追小猫的确很有趣。"

    "你喜欢摸狗狗毛茸茸的尾巴。"

2. **提供信息。**

    "追小猫会吓到它的。"

    "狗狗不喜欢有人抓住它的尾巴。"

3. **告诉孩子能做什么，而不是不能做什么。**

    "你可以在艾丽面前拖这根绳子，让它扑上去。"

    "你可以把球扔给洛奇，让它去叼回来。"

4. **使用描述性赞美：描述孩子的行为对宠物的影响。**

    "小猫玩你做的玩具很开心。"

    "狗狗喜欢你温柔地抚摸它。"

5. **承认感受，并提供一个选择。**

    "我看你很想踢东西。你想踢足球还是皮球？"

6. **采取行动，但不要攻击孩子的个性。**

    "我现在要把狗狗放进笼子里。它需要一个安静的地方吃饭。"

    "猫咪要待在卧室里，我会把门锁上。因为你们一直抱着它玩，它需要休息。"

第 3 节

面对孩子的恐惧、发脾气和分离焦虑

8 真有那么可怕吗

恐龙、蜘蛛和蚂蚁……哦,我的天!

亲爱的读者,你是否怀疑(甚至害怕)我们将要……**再一次**展开一场关于承认感受的讨论?嗯,你是对的。你已经猜到了!对我们来说,针对童年恐惧承认感受是特别具有挑战性的。在这件事上,我们会有非常强烈的冲动要消除孩子的恐惧感受,尽最大努力安慰孩子。我们非常想保护孩子免受恐惧带来的负面影响,尤其是当这种恐惧完全没有必要的时候!

想象一些我们作为成年人也会感到害怕的事情,这样做可以帮助我们设身处地地理解孩子的感受。无论你是恐高、害怕毛蜘蛛、畏惧当众演讲还是担心传染病,如果有人告诉你"没什么好害怕的,来吧,勇敢一点,你完全没问题",你听到的信息是:你这样想毫无道理,你是个懦弱、胆小的废物!现在你不但感到害怕,还要因为自己的害怕而感到羞愧。

我们不能使用逻辑来说服孩子摆脱恐惧,但我们大多数人都这样做过。

恐龙恐惧
(乔安娜的故事)

很多年前,我6岁的儿子看了一部关于恐龙的动画电影后就不敢睡觉了。那部电影里有一只"坏蛋"恐龙在追逐善良的恐龙,所以,如果我想避免孩子睡前的情绪波动,也许我不应该选择这部电影,但我还是试图给孩子讲道理:"扎克,那些恐龙不是真的。我的意思是,恐龙确实存在过,但它们在几百万年前就灭绝了。"

扎克明显被冒犯到了。"我**知道**它们不是真的!但那并不意味着我就不用怕它们!"

"我知道你的意思了,扎克。不真实的东西仍然会很可怕。尤其是在晚上!"扎克平静了下来,翻开他的芝麻街绘本《认识交通工具》(Things That Go),这本图画书让他得到了安慰,很快进入了没有恐龙的梦乡。

大约8年后,我有了一个反思那次谈话的机会。我的孩子们鼓动我和他们一起去看电影《理发师陶德》,因为他们学校要上演相关的戏剧。我觉得那部片子很恐怖。于是我试图描述自己的观感:"那个电影里有人的喉咙被割开的画面,鲜血直流,人在窒息中死亡!那会让我做噩梦的!"

扎克扬起眉毛,好奇地看着我——这是他在这几年里养成的习惯动作。"妈妈,你知道那不是**真的**,对吗?他们是演员。那是特效!"

我脱口而出:"我知道那不是真的,但并不意味着那种情景就不会让人不安!"

207

那么，既然我们不能消除孩子的恐惧，我们又该如何帮助他们克服恐惧？我们可以首先想一想：我们希望别人怎样对待我们？不是贬低或忽视我们的感受，而是首先承认我们的感受。

比如说，你的孩子在奶奶家过夜很紧张，因为你不能陪着他。

不要说："在奶奶家睡一晚不会有事的。这有什么好害怕的呢？奶奶那么爱你！"

而要**承认孩子的感受**："换一个房间，换一张床睡觉，又没有父母陪伴，这的确会让人紧张。即使你跟奶奶很亲近，留在奶奶家过夜也还是会觉得不舒服。"

一旦你承认了孩子的感受，你就很有可能听到孩子告诉你更多他担忧的事情。我们并不是建议你夸大事实。尽量不要额外地增加他没有想到的潜在恐惧。（"你在担心会做一个有鬼的噩梦吗？"）慢慢来，认真倾听。你甚至可以把孩子的担忧写在一张清单上。

但如果我们过分溺爱孩子，他又该如何学会面对自己的恐惧呢？承认孩子的感受可能会让他好受些，但我还是需要让他克服恐惧。因为我要出差，而他必须住在奶奶家！

有时候，仅仅承认孩子的感受就足以给孩子面对恐惧的勇气。在另一些时候，我们必须提供更多的支持。一个孩子的感受得到承认，才会更有意愿考虑别人的建议。如果我们能找到一个**让孩子主导**的方法，并帮助他想出解决办法，他就会更容易管理自己的恐惧。

所以，对紧张得睡不着觉的孩子，我们可以说："我们能做些什么，让今晚好过一些呢？一起来列一张清单吧。"然后写下孩子的方案。

> 让奶奶把客厅的灯开着
> 带上泰迪熊和最喜欢的绘本
> 告诉奶奶晚餐不要放洋葱
> 先在自己家的客厅里练习过夜

让我们看看这种方法在其他一些典型场景中是怎样应用的。

不要说："上台独奏没什么好紧张的。好好练习，尽你最大的努力。这是所有人对你的期望。"

而要**承认孩子的感受**："一想到上台表演，难免会有压力！你担心自己会在众人面前出丑。"

……然后，给孩子充分的时间，让他表达自己对独奏表演的恐惧。在认真倾听之后，你可以**提供信息或提供一个选择**："即使是著名的音乐家，在登台表演前也会非常紧张。有一件事会对你有帮助，那就是多在众人面前练习。要不要去奶奶家或叔叔家，试着为他们演奏一曲？"

不要说："小蚂蚁才多大？你多大？它爬到你腿上也伤害不了你。拜托，你可不能因为怕蚂蚁，整个夏天都待在家里！那太荒唐了。走吧，我们去公园吧。"

而要**承认孩子的感受**："你害怕小虫子爬到你身上，即使是很小很小的虫子，即使它们不咬人，你也会觉得毛骨悚然！"

……在充满共情地倾听孩子讲述对六条腿生物的恐惧之后，**你可以提供一个选择**："嗯，我们怎么做才能保护你，让你避开那些蚂蚁？你想穿长裤吗？如果害怕天气热，我们可以把短裤带上。你想用哪一条毛巾当坐垫？蓝色的那条，还是有鱼的那条？"

不要说："龙卷风已经停了。没事了！不要再想了！"
而要**承认孩子的感受**："那阵风好大，真的很可怕！"

……由于孩子害怕大风，你可以**提供信息，并让孩子主导**："幸好我们有一个地下室。虽然龙卷风的声音很吓人，但我们在下面会很安全。我们在地下室放一些什么游戏和零食好呢？我们一起把东西搬下去吧。如果我们做好了准备，感觉就会好很多。"

恐惧能起到保护作用，提醒我们注意危险。即使孩子听了我们的话，忽略了恐惧，结果也不一定会让我们满意。有一天，恐惧感可能会拯救孩子的生命，前提是他们没有被教导忽略这种感受。我们希望孩子能了解自己的感受，而不是对其置之不理。我们可以帮助他们最大限度地掌控那些可怕的情况，并尊重他们的应对方式。

○ 来自"战斗前线"的故事

突然响起的警报器

不久前,一位技术人员来修理我们家的警报器。他触发了警报器,房间里发出了刺耳的声音,我们两岁的孩子埃文吓得要命,并因此产生了严重的精神创伤,以至于他无法继续在自己的房间里睡觉,也不能自己玩了。他甚至拒绝在没有人陪同的情况下去任何地方。这要把我们逼疯了。

白天的时候,他会经常向我们讲起警报器的事。他把警报器称作"哔哔"。每次他来说"哔哔"的事,我们都不怎么理睬他,只是说"哔哔已经没有了"或者"我不想听哔哔的事"。

这样过了大约一周,我上床睡觉时读了《如何说小孩子才会听》的第一章,我惊讶地发现,我们对待埃文的方式完全错了。第二天我立即行动起来,每次埃文讲他的荒唐故事时,我都会说"这让你害怕,是吗"或者"警报器响的时候,爸爸也吓了一跳",总之就是尽可能地承认他的感受。

他的变化几乎是在瞬间发生的。他平静了下来。很快,一切都恢复了正常。

可怕的树

我3岁的女儿想把她的手工用品带到楼上,但她不肯自己下楼去拿。我知道我不可能说服她一个人去,所以我试着把她的恐惧写下来。当她看到我在纸上写下"楼下有可怕的事情"时,她的哭声停止了。她开始把可怕的事情一件件告诉我,我把它们都写了下来。

我看了看我刚列的清单。"嗯,现在我明白了,你认为沙发旁边有一些巨大的树。这是一个问题。那我们有什么办法解决呢?"

她立即说:"你和我一起把它们搬走。"

我说:"好,没问题,可是我现在看不到客厅里的树啊,所以我没办法和你一起搬。"

她说:"我马上回来,你在这里等着。"看啊!她飞快地跑下楼梯。一切就像变魔术一样。一分钟后,她拿着蜡笔和剪刀回到楼上。

害怕洗澡

我6岁的儿子阿尔琼自从在游泳池里呛过一次水后,就再也不敢洗澡了,甚至连淋浴都不敢。我一直跟他说,淋浴和游泳完全不一样,是很安全的。但每次我想让他洗澡时,他还是会不停地挣扎和哭泣。

在参加了你们的小组活动以后,我告诉他:"在游泳池呛水以后,洗澡的时候碰到水确实会让人害怕。那次经历给你留下了心理阴影。"

他说:"是的,妈妈,我真的不喜欢洗澡了。"我说:"嗯,问题是,我们需要洗澡,不然身体会发臭。有什么解决办法呢?"

阿尔琼说:"没关系,妈妈,我可以淋浴。"从那以后,他淋浴时再也没有哭过,也没有再抱怨。我完全惊呆了!

和狗狗一起出行
(乔安娜的故事)

我带着我的狗狗去买园艺用品。有一家人从我身边经过,他们的小女儿扑过来摸我的狗狗,而女孩的哥哥却惊恐地跳到了一旁。

为了不让男孩再受到惊吓,我立刻就拉着狗狗走开了。当女孩高兴地拍着我的狗狗时,我和她妈妈聊了两句，告诉她，我知道狗狗的样子可能会吓到一些孩子。尤其是那些和狗狗差不多高的小朋友，眼睛正好能看到狗狗的牙齿。

那位母亲觉得这是一个帮助儿子克服恐惧的机会，就抓住男孩的胳膊，把他拖到狗狗身边，对他说："这只狗狗很温顺，你可以摸摸它！"可怜的孩子吓坏了。母亲肯定是出于好意，但她给她的儿子制造了一个恐怖局面。我当时已经无处可躲，于是我问那个男孩是否愿意站在两米外的平板推车上。他答应了。他的妈妈也允许他爬上去。在那里，他会感到安全。

然后我问男孩想不想看狗狗和我做游戏，男孩点了点头。我让卡齐表演了原地转圈、走8字形、推手推车、握手、从我的腿上跳过去、鞠躬。我又问男孩要不要扔点东西给狗狗吃，他又点点头。他做到了。然后他的小妹妹又来摸狗狗。我问男孩要不要摸摸狗狗的后背，我会抱住狗狗的头（不让他看到牙齿）。他又做到了！

这个故事告诉我们，不要强迫你的孩子！先让他们有安全感，慢慢来。你不能强迫孩子不害怕，但你可以邀请他们从一个安全舒适的距离面对可怕的事物。如果他们准备好了，就能够以自己的节奏去接近它。他们越能控制这种体验，就越会觉得自己勇敢。

●本节要点：孩子害怕的事

1. **承认感受。**

    "那场风暴真的很可怕。风实在是太大了！"

    "狗狗会让你紧张。你不知道它下一步要做什么。"

2. **提供信息。**

    "幸好我们有个地下室。我们在下面会很安全。"

3. **提供一个选择。**

    "你是想牵着我的手，还是想爬上手推车看狗狗？"

4. **让孩子主导。**

    "你能选一些零食和游戏带到地下室吗？这样下次刮龙卷风的时候，我们就有准备了。"

9 发脾气热线

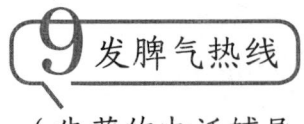

（朱莉的电话辅导）

"你能帮我解决本发脾气的问题吗？他每天都要发脾气，我已经筋疲力尽了。"

艾迪娜打电话来咨询。她描述了自己的孩子最近一次发脾气的情况。

本在早餐时要了第二杯葡萄汁。我只是说了一句："不能再喝葡萄汁了，含糖量太高了，来点牛奶怎么样？"

他立刻尖叫起来："不！我就要葡萄汁！"

我非常平静地回答："今天不能再喝葡萄汁了。如果你再对我大喊大叫，我连牛奶都不会给你。"这句话把他惹怒了。

"不，你会的！你会给我葡萄汁。我要葡萄汁！"

"是我说了算，我告诉你，你不能再喝葡萄汁了。如果你不停止尖叫，就回你的房间去。"

"你又不是我的老板。不是你说了算，是我说了算。你马上给我葡萄汁。"

"不，本，我不会给你的。你可以明天再喝葡萄汁。现在，**停止尖叫！**"

但他没有停下来，于是我把他拖回了房间，并把门锁上了。他使劲砸门，越来越大声地尖叫。当时的情况很僵。为什么每一件小事最后都演变成危机？

对于一个3岁的孩子来说，生活总是令人沮丧的。所有规则都由大人制定，有时这些规则甚至毫无意义。"如果妈妈可以决定喝一杯葡萄汁，为什么我不能决定再喝一杯呢？"

我提醒艾迪娜，她在小组活动中学到的第一个工具：承认感受。"我知道你很爱喝葡萄汁！如果葡萄汁里面少放点糖就好了，这样你就可以喝一整瓶葡萄汁！"

艾迪娜答应我，下次本开始发脾气时，试着承认他的感受。

两天后，她打电话向我描述了本最近的一次情绪崩溃。

> 我们通常6点钟吃晚饭，但昨晚本和我7点才到家。我做饭的时候，本拿起我的手机看照片，不小心把手机摔到地上。我跟他说，可以把手机放在桌上，用手指滑动屏幕，浏览照片。后来他又把手机拿在手里，给他的新手套拍照，结果手机又掉到地上。我说："我知道你想拍照，但我不希望手机里有一百张手套的照片。如果你再把手机拿在手里，我就把它拿走。"
>
> 我继续做晚饭，然后我听到"咔哒""咔哒""咔哒"的声音。我把手机从他手里拿走，他开始尖叫："我要看照片，我要拿着你的手机！"
>
> 我把手机放在高高的架子上，他就爬到椅子上去够。我说："我叫你不要拿在手里，你还要拿，那我就要把它拿走。我已经告诉过你我会这样做！"
>
> "但是我没有拿，我没有拿，妈妈！我要用你的手机！"
>
> 他扑倒在客厅的地板上，一边哭一边踢腿。
>
> 我也无力地坐在地板上，感到不知所措。最后我想起了承认感受，我说："我把手机拿走了，你很生气。你想要用手机。你不想让我把手机收起来。你太生气了，所以会不停地踢腿！"
>
> 他把地上的积木一脚踢开，其中一块砸到了我。我说："你

太生气了,你在踢积木。可我不喜欢这样,积木砸到我让我很痛。"他果然不再踢积木了,我觉得很神奇。但他还在哭,还在不停地踢腿。

我伸手拿起电话旁边的便笺本和铅笔,说:"告诉我你现在是什么感觉。"本从我手里抢过铅笔,在纸上画满了锯齿形的线条。

我仔细研究着他的画。"看来你不只是心烦。这幅画告诉我,你很生气。非常非常生气!"

本用力点点头。

我说:"快,再画给我看看!"

这次本画得更奔放了,他用力在纸上画线,还戳了好多洞洞。

我从他手里接过那张纸,举到灯光下。"看看这个……还有这个……和这个!你不只是生气。你要发疯了!你很愤怒!快,再画给我看看!"

本停顿了一下。他从我手中接过画笔,小心翼翼地画出两只眼睛和一张微笑的嘴。然后他爬到我的腿上,给我看他的画。

他的暴怒结束了。我们回到厨房,美美地吃了一顿饭。他还不太懂餐桌礼仪,但我们可以把这个问题留到下次电话咨询时再说。以往他这种生气的状态会一直持续到睡觉。

很高兴我帮他渡过了难关,但我希望我能一开始就避免他发脾气!

有一件事会让孩子生气,那就是我们善意地想要警告他,如果他不好好表现会有什么严重后果。"把手机放在桌子上,否则……!"

问题在于,这种威胁会引起孩子的对抗。

本需要听到的是:"你很喜欢用手机拍照啊!你喜欢在手机上看照片。这很有意思!"而不是:"……**但是**我不想在手机里看到这么多照片。""**但是**"这个词会激怒他。对他来说,这听起来像是在说:"……**但是**你的感受并不重要。"

相反,你可以提供信息:"问题是,手机很容易掉到地上摔坏。最好放在桌子上看。"

"但如果他又把手机拿起来,该怎么办?"艾迪娜问道。

你可以采取没有攻击性的行动:"我现在先把手机放一边。手机太诱人了,你会总忍不住把它拿起来。"

你可以通过给他一个选择来帮助他关注其他事:"先玩一会儿积木吧,或者看看故事书。"

或者让孩子主导:"有什么东西能拿在手里玩,又不用担心掉在地上会摔坏?"

"或者采取游戏化的行动,"艾迪娜补充道,"我可以和他一起玩餐馆游戏。我假装是厨师,他是服务员,他为顾客摆放餐巾纸和叉子。我当时太累了,脑子都转不动了!不过下次……"

我们的咨询结束了。几天后,艾迪娜给我发了一封邮件,标题是"成功"!

> 两天前,本在外面的雪地里玩完后进了屋。他的裤子湿透了,他想坐在沙发上。我提出给他换上一条新裤子,但他说:"不!"
>
> 我说:"我不想把沙发弄湿,你又不想换裤子。那该怎么办呢?我们需要一个解决方案。"
>
> 本毫不犹豫地说:"我脱掉裤子,只穿内裤不就行了?"

我完全没想到这样几句话会产生如此神奇的效果！以前我会说："你的衣服都湿透了，你不能坐在沙发上。"他根本不理会，径直走到沙发那里，而我会冲他大喊："快给我起来！"

我觉得本开始把自己当成问题的解决者。昨天，他想要披上红斗篷，扮成超人。我在他的肩膀上系了一条红毯子。我说："除了厨房，你可以在任何地方穿这个，因为毯子会拖到地上，厨房的地板太脏了！"

他走到厨房门口，看起来像是要进去。我很担心，如果我坚持让他待在外面，他会大发脾气。我说："穿着斗篷走进厨房的确很酷，但我不希望把斗篷弄脏。"他停顿了一下，拉起毯子，把它顶到头上，这样毯子就不会拖在地板上了，然后他走进厨房。离开厨房的时候，他才把毯子放下来。

我说："真棒！你想出了解决问题的办法！"

几天以后，艾迪娜又给我发了一封邮件。

我找到了一个把问题变成游戏的机会！我让本把视频关掉，过来吃晚饭。他却不想停下，我知道他快要发脾气了。

通常在这种情况下，本会大叫："我想再看一个视频！！"而我会对他说："不行，本，我告诉过你，这是最后一个。"他会又哭又叫，我就会说："我告诉过你必须马上关掉。关掉它。你不能再看了。"

这次，我带着夸张的口气说："嘿！我有个好主意！想听吗？过来，我告诉你。"我在为自己争取时间，因为我实际上还不知道该怎么办。

他走过来坐在我旁边。"我们来假装在视频里吧。"我摇晃着自己的身体，模仿视频里的机器人说话："**我是一个机——器人。我是一个机——器人。**"

本咯咯地笑了起来。我保持着机器人的声音说："**现在是吃晚餐时间。我们去餐厅吧。我们走吧。我们走吧。我们走吧。**"我们像机器人一样拖着脚走向餐厅，结果在地板上遇到了一个障碍物（那条红毯子），我假装无法前进。

"**有件斗篷挡住了我的路。卡住了……卡住了……卡住了……**"

本很有礼貌地捡起毯子，让我继续往前走。

那天晚上剩下的时间里，我们的样子都显得有点傻。他一点都没发脾气。你是对的。尽管我认为这样玩游戏会消耗太多精力，但我的情绪好多了。如果要一直应付他的尖叫，我会比现在疲惫得多。

在我们的最后一次通话中，艾迪娜回忆道："在我有孩子之前，我曾经照顾过小孩子，做过夏令营辅导员。我尊重孩子。但是当我面对自己的孩子时，我多多少少还是会认为只要保证孩子的安全就好了，用不着听他们在说什么。他们就应该听大人的话，不加质疑地服从，否则后果自负。

"我曾经认为我没有时间去考虑本的感受。命令他停下来似乎能更快奏效……但说实话，这样做的效果并不好，最终总是产生与预期相反的结果。现在我明白你说的'长路就是捷径'的意思了。"

我觉得我应该提醒艾迪娜，不要抱太高的期望。孩子总有不满足的时候，在他们这个年龄，情绪就像暴风骤雨，还会有更多令人崩溃的时刻！有时他们会感到疲惫、饥饿，也会有他们应付不来的事情，无论我们有多少技巧都避免不了这些情况。但有了这些沟通工具，我们可以减少孩子的情绪波动，并在孩子的情绪风暴过后能够更快地重新建立起和他们的连接。

●本节要点：发脾气

1. **承认感受。**

    把感受用语言表达出来："你很生气。你想用手机。"

    利用绘画："这里有纸和铅笔。让我看看你现在是什么感受。"

2. **提供选择。**

    "你可以玩积木，或者帮我摆桌子。"

3. **游戏化。**

    "我是一个机器人。现在是晚餐时间，去吃晚餐，去吃晚餐。"

4. **尝试解决问题。**

    "我不想把沙发弄湿，你也不想换衣服。我们该怎么办？"

5. **采取行动，但不要攻击孩子的个性。**

    "我要把手机收起来。我担心手机会掉到地上。"

6. **满足基本需求：食物，睡眠，休息。**

7. **调整期望，管理环境而不是管理孩子。** 问问你自己，你的期望与孩子的发展速度是否吻合。

小宝宝的感受

我的儿子只有 9 个月大,但我一直在努力提前学习沟通策略。

当他因为我把不安全的东西从他身边拿走而哭泣时(我已经尽力保护他的安全,但他总能找到给他带来危险的东西),我通常会这样做:

用安慰的语气对他说"嘘……"和"好了好了,宝宝不哭……"
不去理会他为如此"无足轻重"的小事而哭泣;
赶快把其他玩具递给他;
当我很累时,我就会说:"嘘!嘘!停!宝宝乖!不要哭了!"

这些从来没用!

因此,尽管试着承认一个小婴儿的感受听起来很傻,但我已经开始练习认真对待他的不满。我会用他的语气表达他的情绪。我说:

"哎——哟!妈妈总是把我的东西拿走!我只是好奇想看看,她却总是把东西拿走!我,真的,很生气……!"

我第一次试着这么做时,他颤抖了一下,喘了口气,停止了哭泣,睁大眼睛盯着我看。我又用抱怨的语气(声音并不大)再次表达了他作为宝宝的感受。

现在我还加入了其他策略。我告诉他:"问题是,这个东西不适合放进嘴里。"我表现得像个小孩子一样,偷偷地亲他一下,又冲他肚子吹气,带他去探索更好玩的东西,或者把他抱起来看看我在做什么。

这听起来有点傻,但我觉得这样做很有帮助。他的哭声很快就停止了,我也感觉好多了,因为我没有在他感到沮丧时丢下他一个人。他能感觉到自己得到了倾听。

"我要妈妈!"

妻子让我哄我们3岁的孩子达莉亚睡觉,但达莉亚吵着说想让妈妈陪她。我试着保持耐心,继续努力,但她变得越来越激动,好像马上就要爆发了。

我知道我应该接纳她的感受,但在这种情况下,我实在无法感同身受。她看起来已经失去理智。我甚至不知道她的感受是什么样的。我只好说:"你真的想要妈妈陪。"

达莉亚:"是的!"

我:"你喜欢让妈妈陪你睡觉。"

达莉亚:"因为她做得更好!"

我:"妈妈是怎么做的?让我看看。"

达莉亚开始教我,给我演示妈妈怎么为她换睡衣。这是她第一次让我做这件事,而不是哭着要妈妈过来。

我妻子非常开心,她终于可以休息一会儿了。这真是巨大的成功!

10 分离的悲伤

亲爱的乔安娜和朱莉：

我儿子今年3岁，当我去上班时，他总是非常紧张和难过。他每周会在奶奶家住一天，他也完全能适应（可能不是每周，但大多数时候都是如此），但是当他和保姆在一起时，他就会哭泣、喊叫，并恳求我留在家里。保姆说我不在家的时候他就会找我，找不到我就会很难过。

我试着向儿子解释我必须去工作，因为我们需要有房子住，需要买吃的，买玩具。我希望他能够自己去探索这个世界。而且我喜欢工作，就像他喜欢去幼儿园。（我不想让他在成长过程中觉得工作既困难又无聊。我想让他觉得工作很酷，很有价值。）可是我说的这些话毫无作用。

同样的故事每周都在上演。希望得到你们的建议。

工作妈妈

亲爱的工作妈妈：

我们非常理解你想向你的儿子解释你为什么要去工作。你的愿望和想法都是很好的！但你一定已经注意到，情绪是无法解释清楚的。一个充满悲伤的3岁孩子不太可能说："哎呀，妈妈，既然你把工作的好处说得这么清楚，我当然能理解了，我需要把个人情感放在一边，以更广阔的视角来看待这个问题。"

你能为你儿子做的最有帮助的事就是**承认他的感受**。当然，不是在你上班前压力最大的这个时候。你可以找一个安静的时刻，和孩子一起坐下来。你要把你的解释和道理放在一边，转而关注他的感受。

你可以试着这样说：

"我一直在想，我把你留给保姆，你很不开心！"
"这让你很难过，你想紧紧抱着我，这样我就不会离开你了！"
"你希望我不去上班。"
"你更愿意让我**每天**待在家里陪你。"

给你儿子留出回应的时间，鼓励他把所有的反对意见都说出来。用你自己的话复述一遍他说的话，让他知道，你能理解并接纳他的感受。

"哦，有时候保姆会让你生气！你不喜欢她要求你必须把盘子里的东西吃完！你想要自己判断什么时候肚子饿，什么时候吃饱了。"

"啊，原来你也不喜欢午睡。午睡很无聊，而且你不觉得困。你更想看电视。"

在纸上记下他所有的委屈，列一个感受清单，**用文字承认他的感受**，也许会有帮助。

"等一下，我去拿纸笔。我想把所有困扰你的事情都写下来。"

你的儿子会很高兴听到你充满感情地大声朗读他的清单！他觉得自己得到了真诚而投入的倾听，这时候你就可以尝试**解决问题**了。

"我们能不能想点有意思的活动，让你和保姆在一起的时候没那么无聊？我们再列一张清单吧。"

在这份新的清单中，你可以写下让事情变得更好的方案。一定要把所有的方案都写下来，包括那些你完全不能接受的方案。（比如：辞职！把保姆锁在壁橱里！）你可以启发你的儿子想想他喜欢和保姆一起做的事——捏橡皮泥、用手指颜料画画、烤饼干、玩障碍赛；还有他不喜欢做的事情。他可能想把你的照片放在口袋里，或者随身带一件特别的纪念品，在你离开后能给他安慰。然后你们可以一起看一遍清单，看看哪些方案是你们都喜欢的。接下来，你就可以把你的新计划付诸实施了。

如果你不去解释工作对你有多重要，而是从承认孩子的感受开始，你会发现这是一个特别简单的问题，你可以用一个简单的方案来解决；也可能你会发现其中有更复杂的问题。可能你的孩子和保姆在一起的这一天发生了什么让他很痛苦的事情。承认感受最大的作用就是，你会从你的孩子那里听到更多信息。它绝不仅仅是帮助孩子平静下来的一种手段。

●本节要点:分离的悲伤

1. 承认感受。

"你真的不希望我把你留给保姆!"

2. 用文字表达感受。

"让我拿张纸和笔。我想把所有困扰你的事情都写下来。"

3. 尝试解决问题。

"我们想点有意思的活动,让你和保姆在一起的时候没那么无聊。"

第 4 节

一不满足就……

哭闹、尖叫、撒泼

11 哭哭咧咧

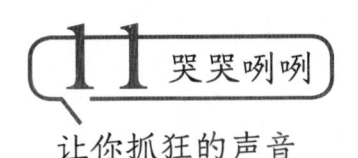

让你抓狂的声音

"妈——妈，我——饿——我太——热了——我——好——无——聊——我们什么时候回——家……？"

哦，这个烦人的声音，让你只想捂住耳朵，逃到山里去。在人类进化过程中发生了什么可怕的错误，导致孩子发出这种令人抓狂的"歌唱"般的声音？当孩子哭哭咧咧发牢骚时，大人会喝斥说："你那样说话我听不见。"孩子就会提高嗓门拼命大喊。

是什么让他们这样做？我们又该如何让他们停下来？

亲爱的读者，为了让你真正体会到孩子的心情，我们列举一个可能发生在你身上的情况，看看你会不会因此而牢骚满腹。想象你和你的伴侣在一家百货商店里。你看上了一件森林绿色的衬衫。你把它从衣架上拿下来。"哦，不，"你的伴侣说，"你上周才买了衣服。你不能再买新衣服了！我们不能超出预算，别忘了，我们今天是来换烤箱的，快走吧！"

"但是这件衬衫的颜色是我最喜欢的，它和我的新裤子很配。这样我上班就能穿一身新衣服了。而且现在正好在打折。反正我就是很**需要**买它！你这么说根本**不讲道理**。"你能想象自己带着哭腔说出这番话的情景吗？你感到很沮丧。你不能掌控自己的决定。你必须说服你的伴侣接受你的需求。

你的伴侣说："行了行了，别发牢骚了！你这么说话我听不见。"（咳咳……我们最好现在就停止这种幻想，以免你产生杀人的冲动！）

希望你最近没有遇到过这种情况，但孩子一直都处于这样的境地。孩子只能依靠别人的给予和帮助，他们没有任何主导权。他们必须说服我们，让我们相信他们真的、真的想要那个冰激凌……他们想快点回家……他们走不动了需要抱抱……他们想排在第一个……他们要晚点睡……哦，天哪，要这样依赖别人真的太不容易了！

当孩子哭哭咧咧发牢骚时，我们可以使用的一个策略是**承认他的感受**，然后**提供一个选择**来帮助他改善情况。给孩子一个选择的机会，让他知道如何帮助自己，而不是一直要依赖我们，只能在那里抱怨。

当一个孩子在儿科医生的候诊室里等待了很长时间时，他会抱怨说："我好无聊。"我们想对他说："耐心点。才过了5分钟。"（大概还有45分钟！）

如果这样做有效，你就不会读这一节了！

相反，你可以这样说："我们等了又等……还要继续等下去，这太难熬了！我们该怎么办？既然我们被困在了这里，那你是想画一幅画，还是想玩'我是间谍'的游戏？或者我们到走廊里去，数数要走多少步才能到达走廊尽头？"

当一个孩子抱怨"没什么事可做"时，你可以给他一个开放式的提问："我们来想想自己的心情吧。你现在是'户外心情'还是'室内心情'？"或者："你是想安静地坐一会儿，还是想站起来活动活动身体？"

我们可以使用的另一个策略是**用文字来承认感受**。对许多孩子来说，看到他们的不满被白纸黑字地写下来，就是一件相当满足的事。你可以把它们写下来，然后用戏剧式的语调大声地读出来。"乔伊不喜欢这个候诊室。它是臭的。它很无聊。它很愚蠢。

233

> 乔伊的愿望清单
> 轮滑鞋
> 跑车
> 马
> 三角钢琴

这里没有什么好玩的玩具！"一旦痛苦被写在纸上，人就会更容易快乐起来。

如果孩子在你购物的时候不停地抱怨，你就可以拿出一张"愿望清单"，让孩子写下他们想要的东西，或者用手机把他们想要的东西拍下来。利用这些信息，你可以根据情况的变化做各种事情。孩子可能会想把零用钱存起来，以后买这些东西；你也可以把这个清单作为生日礼物的参考；或者把它作为孩子曾经的梦想的记录。

另一个减少抱怨的方法是**让孩子主导**。那要怎样做呢？

假设你的孩子有好几袋万圣节糖果，你把它们放在孩子够不着的地方，这样他就不会因为吃太多糖而生病了。但现在你发现自己成了令人讨厌的宝藏守护者，你的孩子每天都要抱怨好几次，对你关于营养均衡的说教无动于衷。你通常会根据他已经吃了多少健康的食物，以及你还有多少精力抵挡他的抱怨，来匆忙地做出决定，而这种不确定性会让孩子对吃糖更加执着。你真后悔让他参加那个"不给糖就捣蛋"的行动。

你怎么能让孩子负责保管万圣节糖果呢？这不就等于"狐狸看鸡舍"？

以下是一位家长的成功案例，她跳出了这个怪圈，让她的孩子自己负责调节自己的糖果摄入量。

糖果对话

我意识到,孩子们跑来纠缠我要糖吃,实际上都是我教的。我想扭转这种局势。于是我和他们一起坐下来,对他们说:"我有一个问题,需要你们的帮助。我们每天都在为万圣节糖果的事争吵,我不喜欢这样!我希望由你们来负责那些糖果,而不是我!我们都知道糖果很好吃,但我们也知道一次吃太多是不健康的。我觉得我们需要一个对大家都有意义的计划。一个人一天应该吃几块糖果?"

我一开始把标准定得很低。"你们觉得一块够吗?还是应该两块?"

孩子们看起来很担心。"有些糖果真的很小。如果它们很小,我想我们应该吃三块!"

我同意了,因为我认为他们说得很有道理。

"我们应该把袋子放在哪里?最好是我们不容易看到又够不着的地方,我可不希望糖果整天在我们眼前诱惑我们。"

冰箱上方的橱柜得到了最多的提名和认可。每天早上,我把袋子从那里拿下来,孩子们就会认真地挑选。再也没有人抱怨,再也没有人哭闹。我自由啦!

生活中的变化也会引发抱怨。如果我们要去一个公园或游乐场,我们知道孩子会很难离开,这时就可以**让孩子控制时间**。有些小工具会很好用——比如发条计时器、沙漏计时器,如果你想

要更花哨些，可以用专门为孩子设计的倒数计时器。这些小工具可以帮助孩子更具体地理解时间流逝这个抽象概念。我们可以告诉孩子，我们需要他来帮助我们准时出门，请他设置计时器，告诉我们什么时候该离开。

对于那些饿了就开始哭哭咧咧的孩子，我们可以**让他来负责食物**。对于年幼的孩子，我们可以在他够得着的地方放一些食物，而不要等到他开始哭闹再为他提供食物。香蕉和饼干可以放在较低的食品架子上。胡萝卜条和花生酱可以放在冰箱的最底层。我们可以把一些食物转移到更小、更适合孩子的容器里。例如，把牛奶放在冰箱底部的一只小罐子里；把麦片放在另一个小罐子里，孩子自己就能做早餐吃。容器尽量小一些，一旦打翻了，你不用费太大力气就能清扫干净（或者让狗狗来帮忙"清理"掉），这样引发混乱的可能性就降到最低了。

在超市里，我们可以**让孩子负责寻找购物清单上的物品**。当孩子积极参与时，就不太可能哭哭咧咧折磨我们。大一点的孩子可能会抱怨晚餐中的某个菜不好吃，我们可以**鼓励他搜集他喜欢的食谱**，把原材料添加到购物清单中，有机会还可以让他负责给家人做这道菜。

去商店时，如果我们知道孩子很可能会什么都想买，可以**让孩子来管钱**。提前提醒他们，比如，要为朋友的生日准备一份生日礼物，并建议他们带上自己的零花钱，以便他们看到自己非常想要的东西时可以购买。（你要记得提前给他零花钱！）这是一个让孩子练习做决定的好方法，而且还能避免我们和孩子为了是否需要再买一件闪亮发光的塑料玩具陷入无休止的争论。

如果你的孩子总是吵着想要名牌牛仔裤和衬衫，而那些衣服的价格超出了你的预算，那就想办法让他在你的预算范围内选衣服。

让他知道你今年为买新衬衫和裤子准备了多少钱，他就可以自己去研究市场行情了。我们并不是建议你交出信用卡，完全授权给孩子。可以让孩子提交购物计划，由你批准。如果孩子想扩大自己的选择范围，可以考虑通过打零工等形式赚取外快。

但是，对于那些把哭闹作为默认沟通方式的孩子，该怎么办呢？有什么办法能让他们知道我们渴望听到更悦耳的声音？

对于那些习惯哭闹的孩子，我们可以**描述自己的感受，提供信息，告诉他们他能做什么，而不是不能做什么**。"尼科，你这样说话，我完全没有想帮你的心情！我喜欢别人用平静一些的声音问我，就像这样。"然后你可以用你最有播音腔、最磁性的声音来演示："妈妈，你能帮我把花生酱涂在面包上吗？"

如果他还是哭闹，你可以**提供一个选择**，让他感觉不那么依赖你："尼科，你可以用平静的声音问我，如果你没有心情这么做，就自己涂花生酱。这是塑料餐刀。"

当你已经拒绝了一个请求时，最重要的就是不要屈服于哭闹，否则孩子很快就会学会坚持。如果他想要糖果当早餐，而你已经告诉他"那是不健康的"，你就必须坚定立场，不管孩子的声音让你多么痛苦。你可以**承认感受，用幻想实现孩子的愿望，再提供一个选择**。"我知道你很想用糖果当早餐！如果有一个每顿饭都让你吃巧克力的妈妈，而不是只会让你吃健康食品的无聊妈妈，那该多好呀。嗯……你可以吃蓝莓配酸奶，或者煮鸡蛋。你决定了就告诉我。"

如果你的孩子还继续哭闹，你可以告诉他"我再也听不下去了"，然后离开房间！不要言语攻击，不要屈服，孩子最终会得出

237

结论：哭闹不是一个有效的策略。

当你让孩子主导时，就是在给他们选择权，让他们有能力帮助自己。那样他们就不太可能沉浸在痛苦的哀号中。我们不能保证一个孩子完全不哭闹，但这些工具肯定会改善你两只耳朵的处境。

当然，也会有一些时候，任何技巧都比不上吃个三明治和小睡一会儿有效。在要求社交礼仪之前，我们首先要满足孩子的基本需求。你没办法要求一个又累又饿的孩子表现得体。你必须知道哪些仗该打，哪些仗需要妥协。

○ 来自"战斗前线"的故事

猕猴桃的胜出

我儿子雅各布让我害怕购物。他看到什么就想要什么，不给他买就大哭大闹。这次我对他说："你可以在水果区选一些东西，想吃什么都行。"他非常认真地履行了自己的职责，立刻开始忙于研究每一种水果，根本顾不上哭闹了。一袋猕猴桃最终胜出。这让我意识到，当别人做所有的决定的时候，你很难保持冷静。

足够高

我试着让艾登用低沉的声音说话。他又像往常一样尖叫着说要牛奶。我告诉他："你用这样的语气说话，我不想帮你拿牛奶。我喜欢你用低沉的声音说话。"然后我做了示范。

他用最无助的语气哼哼着说："可是我渴极了。"

我没有屈服。我告诉他："也许你现在没有心情压低声音说话，那你就自己去倒一杯牛奶。你个子够高了，够得着牛奶！"

我从他的眼中看到了一丝光亮。不，他还是没有心情低声说话，但他可以自己去拿牛奶。他看到了一个全新的世界！我真希望我事先把牛奶放在小一点的容器里，这样他倒牛奶的时候就不会溢出来，但他倒牛奶的时候真的非常缓慢，也非常小心。他为自己感到骄傲。

出门策略

我们要去拜访一个朋友，当我告诉梅芙我们该出发了的时候，她开始抱怨和抗议。我把她拉到一边说："你好像还没准备好出门。你还没有做完你想做的事。"

"是啊！"

"可问题是半小时后我得去学校接你弟弟。如果我们现在就走，时间就很充裕，如果我们再待5分钟，就要赶时间。我们得匆匆忙忙地穿上鞋子和外套，然后冲出门。"

"那我们就赶时间吧！"

"好吧，我定个5分钟后响的闹铃。你负责看着时间，告诉我什么时候要开始赶时间了。"

闹铃响了,梅芙高兴地告诉我要马上离开了。

视频时间

我和我4岁的女儿提安娜每天最大的冲突之一就是看视频。我说"不可以"的时候,她就哭着求我。我意识到,她觉得我的决定太随性了。有时我会说"可以"(尤其是当我想做晚饭或写邮件的时候),有时我会说"不可以"(特别是当我看到外面天气很好或者因为刚刚读到一篇讲长时间看电子屏幕的危害性的文章而感到内疚的时候)。提安娜得出的结论是:对付我的最佳策略就是戏剧化地、夸张地、频繁地哭闹,希望我会因此让步。

我决定和她一起定个时间表。我告诉她每天可以看两次视频。一次在早上,前提是她能做好准备,准时出家门;另一次在我做晚饭的时候。我画了一条裤子和一件衬衫(表示穿衣服的时间)、一碗麦片(表示吃早餐的时间)、一个平板电脑(表示看视频的时间)、一辆车(表示去幼儿园的时间)。

我在每张图旁边画了一个勾选框,然后让她在图片上涂颜色。她对上色和制作自己的时间表非常感兴趣,暂时把视频的事忘得一干二净了!

现在她很喜欢查看这份时间表。当她要看视频的时候,我就让她看看时间表,然后告诉我现在是不是视频时间。

●本节要点：哭哭咧咧

1. 承认感受，然后提供选择。

"我们等了又等，这实在是太难熬了。我们该怎么办？你是想画一幅画呢，还是在走廊上跑一跑，等医生叫我们的号？"

2. 用文字表达感受。

把孩子的不满写下来，或者列一个愿望清单。

3. 让孩子主导……

……时间：

"我需要有人拿着计时器，告诉我们应该什么时候出门。"

……食物：

"看看菜谱，告诉我你对哪道菜感兴趣。"

……一部分活动：

"这是购物清单。我需要你帮我找到这四样东西。"

……钱：

"我今天不买玩具，但如果你想要什么东西，你可以用你的零用钱买。"

"这是今年我们打算给你买新衬衫和裤子的钱。你来负责找到三件符合预算的衬衫和裤子好吗？"

4. 描述你的感受，提供信息，告诉他们能做什么，而不是不能做什么。

"我喜欢别人用低沉一些的声音问我，这样我才有心情帮助他。"用你最有播音腔、最磁性的声音说:"妈妈,你能帮我把花生酱涂在面包上吗?"

5. 提供一个选择。

"你可以用低沉的声音问我。如果你没有心情这样做,就自己涂花生酱。"

6. 不要向哭闹妥协。承认感受,用幻想实现孩子的愿望,然后提供一个选择。

"我知道你想要用糖果当早餐!要是有个妈妈每餐都给你巧克力吃就好了。嗯……你可以吃蓝莓配酸奶,或者煮鸡蛋。你决定了就告诉我。"

7. 满足基本需求。

你的孩子是否又累又饿,或者已经筋疲力尽?你可能必须先让他们小睡一会儿,吃点东西,或者安慰一下他们,而不是批评他们。

牛奶打翻以后：以前怎么做，现在怎么做

以前我和我 3 岁的儿子之间经常发生这样的故事：

迈尔斯：（故意把牛奶洒到地上。）

我（生气地）："你在干什么？我跟你说过多少次了，要在餐桌上喝牛奶。你看看你，现在弄得乱七八糟！去拿条毛巾把地擦干净！"

迈尔斯：（若无其事地走出房间。我跟着他，接着就是 10 分钟的怒吼、威胁和眼泪。）

在阅读了《如何说小孩子才会听》之后，我们之间出现了这样的时刻：

迈尔斯：（故意把牛奶洒在地上。）

我（担心的声音）："呀，地板上有牛奶。"

迈尔斯：（默默地走进厨房，拿起毛巾，开始清理。）

我（自言自语）："这是什么黑魔法？"

女儿这次没生气

我的女儿马娅今年12岁了。她以前很爱我,对我感情很深,但过去这一年,在她眼里好像我有毒一样。她总是很生气,冲我翻白眼,或者跺着脚回到卧室,"砰"的一声摔上门。

上周我们发生了一次典型的会导致争吵的冲突。马娅要做一个实验,需要买一些植物,为壁虎建造栖息地。她做了大量的研究,寻找最适合玻璃花盆的植物。

我开车带她去了园艺中心,但那里没有她清单上列的植物。她非常难过。我想告诉她这没什么大不了的,再劝她买一些现成的植物。万幸的是,我刚参加过父母小组的活动。

我说:"这真是太令人郁闷了!你花了那么多心思,为栖息地挑选出完美的植物,但这里却一样都买不到!这太让人崩溃了!"

我注意到的第一件事是,这次她没有生我的气,而那是以前经常会发生的事。我觉得我和她建立起了连接,而不是一言不合就开战。她似乎平静了一些,我问她:"我们该怎么办?"

她说:"我们回家吧。我看看能不能在网上订购。"

她没有在网上找到她想要的东西,但她始终很平静,没有生气。第二天,她莫名其妙地给了我一个大大的拥抱。她已经很久没这么做了,我都不记得我们上次拥抱是在什么时候了。

12 好胜心强又输不起

竞争的难题

亲爱的乔安娜和朱莉：

我6岁的儿子不能接受失败，哪怕是一些日常生活中的小游戏，他也必须要赢。（比如谁先穿好衣服，谁先把安全带扣好。）如果他没有赢，他就会尖叫，还要求重新比赛。

我们喜欢全家人一起玩桌游，但每次玩他都会尖叫、扔东西，有时还会拳打脚踢，好好的游戏变成了一场战争，后来我们就都不想玩了。即使是打牌输了，他的反应也会让人抓狂。

你们有什么建议吗？

儿子一输就崩溃的妈妈

亲爱的儿子一输就崩溃的妈妈：

我们必须承认，让孩子们比赛穿衣服、刷牙、系安全带，以此推动他们迅速完成，这是非常诱人的策略。但请你一定要抗拒这种诱惑！这样做非常危险。

当你的孩子们疯狂地试图超越对方时，你可能会暂时获得效率上的提升，但代价太大了。你赢得了时间，但失去了家庭和睦，随之而来的还有愤怒和怨恨，甚至还有情绪的崩溃，这些都会破坏你们的家庭气氛。你肯定不希望孩子们因为彼此的成就而感受到威胁，如果他们的兄弟姐妹是赢家，他们就会觉得自己是失败者，或者如果他们打败了兄弟姐妹，就会觉得自己是赢家——这种心态也不正常。对于一个更幼小、更柔弱或更缺乏协调性的孩子来说，输给更有能力的兄弟姐妹会特别痛苦。竞争并不一定要从家庭开始。家庭作为一个合作的整体会更好！

如果你想采用一种好玩的竞赛方式，同时又不想带来负面影响，你可以这样做：不要让孩子们把彼此视为对手，而是把他们放在一个团队里，看看他们能不能打败你。谁能先上车并系好安全带，孩子还是家长？（我们强烈建议让孩子队获胜！）在笨手笨脚的家长上车之前，他们可以一起努力，互相扣紧安全带。

另一种让孩子们进入高效状态同时又不带来伤害，不会让兄弟姐妹之间产生摩擦的方法是鼓励他们在预定时间之前完成挑战。"你穿衣服要花多少分钟？……哦，你觉得你能在5分钟内完成吗？听起来不太可能。好……准备好了吗……预备……开始！……天哪，你只用了4分30秒！这真让人难以置信！"

当你的孩子还在为之前与兄弟姐妹的竞争感到痛苦时，不要马上尝试这种方法。你要确保他们能够明白，目标是击败时钟，而不是彼此。

那么桌游和纸牌游戏呢？从简单的数学技巧到美好的竞技精神，它们难道不是在教导孩子们各种积极的东西吗？难道这类游戏也是不值得提倡的家庭活动吗？

嗯，这类游戏当然很好！但我们首先要考虑的是，孩子在参与一项涉及"输赢"的活动时，是否已做好了心理准备。游戏应该是有趣的，但对于一个还没有为输赢做好准备的孩子来说，这种感觉就像是我们在强迫他接受失败。年幼的孩子一旦输掉游戏，就会觉得自己是个失败者。

随机的樱桃游戏
（乔安娜的故事）

当我的第一个孩子快4岁的时候，我给他买了一个棋盘游戏。当时我很兴奋。我们即将开始一种全新的互动，这让我回想起自己童年玩游戏的美好时光。我充满期待地打开了这款名为"嗨嗨！采樱桃"的游戏。丹高兴地把转盘和篮子放在一起，又把小塑料樱桃塞进纸板树的洞洞里，我们一起愉快地玩了起来。

可是天哪，竞技精神哪里去了？我的孩子怎么了？他坚持不停地转转盘，一遍又一遍地转，直到他得到他想要的号码。当转盘转到"溢出的篮子"时，他拒绝把樱桃放回去。我耐心地向他解释轮流进行游戏、输赢和输得起的概念，丹根本不理会我。当我试图阻止他按照**他的**方式进行游戏时，他很生气。幸运的是，我迟钝的大脑在丹情绪爆发之前突然开窍，看清了现实。我放弃了我的原则，于是"嗨嗨！采樱桃"变成了一种随机的行为艺术活动，包括拨动转盘，把塑料小樱桃排列在纸板树上，把它们摘到篮子里，还有兴高采烈地数战利品。

从体育运动到桌面游戏，各种竞技活动对小孩子来说并不都是有益的。我们玩桌面游戏的美好记忆可能是从童年后期开始的。小孩子不能理解为什么他们要输，为什么要等待别人先玩，为什么要遵循不愉快的规则，比如掷骰子或拨动转盘。家长却只是担心他们的孩子表现得像被宠坏的小屁孩，担心如果他们不能学会做有风度的失败者，他们就学不会结交朋友所需要的社交技能。请给孩子时间！他们的心智还没有发育成熟，还没有为这些活动做好准备。

对于学龄儿童来说，竞争性游戏通常会成为他们与同龄人社交互动的一部分。即便如此，接受失败，并且不感到愤怒和沮丧，对他们而言仍然是非常困难的。这对许多成年人来说都太难了！但我们同样可以教孩子享受游戏的乐趣和满足感。方法之一就是稍微改变游戏规则，减少竞争因素。以下是家长和老师想出的一些有效的方法。

到达终点

在我家，桌游"糖果乐园"因其对奇幻糖果的描述而备受喜爱。但是我的小儿子很难做到"输得起"。有一次他情绪崩溃时，我跟他说："你不应该生我们的气。是你让我们一起玩的！"他立刻用手捂住耳朵，开始尖叫。

我还记得应该承认他的感受，所以我试了试。"游戏有时候的确很烦人。你想要玩游戏，因为它看起来很有趣，但你却得到一张糟糕的牌，不能让你的棋子到达终点。这一点也不好玩！"他把手从耳朵上拿开，说："就是这样！"他的弟弟也拼命点头表示同意。游戏真是既有趣又恼人。

我问："我想知道，我们怎样才能让每个人都觉得有趣？"他们做了一个小小的改动。谁先绕过板子，谁就是正式的"第一名"。但其余的玩家还会继续玩，直到所有人都到达终点，能够胜利地大喊："我是第二名！""我是第三名！"当我终于让我的棋子绕过板子时，我为他们做了示范，我表现得特别激动地说："嘿，我是最后一名，但这不重要，我终于成功了！"

三倍得分

我喜欢玩拼字游戏。但是当我尝试着把它介绍给孩子们时，我发现我们玩得一点也不开心。我战胜了8岁和11岁的孩子。嘿嘿！我赢了小孩子！我可不想为了照顾他们的情绪假装拼不出来单词。但比赛了几次之后，他们就再也不和我玩了。于是我想出了一个新主意。我们试了试"闯关游戏"。我们必须在十步棋之内共同获得200分，否则我们就输了。我们会把所有的分数加在一起。当我拼出长单词，得到双倍和三倍加分时，孩子们都很兴奋。我是在为团队出力。他们也开始更积极地自己拼出漂亮的单词。这是一个巨大的成功。

爸爸的规则
（朱莉的故事）

我的丈夫唐决定教我们7岁的孩子阿瑟下国际象棋。刚开始的时候，唐坚持按规则下棋，给孩子示范正确的下棋方式，告诉他怎么才算赢。不用说，第一次下棋时阿瑟还充满热情，连输几局之后，他就失去了兴趣。

我提出建议，由唐来制定一个"特殊的爸爸规则"，让他和阿瑟能够在棋盘上取得均势。包括设置各种各样的障碍，这样阿瑟也能体验到获胜的感觉，比如爸爸的棋子更少，或者当阿瑟陷入困境时给他一些提示。如此一来，阿瑟就变得很想再下一盘。过了一段时间，唐问阿瑟是想让他使出全部力量还是使出一半力量，由阿瑟来决定想要多大的挑战。让阿瑟主导使得他开始享受这种游戏，并学会了管理自己的挫败感。他到现在都喜欢下棋（而且不会要求对手让子）！

战胜自己

我的孩子喜欢玩赛跑游戏。但是只要有输赢，就总是会有人掉眼泪，还有人指责别人作弊。对弟弟妹妹来说，与哥哥竞争是一种充满挫败感的体验。因为他更高大强壮，所以他们每次都输。而我们买的最划算的东西是一个大秒表。孩子们做了一个障碍赛场地，里面有隧道可以爬，有呼啦圈可以跳，还有各种各样的东西要绕过去。他们一个人跑，另一个人计时。在下一轮比赛中，每个孩子都想打破自己的纪录。他们喜欢轮流做计时员，负责发令："准备好——预备——跑！"还要把每个人最好的成绩记在表格上。我告诉他们，其他人做得怎么样并不重要，因为他们可能比你高或矮，可能比你腿长或腿短，可能比你练得多或少。这种新比赛方式的效果如此之好，让我吃惊。我本以为他们会坚持相互比较，但他们并没有。即使是邻居家那个总爱幸灾乐祸、一输了就眼泪汪汪的好胜心极强的男孩，也能和我的孩子们一起开心地玩这个游戏。

比比谁更惨

当我们玩"警察与小偷"的纸牌游戏时，如果有人"偷"我的纸牌，我总是会用最夸张的声音说："哦，不，我什么都没有了！那些残忍的小偷把一切都偷走了。我没钱买吃的了，我会饿死的！谁会请我吃饭？"现在孩子们都喜欢输牌，因为这样他们就可以编造自己的悲惨故事了。

收款和找零游戏

我总是在星期五留出时间和我的小学资源教室[①]的学生们玩游戏。我们最喜欢的一款游戏是"付款给收银员"。玩家选择不同的卡牌,根据卡牌的指示进行购物。然后"顾客"清点出纸币和塑料硬币,再由"收银员"收款。最后剩下钱最多的玩家赢得游戏。孩子们喜欢数钱和找零,但他们不喜欢输。他们会因为输掉游戏感到沮丧!

资源教室里的这些孩子在生活中已经有过很多失败的经历,我认为帮助他们掌握数学技能,学会理财,要比获得更多的输赢体验更有价值,所以我决定去掉输赢的元素。我们玩游戏、买东西、讨论如何使用买到的物品,但不会通过计算最后收到的钱来宣布获胜者。我以为孩子们会质疑我对规则的改动,也许他们会问:"如果玩游戏不能赢,那游戏还有什么意义?"但没有一个学生提起这件事。我们要做的只是玩游戏,获得乐趣。

家庭游戏之夜

每个月,我们都会和另外一个也有三个孩子的家庭举行一次家庭游戏之夜。六个孩子和所有大人都玩得很开心。

[①] 一种帮助特殊学生的专门教室。特殊学生在普通班级学习一般课程之余,会在资源教室接受资源教师的指导,以发挥自身潜能,弥补身体缺陷,发展社会适应能力。——编者注

我们玩字谜游戏、字典猜字、看图说词和拼写游戏，但我们不会让这些游戏成为决定赢家和输家的竞争。我们都试着猜测一个人在画什么、表演的是什么，或者为一个词编造出最不合情理的定义。我们玩得很开心，笑得前仰后合。完全没有人会在意什么计分系统。

在我们的一些读者看来，好像我们是在过分溺爱孩子，没有给他们机会去面对那些竞争性的挑战，而这些挑战可以让他们变得更坚强。我们向你保证，我们亲眼见证了自己的六个孩子（每个家庭三个孩子）长大后享受各种竞技活动。他们会参加各种团队和个人运动（网球、长曲棍球、篮球、足球、棒球、越野和摔跤）、竞争性的电脑游戏、黑客马拉松以及各种纸牌和桌面游戏（在停电时和家庭游戏之夜都会玩）。他们是优雅的胜利者，也是有风度的失败者。他们在与比自己小的孩子竞赛时会主动调整自己的力量。他们在游戏过程中都笑得很开心。我们相信，我们在他们还小的时候做的所有工作，教会了他们专注于游戏带来的快乐和满足，而不是失败的痛苦。正是这一点帮助他们塑造了性格，让他们面对竞争时能够有更宽容的态度和更加强韧的精神。

●本节要点：竞争

1. **调整预期。**

"我们换一种方式玩这个游戏吧。与其试图战胜对方，不如试着战胜游戏。"

2. **让孩子主导。**

"你想让我使用一半的力量还是使用全部力量？"

3. **承认感受。**

"你拿到一张很差的牌，不能让你的棋子到达终点，这真是太让人沮丧了。"

4. **游戏化。**

"哦，不，我所有的牌都丢了。我什么都没有了……什么都没了！我该怎么办？"

5. **尝试解决问题。**

"我们该如何让所有人都觉得游戏很有趣？"

用游泳衣撒撒气

我带着3岁的瑞秋去游泳。我们原计划游完泳就去她表姐家,但她太累了,变得很暴躁。我们在更衣室里的对话是这样的:

瑞秋:"我不想去表姐家。"
我:"你想回家。"
瑞秋:"我想回家睡在我的床上。"
我:"你真的很累了。"

我建议她在车里睡一觉。她不喜欢这个主意,把换下来的游泳衣重重地扔进袋子里。

我:"这听起来很解气!再来一次!"

我的话出乎她的意料——我以前从来没有这样说过,她非常惊讶。我把游泳衣拿出来,她又重重地扔了进去。

我:"喔,这一次更用力!看来你真是生气到极点了!"

她似乎平静了下来。

我:"走吧,我带你去车里。"

瑞秋:"现在我想去表姐家了。"

我们就这样出发了!

13 不文明的粗话越说越来劲

"白痴!"

"榆木脑袋!"

"满脑子浆糊!"

"嘿,丑八怪!"

"(有些粗话我们不会写在这本书里。请自行想象!)"

孩子会出于不同的原因说出禁忌的词语。有时是因为他们觉得这样做可以激怒大人,或者想让他们的朋友兴奋得尖叫——这让他感到很刺激。他们会故意用各种词做试验,看看能得到什么反应。对他们来说,这很有趣!

我们越是严厉禁止这些词,它们就会变得越有吸引力。

对于那些正在尝试使用禁忌词语的孩子,一个不那么有战斗性的回应方式是**描述你的感受并给他们提供信息**。你可以说:"我不喜欢听到这样的话。你可以这样跟朋友说话,但对父母和老师不行。"有时这就够了。但如果他们坚持这样说呢?

对年龄很小的孩子,另一个策略是用**游戏化**的方式给出他们渴望的回应。"不管怎样,你都不许叫我'西蓝花脚指头'!"如果他们还是大着胆子这样叫你,你可以用表演式的抗议来回应。"哦,不,不要叫我'西蓝花脚指头'!我受不了了。呜呜呜!"[1]

也许你的孩子说这些话不是为了好玩或者做试验。也许他已经掌握了禁忌词语

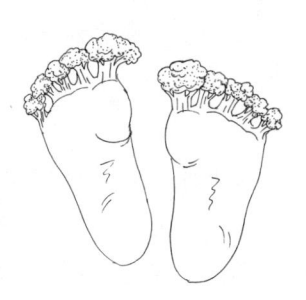

的真正用法,也就是说,他的言辞确实很不妥当。例如,孩子从学校回到家,告诉你他的数学老师是个"XX"。

我们就不能直接告诉他,这样说他的老师就是不尊重人,而且我们在家里也不能这么说吗?

让我们在自己身上测试一下这个策略。

想象一下,你有一个糟糕的老板。今天,他为了掩盖自己的错误,当着其他同事的面把责任推到你身上。你怒气冲冲地回到家里。你的伴侣问你:"你怎么了?"你一下子就爆发了:"那个浑蛋(也许你在这里用了更不可接受的词)让我在部门里出丑,他说我提交的表格是错的!"想象一下你的伴侣对你说:"你不应该这么说你老板,这太不尊重人。在我们家不应该使用这样的语言!"

你的第一反应会是什么?

你是否会这样想:"嗯,我们是一个有修养的家庭,我是这个家的一员,我应该换个说法……那个品行有问题的人!"

也许你会对自己说:这是我最后一次和你说工作上的事情了。当你的伴侣想要拥抱你的时候,你突然就感到了心灰意冷。

批评一个人表达愤怒的方式,只会让对方把矛头指向你,或者让他以后再也不想对你倾诉,那么如果孩子使用了我们觉得不合适的语言,我们该怎么办呢?

我们可以回到基本做法：**先承认孩子的感受，然后描述你自己的感受。**

"听起来你好像很生老师的气。她做的事让你很烦恼！但你用的那个词我听了很不舒服。如果你想和我讲讲老师的事，最好换一个词。"

如果孩子坚持这样说呢？有必要的话就**采取行动**，立刻结束谈话。

"我们先不谈这个事了。你用的这个词让我很不舒服。我没法把注意力集中在你说的事情上。"

如果孩子用粗话攻击我们呢？

昨天，我的双胞胎女儿想在睡觉前画手指画。她们已经洗过澡了，我可不想让她们手上再沾满颜料。她们开始跟我吵，于是我告诉她们："不行！讨论结束！"她们跟我顶嘴说："你真蠢！""我恨你！"

当孩子感到气恼时，他们会努力寻找他们能想到的最有力量的词语来表达情绪。这样做给父母带来的挑战在于，要教给孩子足够丰富的语言，让他们既能发泄情绪，又不冒犯他人。（记住，即使他们说了攻击性的语言，也是一种进步，至少你的孩子不再打人、踢人、咬人，他们懂得"使用语言"！这样想会不会对你有些帮助？）

你可以**承认孩子的感受**，也可以让孩子**知道你的感受**："你们坚持今晚要画手指画是吗？但我不喜欢你们这样说我！"然后你就可以**告诉她们能说什么，而不是不能说什么**。教孩子一些合适的词语，帮助她们以别人更容易接受的方式表达感受。"你们可以对我说：'妈妈，你不让我们画画，我们**真的非常非常生气**！！我们很想画手指画！！'"

这可能会带动一场文明的讨论。"那我们找个更合适的时间画如何？我们选什么时间好呢？明年的这一天怎么样？哈哈，开个玩笑，明天放学以后可以吗？来，我们把时间写下来，这样我们就不会忘记了。"

也许你因为太生气而无心解决眼前的问题，在这种情况下，你可以告诉孩子："我不喜欢别人这样说我。我现在太难过了，没心情跟你们说话。"等你冷静下来再重新审视这件事，尝试去解决问题。

"我昨晚真的很生气，因为我不喜欢被人那样说。你们也不开心，因为我不让你们画画。我们都不希望再发生这种冲突！我们一起商量一个更合适的画画时间吧。"

总而言之，孩子会出于各种原因说了粗话。也许觉得很有趣，也许觉得说出来很过瘾，也许是想试探我们的反应，也许是要考验我们的理智。但不管是什么原因，当孩子用令人反感的语言表达强烈的感受时，我们可以先承认这些感受，同时教孩子用一种更恰当的方式来表达。

○ 来自"战斗前线"的故事

"你真是太粗鲁了！"

我8岁的女儿经常用不尊重人的方式和我说话。那天我陪她去坐校车，她突然快走几步要过马路，我吓了一跳，急忙抓住她的手。她把手甩开，对我说："真烦人！"

她这样说话，我实在受不了。我总是提醒她："你太粗鲁了！"坦白说，她的确很粗鲁！她需要知道，这样和大人说话是不可以的。

但她很固执，总是会立刻反驳我："你才粗鲁！"

参加过父母小组的活动以后，我意识到我那样说是在攻击她的个性。"你很粗鲁"和"你真烦人"这两句话其实没什么区别，当然也不可能起到好的示范作用。

下一次她再那样说我的时候，我对她说："你那样对我说话，真让我伤心。"

她立刻说道："对不起，妈妈！"

我当时惊讶得目瞪口呆。为了让她不再粗鲁，我要做的就是不再说她"粗鲁"！

玫瑰易名[1]
（乔安娜的故事）

（警告：本故事包含一个不恰当的词语。）

我12岁那年，有一天我从学校回到家，心里充满了对老师的怨恨。我记得我坐在餐桌旁，想要从妈妈那里得到一些安慰。我告诉妈妈，那个老师就是个浑蛋（asshole）！我妈妈吓了一跳："乔安娜，这个词太可怕了。"

"可他就是个浑蛋。"我坚持说。

"停！乔安娜，我不想听到那个词。我相信你能找到更好的方式来描述一个让你生气的人。"

她走到书架前，拿出词典，重重地放在我面前的桌子上。我很好奇。我查了一下这个以"a"开头的词，让我高兴的是，它是个书面用语。"你看，这个词在词典里的解释没有那么可怕。"我高兴地说。

接下来的10分钟里，我们查阅了这个可怕的词的同义词，一起嘲笑那些稀奇古怪、早已过时的侮辱性词语。最后，就连妈妈也不得不承认，这个词没有完美的替代品——讨厌鬼、怪胎、恶人，这些词都表达不出那种含

---

[1] A Rose by Any Other Name，出自莎士比亚的一首十四行诗，"玫瑰易名，馨香如故"，常用来指语言的任意性，即语言的声音形式和意义内容之间的联系是任意的，没有必然的、本质上的联系。

——编者注

义。尽管如此,我还是理解了妈妈听到粗俗的语言会感到很不舒服,所以我不能在谈话中使用这个词。但与此同时,我也觉得自己被妈妈理解了……在这个过程中,我学到了一些很棒的新词语。

"S"开头的词
(朱莉的故事)

我们吃完晚饭时,3岁的雪莉宣布:"莱西是个蠢货(Stupid)!"我告诉她,这样说很伤人,这反而刺激了她,她开始反复念叨:"莱西是个蠢货!莱西是个蠢货!"

我的火气一下子就上来了,冲她喊道:"够了!停!"

她没有停下来。

我向6岁的莱西建议,我们去客厅,让雪莉一个人待着。莱西其实并没有不高兴,当我走开时,我突然想到,也许雪莉只是觉得这个词很好玩。我建议莱西一起来玩我们的传统游戏,"你可以说我_____,但是不要说我_____"。

我们一回到餐厅,雪莉马上又开始说:"莱西是个蠢货!"只是这一次莱西回答说:"你想叫我'蠢货'就叫吧,但不要叫我'苹果派'!"

果然,雪莉开始大喊道:"莱西是个苹果派!"莱西假装气得捶胸顿足,雪莉则满足地哈哈大笑。重复了许多次之后,他们俩都笑得瘫在地上。

当我再仔细回想那次晚餐时,我意识到雪莉之所以那么反常,可能是觉得自己被冷落了,因为当时我一直在和莱西聊他学校里发生的事,3岁的雪莉想加入我们的谈话,她只能通过说一些不好听的词来引起我们的注意。

●本节要点：说粗话

当孩子使用禁忌词，想体验一下这些词语的威力时，你可以：

1. **描述你的感受并给出信息。**
 "我不喜欢这种词。你只能对你的朋友这样说。"

2. **游戏化——对年龄小的孩子，给出他们渴望的戏剧性反应。**
 "不管叫我什么，请不要叫我'西蓝花脚指头'！"
 "嗨，西蓝花脚指头！"
 "呜呜呜！"

当孩子用禁忌词表达强烈的情感时，你可以：

3. **描述你的感受。**
 "我不喜欢别人说我蠢！我现在没心情跟你们谈手指画的事。"
 "这个词真的让我很不舒服。"

4. **用更容易被接受的语言表达强烈的情感。**
 "你好像对你的老师很生气。她做了一些让你不开心的事！"

5. **告诉他们能说什么，而不是不能说什么。**
 "你们今晚很想画手指画。你们可以这样说：'妈妈，你不让我们画画我们真的很生气！我们很想画画。'"

6. **采取行动，先结束谈话，但不要攻击对方的个性。**

"这个词让我很不舒服，我们先不聊了，我没办法集中精力听你说其他事。"

7. 如果根本的问题仍然存在，你可以**尝试解决问题**。

"我昨晚真的很生气，因为我不喜欢被人那样说。而你们也很不高兴，因为我不让你们画画。我们都不愿意这样的事再次发生！我们找个合适的时间再画吧。"

两只鞋子吵了起来

我想让玛雅穿上鞋子。孩子们总是互相斗嘴,我突然想到了一个好主意。我捡起她的鞋子,开始代替鞋子"说话":

"我想和玛雅一起上学。"
"不,我想去。轮到我了。"
"不,不对!轮到我了!"
"不,不,不!你总是能和玛雅一起出去。"

玛雅笑着说:"伙计们,伙计们!我有**两只脚**!你们两个**都**可以和我一起上学。"她迅速地穿上了两只鞋子。

第 5 节
解决冲突

14 不愿分享

"我的,全是我的!"

> 如果我们想要为世界和平而努力,这就是起点。

我们希望孩子学会分享。这是一种重要的价值观,毕竟我们没有无限的资源和无限的预算,可以让孩子拥有**一切**。这自然会让家长思考一个古老的哲学问题:

> 为什么孩子总是想要其他孩子正在玩的玩具,即使他们之前对那个玩具完全没有兴趣?换句话说,为什么家里最好的玩具总是别人手里的那个呢?

答案是……这就是人类大脑的工作方式,也是我们人类学习的方式。当孩子看到别人在操纵一个物体时,他们就会有模仿的冲动。他们想把钥匙插进锁孔,打开公寓的门;按下洗碗机的按钮,让它嗡嗡作响;拿起手机戳触屏;用锋利的刀切胡萝卜……

当我们阻止他们时,他们就会哭喊和尖叫,我们这是在阻止人类基因中天生的驱动力[1]。

当一个孩子看到另一个孩子在玩玩具时,同样的驱动力就会发挥作用,他会觉得,这也是他"需要"的东西,而且他现在就需要!这就造成了一个两难的局面。我们不想因为孩子天生的好奇心和求知欲而责骂或羞辱他们,但我们必须找到一种方法来处理随之产生的冲突。我们希望他们学会延迟满足,在解决争端时能尊重彼此的需求,停止争吵!那么,当所有的孩子都在互相争抢东西并高声尖叫的时候，那些脑科学家躲在哪里？我们需要填补科学和生存之间的空白。

正如你所质疑的，没有一个简单的放之四海而皆准的解决方案可以结束这种混乱。这一切都取决于孩子的年龄和发展阶段、所处环境，以及他们渴求的物品的独特属性。这真的很复杂。

在这个小节中，你将找到经过实地测试的解决方案，这些方案能够有效地应对教孩子分享这个永恒的挑战。

蹒跚学步的孩子和婴儿

亲爱的乔安娜和朱莉：

我有一个3岁的女儿和一个9个月大的儿子。现在小宝宝已经能爬了，我女儿却变得占有欲极强。她会把弟弟手里的东西都抢过来。如果我强迫她还给弟弟，她会情绪崩溃。她过去对弟弟很友好，但现在只要弟弟一靠近她，她就会抓起自己的玩具跑开。

圣诞节快到了，我担心如果专门送她礼物会让她的占有欲变得更强。我是否应该考虑不在礼物上写名字，让他们轮流打开礼物？也许少关注自己的玩具，更多练习分享，会帮助她渐渐习惯"分享"。

小霸王的妈妈

亲爱的小霸王的妈妈：

你提出了一个有趣的问题！仿佛我们越要求孩子分享，他们就会变得越擅长分享。但实际上要考虑的重点是，当孩子"练习分享"的时候，她在想什么，她的感受是什么。如果她一直处于一种沮丧的状态，因为没有什么是真正属于她的，一切东西留在她身边的时间都是有限的，她可能会越来越担心刚出生的宝宝会拿走她的东西。我们认为这种练习可能会让她更有占有欲，感到宝宝对她更有威胁。

试想一下，如果某个权威机构宣布你不再拥有对不动产的专属所有权，你会有什么感受。你曾经拥有自己的车，但现在房主协会决定，你的下一辆车将成为共享资源，要和你的邻居共用。（这个政策能促进环保，同时也能避免交通堵塞，并缓解停车位不足的问题。）你的邻居可能会随时过来抢走你的车钥匙，开车出门办事。

虽然你现在不需要用车，但你的心里总是不踏实，因为你的车不是随时待命了。这次邻居要用你的车多久？当你需要用车的时候，你能立刻从邻居那里拿回来吗？如果他拒绝还车，你是否必须让步？还回来的时候，挡泥板上会不会有划痕？后座上会不会有食物碎屑？

过去你从来不用担心自己的车，有好几次你都把车借给朋友，但那是你自己的选择，你愿意借给别人，因为你很慷慨。可是现在不是你说了算了，你不是在分享，而是被迫放弃过去本该属于你的东西。

好了，关于车我们就说到这里，还是说回你3岁的孩子吧！

我们需要采取一种平衡的策略。目标之一是帮助年龄大一点的孩子在婴儿抓她的东西时不要感觉受到威胁，另一个目标是保护年龄较小的孩子探索世界和世界上所有奇妙物品的权利，让他不会受到自私的姐姐的阻拦。

要实现第一个目标,就要给年龄大一点的孩子更多的控制权,而不是更少。这样做能帮助她放松下来,学会变得无私大度。

专门给女儿准备礼物,不会剥夺她练习分享的机会。你可以把分享的困境作为你们两个人要一起努力解决的问题。你需要从**承认感受**开始。

"哦,天哪,小宝宝这么喜欢抓你的东西!在他眼里,姐姐玩的任何东西都是最好的。你把东西拿回来,他就会又哭又叫。这真是让人烦心!"

不要一开始就提出分享的规则,要想办法**让孩子自己主导**。

"我们该怎么办?你想玩那只泰迪熊,可是弟弟正在咬它的耳朵。如果我们从他手里把泰迪熊抢过来,他会哭的。你能找到别的他喜欢的东西吗?你有毛绒玩具吗?你可以拿一个毛绒玩具在他面前晃一晃,也许这样他就会把泰迪熊放下了。"

你可以**让她自己选择**分享哪些玩具:

"我们需要找一盒玩具给小巴斯玩。他会喜欢什么玩具?你来决定盒子里放什么吧。"

你要带着对两个孩子的共情和理解来解决问题。你理解大一点的孩子想要保护她的东西,同时你也要保护小宝宝,不让他手中的玩具被抢走。

你可以用**描述性的赞美**让姐姐知道，当她给弟弟拿来好玩的东西时，弟弟是多么的感激。夸奖时不要说："做得好！分享是好事！"试一试这样说：

"哇，巴斯笑得真开心。那个玩具老虎他好喜欢！"

当姐姐不想分享时，不要给她贴上自私的标签。相反，你应该承认她的感受，这样她将来才会有分享的意愿。

"你觉得还没有准备好和别人分享你的新毛绒玩具。"

这样做为她提供了一种可能性，意味着她在未来的某个时刻会准备好。

要知道，有些东西你可以无私分享给孩子，但也有一些东西，你肯定不愿意和他们分享。想想这些可能会对你理解孩子有帮助。

"用木勺敲罐子玩吧,没问题。看得出来你玩得很开心。我只要戴上降噪耳机就行了。"

"不行,你不能把妈妈的耳环粘在你的橡皮泥上。我得把首饰盒放在最上面的架子上。我给你找别的玩具吧!"

一个3岁孩子的标准可能没有那么理性,但她和大人一样会有自己珍爱的东西。对于蹒跚学步的孩子来说,学习如何应对刚会爬的弟弟妹妹,肯定是一个挑战。

我们也不要忘记第二个目标。小宝宝也有权利!你可能已经很清楚哪些被争夺的物品是属于大孩子的"私人财产",哪些是属于大家的"共同财产"。第二个类别包括婴儿玩具,一直被踢来踢去、上面有许多口水和牙印的旧玩具,还有大家一起玩的大型游戏设备——你那有限的居住空间里只能放下一样这种东西,比如攀岩墙、帐篷和隧道。

你必须**采取行动**,保护小宝宝的权利,不让他被"野蛮"的姐姐伤害。如果你能以共情的态度(承认感受,提供选择)而不是责骂的方式做到这一点,就能加速孩子的学习进程。

"我不能让你把巴斯的摇铃拿走。这是大家的玩具,他也可以玩。光看着弟弟玩可能会有点心烦,我们先找点别的事做!你想帮我摆餐具,还是想用蜡笔画画?"

如果孩子哭了,你可以表示共情。请记住,所有的感受都可以被接纳,但有些行为必须被制止。

"嗯,这很难做到,我们都不喜欢等着。"

"你很久都没玩那个摇铃了,它对你来说很特别,那是你小时候的美好回忆。"

是的,你必须忍住,不要说:"这是婴儿玩具!你已经不是小宝宝了!你就是想把弟弟的玩具抢走,这样做不对!"让你的孩子自我感觉很不好,并不会帮助她变得慷慨。

大孩子之间的分享

但是如果大一点的孩子们因为一些事情而争吵,该怎么做呢?难道不应该制定一些规则吗?

当然!为了控制局面(保持你的理智),无论是在学校、在孩子聚会的时候,还是在家里,你都需要制定一些关于分享的基本规则。你要事先**提供信息**,告诉孩子们这些规则是什么。当然,我们得先想出规则来……这可能很复杂。

如果是每个人都想玩的大型器械,比如蹦床、秋千或者自行车,安排好轮流玩的时间就很有必要。(或者让孩子们想一些其他的分享方式。也许可以一个孩子骑车,另一个孩子在后面推,或者为骑手设置需要绕行的圆锥路障。)

如果是一个孩子刚刚收到的生日礼物呢?那这个孩子就应该有权利制定自己的规则来分享玩具,也可以允许他把玩具留在自己的房间。

如果是一件旧玩具,本质上已经成为公共财产,当一个孩子在玩的时候,另一个孩子很想要怎么办?你不希望家里或教室里的每一件物品都设置固定的轮流玩的时间吧。孩子们需要自由玩耍,而不是一直被提醒:"你只能再玩5分钟!"这时你的规则可以是,一个孩子必须先提出请求,然后等待,直到另一个孩子不再玩了。我们所说的等待,并不只是等待。对于一个小孩子来说,根本不存在耐心等待这样的事情。他需要你的帮助。"我知道了!你就想玩弟弟玩的那个玩具!那个玩具很吸引人。等弟弟玩的时候我们先找点别的事做。跟我来……"

最好的玩具

我们可以通过提前安排一些有利于合作的活动或平行游戏[①]来避免引发孩子聚会时的冲突。把那些过于吸引人的玩具收起来,比如遥控汽车、咆哮的恐龙、能够小便和哭着叫妈妈的神奇玩偶。准备一些面粉、盐和水,教孩子们一起动手做面团,或者拿出一篮子气球让孩子们拍打,也可以准备一袋积木或任何可以拼插的玩具,只要有大量可互换的零件就行——它们都能给孩子创造快乐、和

---

① 当相同年龄的儿童一起玩耍时,让他们同时玩相同的东西或玩具,但是各玩各的,根据自己的意愿玩,彼此之间不会相互影响,也没有约束自己或别人的规则,这种游戏方式叫作平行游戏。——编者注

睦的时光。或者让孩子们到室外去玩滑梯，爬上爬下，在草地上打滚。孩子之间当然还是会有小冲突，但你会有精力去处理，因为这些冲突会越来越少，发生的间隔也会越来越长。

对于那些每天（有时是每一分钟）都会发生的冲突，你需要有一系列不断变化的对策。没有一个简单的规则适用于所有的情况。最好的规则是，"找出每个人的需求，然后找出满足他们的最好方式"。是的，这很复杂，但这只是世界上最复杂的问题之一！所有冲突的根源都是争夺资源！如果我们能帮助孩子们找到如何分享（有时是不分享）的方法，我们就足以为自己养育后代的能力感到自豪。

但在你开始起草最新一版的《汉谟拉比法典》之前，请考虑一下这个问题。对于那些已经足够懂事的孩子，你可以把玩具争夺看作他们练习**解决问题**的绝佳机会。家长总是想要建立一个看似对所有人都很公平的规则，但正如下面的故事所说明的那样，孩子往往会想出更适合自己的解决方案，因为这是他们自己想出来的。

脚蹼的争夺

我带着7岁的埃玛和5岁的欧文去游泳，以为这样能换来一个平静的没有争吵的下午。结果我们的平静时光只持续了大约15分钟。我们只有一双脚蹼（我知道，这不是理想配置）。一到泳池埃玛就一直在用。欧文等得不耐烦了，想把脚蹼从埃玛脚上脱下来。

两个完全矛盾的想法几乎同时掠过我的脑海。"你姐姐在用，你不能随便抢"和"埃玛，让弟弟也玩一会儿，

277

我们一到这里,就是你在用"。

这两个声音开始了一场激烈的拔河比赛,我不知道该听从哪个声音。但我突然想到,我可以尝试解决问题,让他们自己想办法。为什么非要让我来当法官和陪审团呢?于是我说:"我们只有一双脚蹼,但你们俩都想用。埃玛一直在用,而且还没准备好脱下来。欧文等了很久了,他很想尝试一下。我们该怎么办?我们需要想个办法来解决问题!"

欧文说:"该让我用了,因为埃玛真的已经用了很长时间了。"

埃玛说:"我还要再用一段时间,我正在练习潜水。"

欧文说:"那我们可以每个人用一只。"

我刚想说:"这行不通,那样你会不停地兜圈。"但是埃玛说:"好吧!给你一只!"

他们各自用一只脚蹼开开心心地游起来。当然,这不是我能想到的解决办法,但我认为这是一个非常积极的办法。我的孩子们正在学习不用武力或暴力威胁来解决冲突。

T形杠的麻烦
(朱莉的故事)

雪莉、莱西和阿瑟分别是6岁、9岁和12岁的时候,我们买了一个倒挂在天花板钩子上的T形杠。这是一种非常受欢迎的运动器械,孩子们总是争着玩。我可不想在客厅里放三个T形杠,我希望孩子们能和平地轮流使用它,所以我制定了一个5分钟规则。

但这条规则并不能避免冲突。我开车接孩子们放学回家时,他们就已经在车里吵了起来,每个人都在期待着第一个冲向T形杠。

"我先说要玩T形杠的!"

"不公平,你不能这样,昨天你就是第一个!"

"我最小,应该我先玩!"

起初我还在担心孩子们从杠子上摔下来会受伤,但现在我意识到,争抢所导致的踩踏要危险得多。我能想象他们不等我把车停好,就从车里冲下来,互相推搡着要抢先进屋。于是我喊道:"嘿!"这引起了他们的注意。

"我们遇到问题了!三个孩子都想第一个玩T形杠,但T形杠只有一个。我们需要一个比'谁先抢到就谁先玩'更好的规则。毕竟先抢到就先玩,总有人会不高兴。我们需要想出一个人人都赞成的方案,然后你们才能玩T形杠。"

于是孩子们展开了大规模谈判。争论的两个焦点是谁先玩和每个人能玩多少分钟。雪莉(最小的孩子)非常想成为第一个使用者;而阿瑟(最大的孩子)不介意等待,却更在意使用时间。讨论结果是,他们决定让雪莉第一个玩,能玩2分钟;莱西第二,能玩4分钟;阿瑟最后,能玩6分钟。

他们都对自己的安排感到非常满意,而我也因为不用动手控制"暴徒"长出了一口气。

有时候你不需要亲自主导整个解决问题的过程。你可以**让孩子主导**，然后自己去享受片刻的宁静。

分享蓝莓

我的三个孩子都很喜欢吃蓝莓。我把一大碗蓝莓放在桌子上，却看到我9岁的儿子在用最快的速度把大勺大勺的蓝莓不停地舀到他的盘子里。

"亚历克斯！这些蓝莓是给你们三个的。你拿走了超过三分之一！"我把所有蓝莓又集中起来，分到三个小碗里，放回到桌上。我相信你知道接下来发生了什么。

"他的蓝莓更多！"

"不对，根本不是。你的蓝莓已经满到碗边上了！"

"不公平，我要亚历克斯那碗！"

我叹了口气。"每个人都想要最多的蓝莓。我不知道该怎么办。我没办法数清楚每一颗蓝莓。我可没这个耐心。"

亚历克斯插话了。"我来数！特雷弗和凯蒂可以看着我。"

我们把蓝莓放回到大碗里，两个弟弟像老鹰一样盯着亚历克斯往每个小碗里放的每一颗蓝莓。还剩下最后两颗时，亚历克斯慷慨地给了弟弟和妹妹每人一颗。负责主导这一过程让他感觉自己是一个大公无私的人。每个人都很满意。

但是，不能计数的食物怎么分呢？比如蛋糕，切开后总有一块更大，或者有人就是想要上面有红色糖霜的那块。

我们知道有的家庭成功地采用了"小块递减法"。如果三个孩子都相中了一块蛋糕，那就从那一块蛋糕上切下一小块，补贴给"不好"的那一块。现在不好的那一块更大了怎么办？那就把刚才那一小块切一半还回去。为了实践数学原理，进行这个操作时必须态度认真。一两分钟后，就没人能分辨出哪一块更好了。孩子们就会安心吃蛋糕，因为再小的分割已经没有意义。慢慢地，孩子们就能自己做这样的事情，你可以轻松地走开了！

图1
图2
哪块更大？

作为成年人，我们不在乎多吃一颗蓝莓，或者少分到一小块蛋糕，这没什么大不了的，孩子们也必须学会明白这一点。我们不能总是迁就他们对完全公平的渴望。通过承认他们的感受并让他们进行主导，可以帮助他们更快地理解和接受生活中不可避免的小小不平等。

• • •

有时，解决分享困境的最佳方法就是找到完全避免它的方法。

最爱的洋娃娃

我们经常邀请汉娜幼儿园的小伙伴放学后来我们家玩，但她们的相处变得越来越不愉快，因为汉娜不想和别人分享她的玩具。她会尖叫或者拿走小伙伴碰到的任何东西。当另一位家长也在场时,场面就变得格外尴尬。汉娜看起来像个极其自私的、被宠坏的女孩。我觉得自己像个坏妈妈!

参加过父母小组的活动以后,我开始为汉娜和小伙伴的聚会做准备。我问她朋友来家里的时候,她想玩什么游戏,想给小伙伴展示哪些玩具。我还问她有没有什么特别的玩具是她不想分享的,我们可以把那些玩具放到壁橱的高架子上。我不再坚持让她与朋友分享她所有的玩具,这对她有很大的帮助!

有一天,在她的朋友莎拉来之前,她忘了收起她最喜欢的洋娃娃明蒂。结果,莎拉一眼就发现了明蒂。汉娜开始尖叫:"给我!"要是在过去,我会责备汉娜,让她回房间去。但这次我告诉汉娜:"莎拉不知道那是对你来说非常特别的洋娃娃。你可以请莎拉把明蒂给你,你再给莎拉一个别的娃娃。"

说实话,当时我大吃了一惊。因为汉娜很快就停止尖叫,对莎拉说:"请把明蒂还给我吧。她只喜欢我抱着她。你可以抱着皮皮。"

我觉得这个方法在帮助汉娜以一种积极的方式去看待和思考分享。

遥控卡车的矛盾心理
(乔安娜的故事)

丹3岁的时候,我的朋友送给他一辆遥控卡车作为生日礼物。他高兴极了。这是他拥有的最酷的玩具。它简直是一辆十项全能车,有大大的轮子,可以完全翻转过来并继续滚动。(它还会把电池当午餐吃,不过我们在这里就不详细描述了。)

后来我带着丹去参加一个聚会,丹迫不及待地想向他的朋友们炫耀一下。他抱着遥控卡车爬进汽车安全座椅的时候,我预见到了可能的麻烦。

我首先承认他的感受。

"丹,我能看出来,你想让大家都看看这辆遥控卡车。它真的很酷。"

"是的,他们都会喜欢的!"

我开始描述问题。

"我在想,可能每个看到它的孩子都会想要玩一玩。这是你刚收到的礼物,你这么快就把它分享给别人,你是怎么想的?"

"我不希望他们把它弄坏。我只是想给他们演示一下怎么玩,他们可以在旁边看着。"

我换了一种说法,再次描述这个问题。

"我担心别的孩子看到你玩这么酷的玩具,他们却没有机会玩,可能会很沮丧、很难受。"

"哦……"

我请丹帮忙，做出最后的决定。

"考虑一下，你是想带着它，让大家轮流玩，还是想把它留在家里，因为它是你刚收到的特别礼物。"

"我把它留在家里吧。"

问题解决了。

尾声：几个星期后，在去图书馆之前，我们先去了一趟银行。银行出纳员给了丹一根棒棒糖。（她已经把糖递给了丹，才问我是否可以，不过我们在这里先不讨论这个问题！）我在图书馆停车的时候，他还在吮吸棒棒糖。我发现自己有点怨恨那个出纳员，因为我预料到在进入图书馆之前，会有一场从丹嘴里抢糖的大战。

我有点迟疑地说："把棒棒糖带进图书馆让我有点担心，因为其他孩子没带棒棒糖，他们看到你吃，也会想要一根。"

丹把糖从嘴里拿出来，补充说："然后他们的父母会很难过，因为他们没带棒棒糖给孩子吃。我还是把糖放在车里吧。"

我在车座上找到了包装纸，掸去上面的灰尘，重新包好了黏黏的棒棒糖。

令我惊讶的是，丹能够在体验人工樱桃甜味剂刺激的同时考虑到其他孩子的感受，而且还能与其他孩子的父母产生共情！我觉得是关于遥控卡车的讨论让他获得了站在别人的角度思考问题的能力。

●本节要点：分享

1. **用语言表达感受。**

   "小宝宝很喜欢抓你的东西！你想把它拿回来的时候，他又哭又叫。这真的很让人心烦！"

2. **让孩子主导。**

   "你想玩那只泰迪熊，可是小宝宝正在咬它的耳朵。我们该怎么办？你能不能再找一个毛绒玩具在他面前晃一晃？也许这样他就会把泰迪熊放下了。"

3. **提供一个选择。**

   "你的朋友放学后要来。哪些玩具你想分享，哪些要收起来？"

4. **通过描述他对别人的影响来赞美他。**

   "哇，巴斯笑得好开心。我觉得他真的很喜欢那个玩具老虎！"

5. **采取行动，但不要攻击孩子的个性。**

   "我不能让你把巴斯手里的摇铃拿走。这是大家的玩具，他也可以玩。"

6. **提供信息。**

   "规则是……不要从别人手里抢……每个人都有5分钟的蹦床时间……你必须等别人结束……"

7. 尝试解决问题。

　　"我们只有一双脚蹼,但两个人都想用。我们该怎么做?我们需要想个办法!"

15 那不是玩具

如果孩子想要"分享"你的东西

每个孩子都有好奇心,我们在用什么,他们也想尝试一下。所以,尽管我们花了很多钱给他们买各种有趣新奇的玩具,他们却盯上了我们的东西。也许我们应该感到受宠若惊,而不是生气,因为孩子愿意模仿我们。

但是我不希望自己的东西在需要的时候却找不到。不仅因为这些东西很贵,而且还会带来不便。我可不想跟孩子分享!

有时候,要**调整我们的期望**,重新定义一下什么是好的玩具。想想看,给孩子专门准备一台胶带分割器和一卷低黏性胶带,并不比给孩子买一套特别设计(价格也很特别!)的、昂贵的手工套装更浪费。

这是否意味着我们应该允许孩子使用大人的东西?包括洗碗机、微波炉和割草机?因为那些都会让他们着迷。

我们不认同滑坡理论[1]。没有必要这么极端。先让我们看看,我们能做些什么来给孩子提供他们真正渴望的东西,然后**管理好环**

---

[1] 滑坡理论认为,如果你允许做法A,那么将不可避免Z。一旦允许复制某种活动,那么其他类似的会带来灾难的活动也会不可避免地逐一被允许,而这种趋势一旦开始,就像落于滑坡之上,无法逆转,其后果是不堪设想的。
——编者注

境,在有需要的时候提供替代方案。

我们必须认真选择"战场"。洗碗机和微波炉不能成为玩具,但你往洗碗机中放好碗盘之后,可以**让孩子负责按洗碗机的按钮**;或者在加热食品时让孩子按下微波炉按钮。你甚至可以**写一张便条**,把它贴到孩子想要使用的设备上。

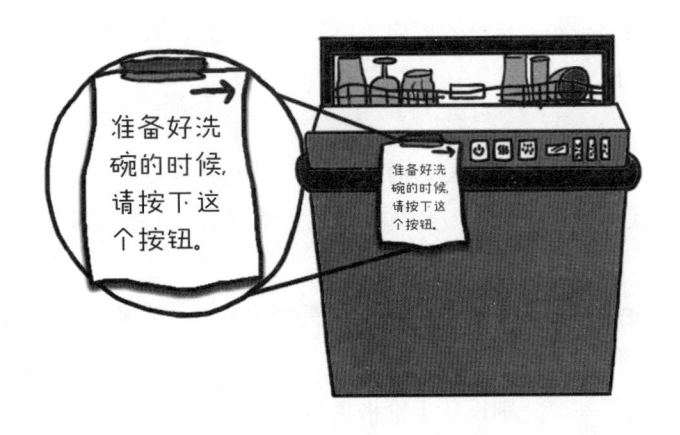

（图中文字：准备好洗碗的时候,请按下这个按钮。）

我们可以创造一个环境,告诉孩子**能做什么,而不是不能做什么**。放刀的抽屉可能需要儿童锁,但放勺子或塑料容器的抽屉可以无障碍打开。孩子不能用你的割草机,但可以推着自己的塑料割草机和妈妈做一样的事。你可能想要保护好自己的办公用品,但不妨给孩子买几沓彩色便利贴和一盒回形针。事实上,许多家庭用品都可以被重新利用起来,成为孩子安全耐用的"玩具",而且还不会超出预算。

记住,孩子的到来不是为了让你的生活变得整洁和简单。你也不会希望孩子对你的工作毫无兴趣。我们需要一种乱中有序的生活,让孩子对这个世界充满好奇与探索的欲望,愿意追随父母的脚步，抓住各种机会提前实践练习大人的技能。

○ 来自"战斗前线"的故事

香料玩具
(乔安娜的故事)

我丈夫回到家,发现我正在喝咖啡、看报纸,而两岁的丹正开心地坐在地板上,周围摆满了香料。"怎么回事?"我丈夫惊恐地问。

"哦,丹在玩香料呢。"我平静地回答。

我丈夫立刻表示反对:"为什么让他玩香料?这些都很贵!他有自己的玩具。"

我叹了口气。我正在享受这段美好的时光。香料让我那两岁的孩子忙得不亦乐乎。我愿意付出一点代价。但男人似乎不明白。

几天后,我回到家,看到了令人愉快的一幕。丹被他的香料罐包围着。他小心地嗅着每一只罐子,把盖子拧上再拧下来,丈夫则内疚地看着我。"我能说什么呢?你是对的。我们不值得为此和孩子对抗。"

这些话对我来说就像美妙的音乐!顺便说一句,写这篇文章的时候,丹已经长大了。他仍然热爱香料,还是个很有创意的厨师。

钳子和刀子

吉万拉开工具抽屉，发现了钳子。他把钳子取出来，然后在房间里四处转悠了一小时，探索着用他的"捕捉器"能捕捉到什么。最后，他把钳子放进他的玩具盒里。我又把钳子拿出来，放回到原来的抽屉里。他哭了。我对他说："钳子不是玩具。"他大声抗议说："它就是玩具！！"

我意识到我可以花几美元再买一把钳子，而且这种"捕捉器"其实要比他拥有的任何玩具都便宜得多。所以我把钳子给他了。他喜出望外。在接下来的几周里，他的精细运动技能得到了很好的锻炼。

我丈夫觉得我太溺爱孩子了，他认为孩子需要明白他们不能拥有父母拥有的一切。但我发现，**当我不经常说"不"时，吉万才更容易服从**。昨晚吉万站在凳子上，想要去拉开放刀的抽屉。我想都没想就尖叫道："不能玩刀子！！"

吉万连忙缩了回来。后来当他爸爸回家时，他指着抽屉，非常严肃地摇着头说："不要拿刀，爸爸。"以往我比这更严厉的时候，他都没有这么容易被震慑住。

尽管如此，我还是在放刀的抽屉上装了个儿童安全锁。

胶带才是最爱

苏拉娅靠胶带和纸板生活，就像其他人靠空气和水生活一样。我曾经试图限制她接触胶带，理由是她在浪费东西。在参加过父母小组的活动之后，我有所顿悟。我去了办公用品商店，买了一大盒胶带，留出几卷自己使用，其余的都给了苏拉娅。我还把空的卫生纸卷轴、鸡蛋盒、用过的塑料托盘和纸杯等装了满满一纸箱。苏拉娅喜欢她的新"车间"，我也不再抱怨她浪费东西了。我才是那个浪费的人，花很多钱给她买玩具，结果她只玩了几天就丢开了。显然，胶带才是她最珍爱的"玩具"。

● **本节要点：那不是玩具！**

1. **让孩子主导。**
   "要开洗碗机了。你能帮忙按启动键吗？"

2. **调整预期并管理环境（记住，明智地选择你的"战场"）。**
   确定好在哪里需要划定界限：
   "我要把这个抽屉锁上，这样你就拿不到刀子了。"
   ……以及在哪里可以妥协：
   "你可以用勺子往水槽里舀水。"

3. **告诉他们能做什么，而不是不能做什么。**
   "这些便利贴和回形针都是你的，你想怎么用都可以。"

4. **写一张便条。**

   准备好洗碗的时候，请按下这个按钮。

一双脏球鞋

我来自斯洛文尼亚,有三个孩子——5岁半的尤里、3岁的安娜·克拉拉和11个月大的大卫。尤里从2岁的时候开始就经常发脾气、撒泼、叫喊、哭闹。"为人父母的生活就是这个样子吗?"

尤里对我来说是巨大的挑战。他是一个非常聪明、优秀的男孩,但他有两个极端:他可以从光明的一面突然变得阴沉、可怕。我和尤里性格很像,所以当我们发生冲突的时候,我需要极力控制自己不去大喊大叫。特别是当我感到疲惫的时候,我几乎无法保持理智。(大卫在这个时期不怎么睡整觉。)

我想和你们分享一个故事,是关于尤里和我如何解决我们的问题的。按照以往的模式,我们会相互吼叫,心情跌入谷底,最后我还会给尤里一些惩罚(比如不讲睡前故事)。这一次,我尝试了你们的解决方案。

一天下午,尤里在外面玩了一会儿,进屋时球鞋上全是泥。那天早上我刚刚擦了地板。我的第一反应就是像以往一样冲他大喊:"穿上你的脏鞋出去,我刚做完清洁!"

他很生气,因为我甚至不让他进屋拿拖鞋。我开始不停地唠叨,说不能穿着脏鞋在房间里到处走……我们的愤怒都在不断升级!我突然想到,既然已经这样了,不如试试新方法。我拿着纸和笔,和他坐在外面。我们开始谈论他的感受。我说我能看出来我不让他进屋他有多生气。我画了一张非常生气的脸,头上有一道闪电。他点了点头,告诉我他很生气,因为我要他在进门前脱掉鞋子,如果没有拖鞋,他的袜子会脏的。我看到他放松下来,也不再气得浑身发颤了。他还笑了一下。我又画了一间干净的房子和一个笑脸,还有另一间房子,里面满是污渍和灰尘,还有一张悲伤的脸。我向他请教如何保持房子的整洁。我们一致同意,进屋前先把脏鞋子脱了,如果拖鞋不在门边,他可以叫我或其他人把拖鞋递给他。从那天起,他就一直在坚持执行我们商定的解决方案。:-D

  我们之间不再剑拔弩张,他会每天拥抱我,对我说"妈妈我爱你"。自从有了那次沟通,这个男孩不再是我的敌人,又成了我的儿子。

非要自己剪头发

我的女儿嘉利特说:"我想自己剪头发。"

我重复了我经常对她说的话:"我们没办法给自己剪头发呀,会剪坏的。"

"但我真的,真的想自己剪。"

正好那天我母亲来探望我,她一直很怀疑仅仅为了和孩子交流而参加父母小组的活动是否真的有必要。所以我想向她展示一下我学到的新技能。

"哦,虽然你知道我们自己剪不了头发,可你真的很想试试!那我们画一些头发你来剪怎么样?"

我问她想要什么颜色的头发,她说:"紫色!"

"谁来画头发?"

"外婆!"

我母亲在纸上画好了头发,然后嘉利特小心翼翼地把它们剪了下来。

她很满意,再也不说她想自己剪头发了。

16 电子产品的困境（上）

和年幼的孩子一起管理屏幕时间

如果有人发明了一种轻薄的东西，你可以随身携带它去任何地方，也可以在不使用糖果的情况下立即安抚一个哭闹的孩子，你觉得怎么样？这对父母来说是非常有用的！也许你正忙着开电话会议，而你的孩子们正在用芭比娃娃互相打对方的头。或者你在炉火前做晚饭，你的孩子正往你的腿上爬。或者你实在太累了，非常希望你的孩子能自己玩一会儿，让你能躺**一分钟**！电子产品正以其不同的化身瞬间解决以上这些问题。

电子产品不仅能娱乐孩子，而且很有教育意义。有各种各样的有趣的电子游戏来帮助你的孩子轻松掌握数学技能、外语词汇、日常用语、空间概念。还有各种各样的动画和电影，让你的孩子乐在其中。更不用说熟练使用电脑对于未来（当然也包括现在）的绝大多数工作和职业都是必要的。

那么，电子产品又有什么问题呢？这明明是我们成年人提供给孩子的新科技，但是当孩子对这项新科技情有独钟的时候，为什么我们又要拼命阻止他们使用呢？

因为我们正处于一个未知的阶段，没有人确切地知道，让我们的孩子从蹒跚学步时起就接触这么多电子产品，最终会产生什么样的后果。

在有关这方面的研究中，我们得到了相互矛盾的信息。一些专家警告，过多使用电子产品会带来可怕的后果；另一些人则指责那些专家反应过度。我们很多人担心孩子花在电子产品上的时间太多，"留在现实生活中"的时间太少。我们希望孩子多做户外运动，

电脑游戏

有面对面的社交互动,能在现实世界中发展技能,比如烹饪、演奏乐器、骑自行车。

所以我们经常给孩子传递矛盾的信息。这是一个奇妙的、有趣的、引人入胜的、有教育意义的活动,你可以试试看……"哦,亲爱的,现在你陷进去了,要赶紧停下来了!关掉它,把它收起来,它对你的大脑有害!对身体不好!"

我们告诉孩子不要过度使用电子产品,但这对孩子来说有多大意义呢?想想我们通常是如何对待孩子的新玩具的?在大多数情况下,即使我们规定好了孩子玩玩具和活动的时间,也不会因为"这对你不好"就在规定时间内抢走孩子手中的玩具,或者干脆利落地结束这项活动。我们不会在孩子建造积木小镇或乐高宇宙飞船时把他们拖走,也不会在他们玩捉迷藏、做橡皮泥小虫、骑自行车或读书时告诉他们该停下来了。当然,我们可能需要他们停下来吃晚饭、洗澡、做作业或者睡觉。但我们不会说,这项活动本身是有害的。我们只会说,现在要按照生活日程做下一件事了。

想一想,如果你的伴侣推荐了一本非常引人入胜的书给你,当你读到最紧张的部分时（英雄在飓风中死死抓住悬崖，她能否爬上崖顶，逃脱险境？还是会失手摔下悬崖？），你的伴侣突然抢走了这本书，还把灯关上，对你说："别看了，看书太多对你的眼睛不好！""你可以周末再看。""别抱怨了，我5分钟以前就提醒过你了。"这时你会有什么感觉？

你现在应该能明白那种感觉了！当我们试图限制孩子接触电子产品时，他们会感到困惑、愤怒，并与我们发生冲突——对此你丝毫不应该感到惊讶。

我们并不是建议你允许小孩子无限制地使用电子产品。但重要的是要意识到，当我们匆忙宣布"时间到了"的时候，孩子会有什么感受。

那么，现在我们该怎么办？由于还没有一个被普遍接受的公式来计算用多少时间看电子产品是健康的，超过多少时间是有问题的，我们只能在一个前提下探讨，即每个人都可以自行决定怎样做对他的家庭才是最好的。

我们能告诉你的是，我们的沟通工具仍然适用。如果想要解决使用电子产品的冲突，我们必须从承认感受开始，然后尝试后面所有的步骤：提供信息，提供选择，解决问题，管理环境而不是孩子，采取行动，但不要攻击孩子的个性。当我们将其应用于有关电子产品的冲突时，会有怎样的效果呢？

我们首先**承认孩子的感受**，并根据孩子的年龄给他们**提供量身定做的信息**。对一个5岁的孩子，可以这样说："你看得正入神，爸爸妈妈却要求你马上关掉平板电脑，真是有点心烦。你不想玩到一半停下来，可是我们的眼睛需要休息，要站起来活动一下身体。长时间坐着紧盯屏幕是不健康的。"

如果我们允许孩子在任何时间都可以用电子产品，他们就有可能随时向你恳求、哀号和哭泣。你可以**提供一个**关于什么时候用电子产品的**选择**。想想什么时间对你比较合适。你愿意让孩子在一天中的两个时段做选择吗？比如晚饭前或者放学后，小宝宝在睡觉的时候。孩子知道可以期待什么，并且参与到决策过程中，他们就会更容易接受限制。

> 关掉视频之后
> 可以做的事
> 1 玩橡皮泥
> 2 骑三轮车
> 3 拼乐高
> 4 搭建小火车轨道
> 5 玩滑板

我们面临着一个严峻的挑战。许多电脑游戏和视频平台的设计都极具诱惑，很难关闭。当你需要让全神贯注的孩子关掉那个引人入胜的电子产品时，告诉他**能做什么，而不是不能做什么**。你可以提前安排好下一个活动，这样关掉电子产品就不会是所有乐趣的结束。不要说："别再看电视了，再看下去要头晕了。"你可以热情地说："走，我们一起去玩会儿滑板吧！"

或者尝试**解决问题**。在没有发生冲突的时候，和你的孩子坐下来，告诉他你能体会到他有多么喜欢电子产品。再简要描述一下你对久坐不动的担忧，并邀请他和你一起进行头脑风暴，想一想如何能心平气和地关机，关机之后有什么其他好玩的活动。

当你想让孩子远离电子产品时，消除诱惑是非常有帮助的。面对如此诱人（甚至让人上瘾）的高科技产品，让小孩子保持自律是不现实的。我们需要**管理环境而不是孩子**，这意味着要把设备放在孩子可触及的范围以外，如果可能，放到孩子看不见的地方。就如同我们不会将巧克力放在孩子的卧室，然后在支付昂贵的牙医费用时对孩子发火。

以下是年幼孩子的父母使用这些沟通工具来减少电子产品冲突的实例。

愤怒的小鸟，愤怒的男孩

我3岁的儿子奥利弗自从他叔叔把《愤怒的小鸟》装到我手机上的那一刻起就迷上了这款游戏。他总是求我让他玩这个游戏，每次我试图阻止他，他都会情绪爆发。我试过让他设置计时器，但没有用。我也试着让他主导，在完成一个关卡后主动停止游戏，同样没用。如果我实施强制性的限制措施，他就会大哭大闹。最后，我把这款游戏从手机上卸载了。经过几天的成瘾戒除期，他终于接受了这个事实：《愤怒的小鸟》真的没有了。世界和平了！

一小时规则

我一直幻想着能完全摆脱电子产品。当我的孩子们花太多时间在电子产品上时，他们总是变得非常暴躁，而且很难上床睡觉。但我又不能放弃这个工具，这是唯一可以让他们全神贯注忙碌起来的工具。而且这里面的确有很多非常好的教育内容，更不用说他们从小就应该学会使用电脑。

我和孩子们坐下来，先告诉他们我知道玩游戏和看视频是多么有意思，然后我说，盯住屏幕太久对眼睛、大脑和身体都不好。我建议他们每天晚饭前看一个小时（这是我一天中最绝望的时刻！），并且他们可以自己决定是玩游戏还是看视频，或者给两者各分配一些时间。（注意我是如何让他们选择的。）在周末，我们有"电影之夜"，那时我们会取消一小时的限制。我知道，随着他们年龄的增长，情况会变得更加复杂，但目前这对我们来说是可行的。

单亲爸爸的电视大战

我是个单亲爸爸，每周只有两个下午能见到我3岁的女儿。她总是求我要看电视，而我放任她这么做是因为我不想把我们宝贵的相处时间浪费在吵架上。说实话，我不想做任何让她哭的事。如果她告诉妈妈，她再也不想来见我了，那该怎么办？但后来我觉得我在浪费和她在一起的那一点点时间，因为我们在一起就只是盯着电视看。

我买了一个乐高玩具，下次她来的时候，我先让她看一个视频，然后我把电脑关掉，对她说："我有东西要给你看！"我的声音里充满了热情。我以为她会哭，但她很平静。我又说："我们去客厅，一起拼乐高吧！"那天我们一起玩得很开心。现在我们在一起时有了新的生活节奏。先看一个视频，然后……进入亲子娱乐时间。

泥巴方案

每天我都要和我5岁和7岁的孩子针对电子产品进行没完没了的斗争和协商。这毁掉了我们生活中太多的乐趣，于是我决定在上学期间完全禁止他们使用电子产品。我把电子产品放在他们够不着、看不见的地方（包括电视遥控器），只允许他们在周六周日每天使用两个小时。第一周很艰难，大家都在生气和抱怨。我坚持我的策略，偶尔也会提供其他活动的选择，只不过这些选择大多数都被拒绝了。第一周过后，他们就不再乞求了。因为我的回答总是："这不是可选项。"于是他们找到了其他的娱乐方式，而我在其他活动上也变得更加开放和灵活，允许他们做一些会把家里搞得乱七八糟的活动（比如烤饼干、举行室内障碍赛，我甚至让他们在后院挖个洞，然后用水管把洞灌满，让他们可以玩泥巴）。

特殊的手势

自从新冠肺炎疫情暴发，我们经常居家办公，要开线上视频会议，为了不让5岁的儿子打扰我，我就让他玩手机上的游戏。可是当我告诉他该停止的时候，他就变得非常躁动，然后就会哭很久，让他玩游戏换来的那点清静很快就消失不见了！

我决定尝试和他一起解决问题。我说："我知道你**非常非常喜欢**玩'地铁跑酷'，可是这个游戏一玩很难停下来！我不想每次都因为这个和你吵架。我们需要想个办法。怎么能做到不吵不闹地结束游戏？"

我建议我们用一个计时器，他可以自己设定20分钟时间。他说他想让"亚历克莎"告诉他什么时候该停下来。（我觉得他是怀疑我会不到20分钟就让他停下游戏。

他更信任那个叫亚历克莎的计时器！）

　　新方案确实更好。他没有那么难过了，但他还是会乞求再玩一分钟。我们又开了一次解决问题的会议。这次他想出了一个主意：我应该给他一个特殊的手势，作为还剩一分钟的警告，这样当他停下来的时候就不会觉得很突然。

　　有时他在游戏时间结束时仍然会不开心。我告诉他，看到他竟然能独自摸索出这个游戏的玩法，我特别吃惊；还有他躲避地铁的速度真的好快，这样说让他感觉好了很多。告诉他我们接下来还会有什么活动，对于安抚他的情绪也很有帮助。

●本节要点：管理年幼孩子的屏幕时间

1. 承认感受。

"爸爸妈妈要你关掉平板电脑时，你一定很烦。你不希望玩到一半停下来。"

2. 提供信息。

"长时间坐着紧盯屏幕对眼睛不好。"

3. 提供一个选择。

"你想看视频还是玩游戏？"

4. 告诉他们能做什么，而不是不能做什么。

"我们出去玩滑板吧。"

5. 尝试解决问题。

"我们一起想办法确定玩游戏的方式，以及如何能心平气和地停止游戏。"

6. 管理环境而不是管理孩子。

当你不想让孩子使用这些设备时，把它们放在孩子够不着和看不见的地方。

17 电子产品的困境（下）

屏幕时间和大一点的孩子

随着孩子年龄的增长，管理屏幕时间会变得更加复杂。许多孩子都有自己的智能手机，学校可能会为他们提供笔记本电脑或平板电脑。电子产品几乎渗透到他们生活的方方面面，从社交、作业到娱乐，还有在父母的要求（或责令）下与父母交流。他们也可能从事创造性的工作：使用软件作曲或制作视频，在网络社区中寻找他们感兴趣的东西和学习内容，甚至自己编写代码。现在几乎所有的活动都离不开电脑或手机，洗澡可能是个例外（当然，你也可以给手机加个防水套）。即使在我们想要远离科技、亲近大自然时，我们也会在智能手机上下载一款导航软件，这样我们就不会在森林里迷路。为使用电子产品制定简单规则已经不可能了。任何限制都充满了例外和漏洞，需要一组律师花几个月的时间来分析，而且无论规划得多完美，这些限制都是无法执行的。

但是，即使有这些局限，我们中的大多数人也不希望完全放任孩子使用电子产品。我们仍然想要确保孩子保持生活的平衡。电子产品具有强大的吸引力，我们希望帮助孩子学会管理它。

那么我们有什么选择呢？

你可能已经注意到，唠唠叨叨地催促你的孩子关掉电脑去外面玩，并警告他们，电子产品会让他们的大脑变得迟钝，这些手段根本不会达到你想要的正面效果。当你的孩子正在"炸毁敌人的坦克"或在社交媒体上浏览动态时，他们通常不会理会你对他们的思维认知和身体健康的关注。

有些父母对孩子非常严格，甚至孩子长大了也仍然如此。他们密切监控孩子在电子产品上的所有活动,以确保电子产品在上学期间只用于家庭作业。只有在周末他们才会允许孩子短时间地使用电子产品干点别的(同样会有人监督)。但这种策略可能有很多问题:

- 大一点的孩子有很多时间都在我们的监督之外——在学校、在课外活动中、和朋友在一起——这使得死板的规则难以执行。
- 如果孩子觉得我们在监视他们的一举一动,不相信他们已经独立,这有可能破坏我们与孩子的关系。
- 有时严格的控制会产生适得其反的效果,就像一个被严格控制饮食的孩子会更痴迷那些被禁止的食物。
- 无法接触电子产品会切断孩子与朋友的联系,也会扼杀他们借助互联网培养积极、健康爱好的能力。
- 许多孩子可以躲过父母监控,创建父母无法访问的影子账户,他们可比长辈聪明多了。
- 当我们制定规则并下达最后通牒时,我们可能也同时切断了自己与孩子在网上的联系,从而失去影响或保护他们的机会。

如果你想更好地帮助你的孩子学会平衡屏幕时间和其他活动,我们建议从一些似乎违反常理的事情开始。

加入他们的世界

如果你和孩子关系亲密,你就会更容易影响他们。如果你一开始就认为他们喜欢做的事是在浪费时间，他们看重的东西都是错误的，你将很难让他们理解你。如果你愿意了解他们的兴趣，他们也会更愿意听取你的意见。

问问你的年轻玩家关于反坦克策略的问题，然后坐下来好好讨论一番。（如果你实在不喜欢爆破坦克……或者僵尸……或者外星人，让你的孩子找一款更适合你的"细腻"情感的游戏。）让孩子给你分享一些好玩的表情包、图片网站和视频平台，让他们教你如何修图、如何拍短视频。让他们当老师，而你可以装模作样当个什么都不会的学生。（我们中的许多人并不需要非常努力地去假装！）不要只是隔着屏幕和孩子说话，你可以和孩子一起上网，体验他们感兴趣的活动。

关于这一节的内容，我们与那些年轻人讨论过，他们要求我们提醒各位父母，在这件事上要非常谨慎。你不能指望你的孩子和你分享那些会使他们失去朋友信任的帖子，或者那些在他们看来没什么但会令你尴尬的帖子，或者那些言辞激进让你无法接受的帖子。让你的孩子选择他们想和你分享的社交媒体内容。孩子喜欢玩的许多游戏节奏都很快，你几乎不可能快速上手。你可以问他们哪款游戏能一起玩，甚至可以只看着他们玩。不要让"加入他们的世界"变成"闯入他们的世界"。就像我们不能整天跟着我们的大孩子，监视他们在真实生活中的每一次社交互动，这是侵犯隐私。我们也需要给他们的虚拟社交生活留一些空间，除非出现了严重问题的迹象。

告诉他们能做什么，而不是不能做什么

让孩子停止做某件事，永远不会像给他们机会开始做其他事那么容易接受。当我们告诉孩子，不要在电脑前花太多时间时，我们传达出的信息是"有趣的内容即将看不到了"。如果我们提议让孩子训练一些其他技能,这将有助于孩子把它看成一个机会,而不是一种损失。

想想在类似的情况下,你会有什么感觉。如果你的伴侣试图阻止你吃不健康的食物,哪种说法会让你更愿意改变?"马上把巧克力放下!这会让你的血糖升高,导致早发性糖尿病!"还是"亲爱的,我刚刚用腰果和杏仁做了非常美味的麦片粥。你想尝一尝吗?"

好吧,好吧,也许你不打算吃麦片粥。真正的问题是:你怎么知道你的孩子想做什么?

解决问题

尽管对孩子进行说教并批评他们在浪费时间是最简单的教育方式,但如果你先**承认他们的感受**,认可他们喜欢的游戏,你会得到更好的回应。不要一开始就说:"如果你一直玩这个游戏,你的大脑会烂掉,你的骨头会萎缩,你会变成一条鼻涕虫。"你可以先聊一聊让孩子着迷的多人在线游戏,说说你觉得它是多么有趣;或者聊一聊在不能和朋友见面时跟他们分享照片、保持联系是多么的酷。

然后你可以**描述问题**。让孩子知道,你很担心缺乏睡眠和运动对他们产生的影响,或者过度使用社交媒体所造成的心理问题。无论你的担心是什么,找一种简单的方式说出来,不要攻击孩子的个性。

给孩子一个机会表达观点。你可能会发现,父母认为孩子玩电脑的时间太长,但孩子确实无法"就这样停止"游戏,因为在比赛中停下来会破坏所有玩家的游戏进程,甚至可能会导致他以后被朋友禁止参与游戏。你可能会发现,如果孩子几个小时之内不回复朋友的消息,会伤害朋友之间的感情。记得倾听并认可他们的观点。("哦,我明白了,我让你在比赛中途离开电脑,就相当于让你在足球比赛中途退场,你的球队就会少一个球员,比赛也进行不下去了。这会让你非常难堪。"）

你可以**提供信息**，指出即使是单人游戏也设计得很有意思，让人玩得停不下来。不只是游戏，其他新媒体的算法也同样设计得很巧妙，会吸引用户不断进入下一个……再下一个……再下一个，每一个都是不可错过的，让人欲罢不能。或者你可以分享你的担忧——把过多时间用在社交媒体上，往往会让人产生焦虑，觉得自己不够好，达不到网上展示的"完美形象"，感到非常自卑或被排斥。

然后你可以**征求孩子的意见**。邀请你的年轻玩家或社交媒体"专家"和你一起头脑风暴。有什么新鲜事物可能让他们感兴趣、愿意尝试？也许你的孩子对在线吉他游戏很在行，并且对真正的吉他课也很感兴趣。或者因为喜欢一个跳舞的电子游戏，他会考虑加入学校的舞蹈俱乐部。也许你们俩很想一起跑步，一起参加当地的马拉松比赛。你们的社区中心可能会有戏剧工作坊、机器人竞赛、遥控飞机俱乐部、攀岩旅行团、摄影或陶艺班。你也可能不需要正式的有组织的活动。一个烹饪或木工项目就可以提供很多乐趣。如果你的孩子具备经济头脑，他可能想要探索赚钱的各种方式——代人遛狗、铲雪、修剪树木……

给他们提供一个学习编码或图形设计的机会，这样他们就可以创建自己的游戏或网站。如果他们对电脑游戏很着迷，那就让他们学习和研究吧。也许他们会因此有一个成功的职业生涯，谁能预料呢？（另外，你也希望有一个随时待命的技术人员，当你的电脑死机、黑屏或发生其他各种各样的故障时，他可以为你修理。）

你们可以一起头脑风暴，创造一些没有电子产品的时间和场景：在餐桌上、在熄灯后、在奶奶的生日晚宴上。你还可以和孩子一起解决的另一个问题是：每天花多少时间坐在电脑前是合适的？你的孩子觉得他怎样才能既完成作业，又有时间做有趣的事情？你认为怎样安排是合理的？你们俩能找到一个双方都接受的折中方案吗？谁来负责跟踪方案的执行情况？如何让方案生效？

我们不是在建议你制订一个严格的时间表。相反，你应该和孩子一起探讨这个问题，提高对数字化困境的认识，并共同设定目标。

○ 来自"战斗前线"的故事

共同改变

我12岁的女儿沉迷于玩手机，还花了很多时间在社交媒体上。我的唠叨只会促使她每次把自己关在房间里好几个小时。我没办法让她坐下来谈谈，因为她总是"很忙"。于是，我用电子邮件给她发了一篇关于在社交媒体上花太多时间所产生的负面影响的文章，在邮件里，我告诉她，我知道使用社交媒体与朋友保持联系对她很重要，但我非常担心其中的一些负面影响。

这篇文章提到了智能手机上的一个设置，可以记录你使用手机的时间，以及你花在社交媒体上的时间。我问她是否会考虑使用那个设置。她同意了，但前提是我也这么做。

我们都被自己查看手机的频率吓了一跳。她对自己花在社交媒体上的时间感到震惊，我也对自己花在看新闻上的时间惊诧不已。我们决定给自己设置手机警报，这样就可以减少使用手机的时间。这对我们都有好处。真惭愧，当我把那篇文章发给她时，我完全没有考虑过要改变我自己的行为。

番茄工作法

  我14岁的儿子非常聪明，他会把很多时间花在电脑上。他已经自学了编写代码，并且总是在做一些复杂的项目。所以我丝毫不担心会影响他的学习！但我确实担心他运动得太少。他可以一整天都坐在椅子上盯着电脑，一动也不动。

  我和他开了一次解决问题的会议。我一开始就告诉他，我非常钦佩他所做的工作，更钦佩他的自学能力。然后我告诉他，我有点担心，这么长时间坐着不动对他的身体不好。我给他看了一份关于久坐对健康产生有害影响的研究报告，问他是否能想出一个解决办法。

  他在网上对这一课题进行了研究，发现了一种叫作番茄工作法的方法——选择一个待完成的任务，将番茄时间设为25分钟，专注工作，中途不允许做任何与该任务无关的事，直到番茄时钟响起，然后短暂休息一下（5分钟就行），再开始下一个番茄时段。每4个番茄时段之后多休息一会儿。现在他开始按照自己设定的番茄时间表做日程安排了，我也终于不那么担心了。我很高兴他能自己解决这个问题，完全不需要我指手画脚。

· · ·

对于本节中任何过时信息的引用，我们深表歉意。技术领域的变化是如此之快，也许当你在远程大脑扩展器上阅读这篇文章时，你会觉得"电子产品""屏幕时间"这些古老的说法实在好笑。

快速的变化正是这个话题如此复杂的原因之一。我们只是解决了在电子产品上花费时间的问题，没有涉及网络传播的内容、质量和不可预见的情况（如新冠肺炎疫情期间在家工作）等一系列问题。所以，我们只是稍稍触及了问题的表面。如果我们能有一个公式来计算出在儿童发展的每个阶段，每天有多少分钟的屏幕时间是合适的，那问题就简单多了。或者，如果我们能够相信孩子通过自我调节就能达到最好的效果，那该有多好！遗憾的是，对于每天的屏幕时间，并不存在权威的推荐量，不像每天应该摄入多少维生素C那么简单。每个家庭都需要弄清楚自己的喜好，以及怎样安排对父母和孩子是最合适的。

由于所有这些不确定性，我们中的一些人会变得过度警觉，更关注控制而不是沟通；另一些人则是彻底放任不管，因为他们认识到在这件事上施加控制是多么困难（有时这两种人的观念其实是一样的，只不过后者更超前一些）。

我们的目的是提醒你，要把重点放在与孩子的沟通上！你希望别人怎么对待你，你就要怎么对待你的孩子。我们都处在同样的情境下，正在面对数字化日益普遍的世界所带来的挑战，我们都在努力保持平衡。如果你和孩子站在同一阵线，你就能更好地帮助孩子发展他们成年后会用到的技能……在这个过程中，你们的关系也会变得更加紧密。

● **本节要点：电子产品和大一点的孩子**

1. **加入他们的世界。**

    "我能和你一起玩这个游戏吗？"

2. **告诉他们能做什么，而不是不能做什么。**

    "你觉得上吉他课/上舞蹈课/加入乐高机器人团队/练习滑板/从零开始学习烤面包怎么样？"

3. **尝试解决问题。**

    "我担心长时间坐着不动对身体不好。你能想出一个解决办法吗？"

18 惩罚能让孩子为"现实生活"做好准备吗

亲爱的乔安娜和朱莉：

我发现你们的很多方法都很有用，但我无法接受不让孩子受到惩罚、承担后果的做法。这实在是太纵容孩子了！如果父母不惩罚不良行为，孩子怎么知道自己的行为会有后果？他们只会认为可以逃避惩罚！那他们该如何适应现实世界？也许将来他们会因为超速而被开罚单，或者因为上班迟到而被解雇！

不喝可乐的妈妈

亲爱的不喝可乐的妈妈：

在养育孩子的过程中，不让孩子因不良行为而承担后果的想法可能听起来有点极端，甚至还有点疯狂。孩子需要学会遵守规则：在家里、在学校、在路上、在工作中，他们需要知道，如果不遵守规则，就会产生一些后果。我们同意你的观点，那些经常受到保护而不必为自己的行为承担后果的孩子，可能很难学会对自己的行为负责。

问题是，当成年人考虑给孩子**一些教训**时，在大多数情况下，他们真正在做的是试图找到一种**惩罚措施**———一件令人不愉快的事情，足以刺激孩子改变他的行为。这种教训实际上就是变相的惩罚。

简单回顾一下那些反对惩罚的例子。研究证实，许多家长和老师从实践经验中了解到：惩罚是一种不完善的工具。原因有很多。首先，惩罚不能解决不当行为产生的原因。它通常会让孩子对惩罚他们的大人感到不满，并且开始谋划如何避免下次被抓住。它鼓励孩子自私地思考——只把注意力集中在对自己的影响上，而不是如何解决问题或做出补救。当孩子与同龄人或兄弟姐妹发生冲突时，受到惩罚的孩子不太可能和平解决问题。一个奇怪的、不合常理的事实是，当我们撤销惩罚的时候，孩子反而能学会更好地规范自己的行为。[①]

但是如果你已经试着承认孩子的感受，坚定地表达了你自己的感受，也给了孩子弥补过错的机会，试着解决问题……可你的孩子仍然一直在做你不希望他做的事，那该怎么办？

让我们思考一下，我们是如何处理与成年朋友的冲突的。我们通常不会把精力放在想象"后果"上。至少，如果我们重视这段关系，就不会这样做。我们可能会发现，有必要**采取行动保护人身或财产安全**，但我们会试着以一种尊重对方的方式去做，这样对方就会理解我们的底线，同时又不会觉得受到了攻击。这里有几个例子，可以让你体会一下给人教训和采取不带攻击性的行动之间的区别。

给出这样的"教训"，可能会结束一段友谊：

"我真不敢相信你又要向我借钱。你上次借的钱还没还我呢！我得给你点教训。下周的烧烤聚会我不会邀请你。你没资格参加我的聚会！"

换一种做法，既能保护你的财产，又能维护你与朋友的关系：

[①] 关于有效激励孩子改变行为，让他们能够在未来做得更好的方法，请见85—91页。

"我不想再借钱给别人了。我不喜欢讨债的感觉,也不希望因此而影响我们的友谊。"

如果一个商店经理让顾客接受这样的教训,他很可能会失去客户:

"公告:不带环保购物袋的顾客就是在破坏环境,我们将会把他们的名字和照片张贴在耻辱柱上!"

采取以下行动的经理既可以保护生态环境,又不会伤害客户:

"请注意:我们有一项保护环境的新政策。我们不再提供一次性塑料袋。您可以自带环保袋,也可以在这里购买。"

下面这对夫妇可能很快就要在网上搜索离婚律师的信息:

"你又晚回来一个小时!你答应过我会早点回家看孩子,这样我才能完成明天要用的报告。"
"哎呀,对不起,我忘了时间,路上还堵车了……"
"你要为食言付出代价。这个周末你不能跟朋友去看比赛。我会把你的票转送给别人。"

而下面这对夫妇有可能白头偕老:

"我太失望了!我还以为你能早点回家看孩子呢,这样我就能完成明天要用的报告。"

"哎呀，对不起，我忘了时间，路上还堵车了……"

"我今晚没时间做饭，也不能哄孩子睡觉了，我得回房间工作了。"

当我们看到自己的行为给对方带来了麻烦，但对方并没有"教训"和"惩罚"的意图时，我们会更有动力去改变自己的行为，并且做出弥补，因为我们的思维没有被愤怒和怨恨蒙蔽。

那么，当我们与孩子打交道时，会是怎样的情形呢？以下是一些"应该受到惩罚的不当行为"，请感受一下"给出教训"和"采取不带攻击性的行动来避免损失"之间的区别。

孩子在街上乱跑：

不要说："你是个不听话的孩子。以后再也不准你在外面玩了。"

要采取不带攻击性的行动来保护孩子："我要带你进屋去。我不能让小孩子在街上乱跑。汽车都开得很快，我很担心。"

孩子把屋里弄得一团乱：

不要说："下午不带你去商场了。我提醒过你，要把房间里乱七八糟的东西收拾干净，可你这一上午都在玩电子游戏。这只能怪你自己。"

要采取不带攻击性的行动来保护自己："你把房间收拾干净，我就带你去商场。在我们吃晚饭之前，餐桌需要清理干净，要是我来帮你做，我会很郁闷。"

孩子不爱惜你的东西：

不要说："你又把我的手机掉在地上了，你明明答应过我会小心的！我再也不相信你了。既然这样，不许你再碰我的手机！"
要采取不带攻击性的行动来保护财产："我现在要拿回我的手机。我可不想冒险让你摔碎它。"

你可能已经注意到了，我们并不建议采取纵容的方式。孩子不能继续在街上乱跑；父母不能给被宠坏的子女当奴隶；孩子不能总是以牺牲父母的利益为代价来得到他想要的东西。

我们有自己的底线。我们必须让孩子知道这些底线是什么。但当我们设定这些底线时，如何表达出来很重要。如果他们听到的是"你会得到教训……"，他们就会叛逆。如果他们听到的是"你已经触碰我的底线了……"，他们可能会不开心，但更有可能会反思自己，并学习到经验。

但是，当你的孩子长大以后，发现现实世界并不像这本书里写的那样，又会发生什么呢？

当这个珍贵的、受到悉心保护的、从未被惩罚过的孩子长大后，在高速公路上以每小时90公里的速度飞驰时，会发生什么？交警可不会帮你的小宝贝解决问题。

实际上，孩子不需要在家里受到惩罚，就能明白他们的行为在现实世界中会产生不好的后果。就这个案例而言，重要的问题是：我们如何确保孩子的驾驶方式不会伤害自己和他人？

惩罚不能给人教训。研究表明，尽管交通罚款有助于资助地方政府，但它实际上并没有鼓励人们改变行为。

许多收到超速罚单的司机仍然会再次违章。事实上，虽然他们肯定会在警察面前减速，但在接下来的几个月里，他们再次收到超速罚单的可能性是其他司机的两倍多。[1]

作为父母，我们绝对不想让孩子直到面临被逮捕时才约束自己的行为。更重要的是，我们不能让孩子害怕和躲避我们，就像大多数司机害怕和躲避交警一样。那不是我们要建立的关系！

如果你的孩子危险驾驶，你别指望能用交通罚款来改变他的行为。你可以采取没收车钥匙的行动。你要让他明白，你这么做不是为了惩罚他，而是为了保护他，也是为了保护道路上的其他司机。**你可以承认他的感受，并坚定地表达自己的感受：**

"我看得出来，开快车的感觉是多么爽！但在我们想出安全驾驶的办法之前，我不能再让你开车了。如果你受伤了，或者伤害了别人，我永远都不会原谅自己。"

然后，你们要着手**解决问题**，直到想出一个双方都满意的方案。

但如果你溺爱的孩子在找到工作以后，每天都迟到呢？如果老板直接解雇他，而不是和他一起解决问题，他会不会感到难以接受？

如果一个人预料到自己会因为不当行为而受到惩罚，他就会寻找避免惩罚的方法。当他因为迟到而面临被解雇的威胁时，他可能会想办法偷偷溜进公司，不让老板发现。或者，他会专注于为自己找借口——他的车发动不了，路上堵车了，他走得不够快，因为鞋子夹住了脚趾。

而另一方面，如果我们从小就教会孩子解决问题，那么他长大后就会想办法同时满足老板和自己的需求。也许他会设计一个更有效的闹钟——一个会朝他头上喷水，还会发出各种声音、会闪光和震动的闹钟。

但如果他的发明还是不能把他从沉睡中唤醒，他又迟到了，怎么办？老板会解雇他，不是为了惩罚他，而是采取行动保护公司利益。这个年轻人从小受到的教育就是，如果他做错了事，家长就会采取行动，所以他不会对这个结果感到震惊和困惑。相反，他会反思自己，而且认识到，在下一份工作中需要更加努力争取准时上班，因为他知道这是雇主的底线——不能迟到。

"我小时候被惩罚过，可是我现在也挺好的！"

等等，你们是在暗示小时候受到过惩罚的孩子这辈子就会过得一团糟吗？我小时候父母也惩罚过我，可我现在一切都挺好的呀！

我们不怀疑你是一个正直的公民，一个善良的人，一个爱孩子的家长！

但也有可能你变得很好，并不是惩罚的作用。如果你成长在还没有儿童汽车座椅和安全气囊的时代，你能活下来绝对不是因为童年时在快速行驶的汽车里蹦蹦跳跳，你只是运气好没出事而已。每一项长期的科学研究都表明，孩子受到的惩罚越频繁、越严厉，他们就越有可能出现一系列问题。[2]

你的良好品行很有可能来自父母惩罚之外的事。也许他们为你提供了一个家，让你在大部分时间里都感到安全和有保障；当你需要充满共情的倾听时，他们会认真倾听；当你在不知所措、需要帮助时，他们会告诉你怎么做；他们给你做出关爱他人的榜样，鼓励你发展自主性，用爱和尊重向你提供道德指导。

或者，也许你在一个混乱的家庭中长大，但你有坚韧的性格，这是因为你的生活中至少有一个人——老师、保姆、导师——在你真正需要的时候给过你支持和鼓励。

如果你一直把惩罚作为教育策略，也不用担心这就是世界末日，一切都无可挽回了，我们还有更好的策略可以使用，现在尝试仍然是有意义的！如果我们更大的目标是教孩子如何尊重他人、遵守规则、解决当前的问题,并且在未来避免同类问题,那么惩罚绝对不是我们最好的工具。

与学龄前儿童一起将理论付诸实践

安妮特是参加我们小组活动的一位母亲,她的家布置得很漂亮,但她家里有一个非常有破坏力的3岁的儿子。尽管伊万受到过许多惩罚,包括面壁思过和禁止看电视,但他还是会在素雅的白色沙发上用黑色记号笔画画,用剪刀剪坏枕头,用蜡笔在墙上胡乱涂抹。

我们在活动中讨论了惩罚的替代方案后,安妮特尝试了一种新的方法。她说:"伊万,地毯上的穗子都被剪掉了,我很生气。这块地毯是我奶奶送我的,对我意义重大。我希望你能修好它。"她拿出一把尺子,放在地毯边上。"我们必须非常小心地裁剪,才能剪齐。"

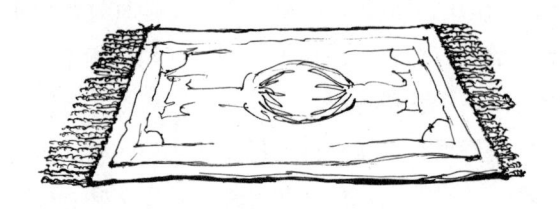

伊万说"对不起,妈妈"(以前他挨骂时从来没有道歉过),然后用剪刀小心翼翼地剪平了穗子。安妮特又和他谈起了他的"艺术创作":"你喜欢艺术创作,但我不希望家具上面全是画。我们需要想个办法。"他们决定制作一个艺术盒,里面有一些小工具,伊万可以用来画画、涂色和剪裁。

第二天,伊万把水洒在了桌布上。他跑到妈妈跟前说:"桌布上有水。我们应该怎么做才能擦干净?"

自从地毯事件后,安妮特家再也没有受到过"艺术袭击"。更重要的是,她和儿子之间建立了紧密的合作关系,而不是彼此对立。

与青少年一起将理论付诸实践

那么孩子长大以后呢？他们还是不需要惩罚吗？

一位高中生物老师告诉我们，他的学生马可经常扰乱课堂秩序。马可有无穷无尽的精力。这个少年一进教室，老师就会收到一连串的告状："马可撞我……绊倒了我……抢了我的笔……把我的笔记本扔了……太吵了……"

马可一次又一次被赶出教室、被训话、被叫去见校长，甚至被停课。一切手段都试过了。也就是说，每种惩罚都试过，但这些惩罚都没有让马可改变。

最后，老师决定尝试一些不同的办法。他邀请马可放学后一起坐下来聊聊。他试着从马可的角度来看待这些冲突，他说："我注意到你很有活力。你喜欢在课堂上到处走动。安静地坐着一动不动可能不适合你！"马可立刻给出热情的回应。那种阴沉、邪恶的表情从他的脸上消失了。他告诉老师他对生物不感兴趣，他想成为一名焊工。老师主动提出在放学后给马可上几节焊接课，让他开始学习，并帮他咨询焊接课程。他还请马可帮忙想想办法，如何有效利用自己的精力，又不会扰乱课堂。马可提出，当他觉得坐不住的时候，他可以做开合跳。老师同意了，只要他在教室后面跳就行。

这次谈话后，课堂气氛大为改善。上课时，马可不再打扰其他学生了。马可和老师一起尝试一个焊接项目——连接铜管，制作喇

叭。师生关系发生了转变。马克不再以各种违规行为刺激老师,而是开始努力给这位关心他、尊重他想法的老师留下好印象。

• • •

孩子不需要在家里和学校受到惩罚,也能学会在走入社会后避免惩罚。

在现实世界中,孩子会经历各种各样的痛苦。我们不会只为了让他们做好准备,就让他们承受各种没有必要的痛苦。我们不会故意擦伤他们的膝盖,让他们为在操场上不可避免的擦伤做好准备;也不会故意欺负他们,让他们为同学或同事的欺凌做好准备。

也许你还是会想:"但在现实世界中,有时不当行为的确会招致惩罚。"你是对的!但这并不意味着惩罚是有效的。我们知道,被罚款或监禁的成年人往往会成为惯犯。[3]

事实上,惩罚会给人错误的教训。更重要的是,它甚至不是一种有效的威慑,所以为什么要把它引入我们的家庭和学校?

采取行动保护人身和财产安全,并鼓励孩子弥补错误,解决问题,实际上是在向孩子示范对待生活中的冲突应有的态度。重点不是"谁应该受到惩罚,受到什么样的惩罚",也不是"我怎么才能逃避惩罚",而是"我该如何弥补我的错误""下次我应该怎么做"。

教孩子弥补错误和解决问题,可以帮助他们在当下表现得更好,也会帮助他们在未来成长为懂得如何和平解决冲突的成年人。

再也不会忘记关门

我家住在一栋四层的联排别墅,有陡峭的木楼梯。我有一个15个月大的孩子,所以门对我们来说是一个非常重要的安全工具!问题是,我的两个大一点的孩子,一个4岁,一个5岁,他们都可以很轻松地打开门去走楼梯。我们已经经历了不止一次的可怕时刻——不知道是哪个孩子没关门,于是我的小宝宝就直奔楼梯而去了。

过去我曾责骂大一点的孩子:"你又不关门!"然后用严厉的语气对她说,"这样会出事的!"可我的训话对一个4岁的孩子来说太严厉了,也让她觉得自己是个失败者,是个坏姐姐,但她并没有"吸取教训"。她总是还会这样做。

我决定尝试用不同的方式来处理这个问题,因为我知道4岁的孩子是健忘的,期望她在这些事情上完全自觉,并不符合她的发展规律。

当然,再次发生这种事的时候,我又忘了我的计划,开始大喊大叫:"你又不关门!"我看到她脸上难过的表情,就急忙控制住自己,没有像往常一样继续训话,而是说:"关好门对我们来说很重要,这样小宝宝才不会出危险。但要一直记着这件事也是很困难的。我们需要想办法来解决这个问题!"

她5岁的哥哥跑过来,在我还没反应过来之前,他们俩已经笑嘻嘻地用图画纸做好标牌挂在每道门上了。哥哥在纸上写着:"关上我!"他们把门想象成一个要被关闭的动物,从中得到了极大的乐趣。妹妹在纸上画了张笑脸,这样它就成了一个"友好的提醒"。他们跑来跑去,把纸贴在所有的门上。我简直不敢相信,从那以后,再也没有人忘记关门了!

第 6 节
睡前时间和洗手间大战

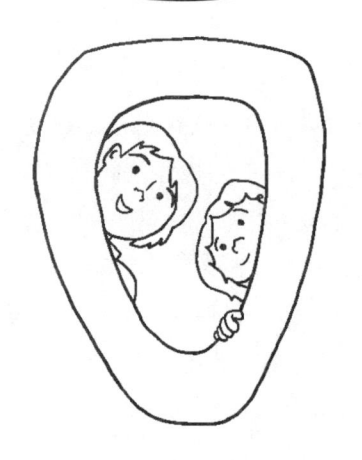

19 刷牙

最可怕的折磨

给孩子刷牙是什么场面？看一些孩子大呼小叫的样子，你会以为我们不是在刷牙，而是在拔牙。对有些人来说，这就是每晚例行的摔跤比赛。除了举手投降（如果你这样做了，记得你并不是一个人），父母还能怎么做呢？

让我们先从孩子的角度来看这个仪式。刷牙可能会有很多潜在的不舒适感：牙膏的味道、牙刷刮到牙齿的感觉、牙刷太靠近喉咙时的呕吐感。即使只是仰头坐着，嘴巴张得大大的，也会非常不舒服。更不用说孩子必须停下手头正在做的有意思的事，来开始这场折磨。

对一个孩子来说，这种折磨的回报相当不清晰。毕竟每天刷牙换来的也只是没有负面结果。也就是说，如果你每天都刷牙，也只是保证将来的某个时候不会长蛀牙。

在这样一种令人痛苦的活动中，如果我们能加上一些**游戏化的表演**，或许会更容易成功。

以下是我们的一个父母小组就如何让刷牙时间变得有趣进行的头脑风暴。

> 通过将游戏带入浴室来缓解活动过渡产生的不适。"我们把泰迪熊送到卫生间吧，这样他就可以看着你刷牙了……来吧，小熊——你想让杰克也给你刷刷牙吗？"
>
> 假装在孩子的牙齿里发现了有趣的东西。"哦，这是早餐吃的玉米片……这是点心时间吃的蓝莓。天啊，我不记得晚餐有红蜡笔……这里还有你要找的网球。"

假装动物园里的动物跑了出来，没人能找到它们，用牙刷彻底搜查一下。"哦，看，我找到袋鼠了！不，不对，等等，这不是袋鼠，这是河马！我的天啊，莫莉奶奶在企鹅旁边！你想梳洗一下吗，莫莉奶奶？"

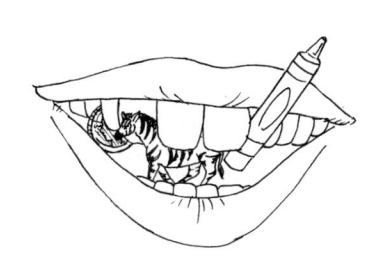

让牙刷说话。

军官的声音："注意！牙齿们，向前——进，列队检阅！"
机器人的声音："必须——清洁——门——牙——哔！"
老鼠的声音："你牙齿后面藏着什么？哦，是美味的花生酱。好耶！"

假装你是一个古怪的牙医，你的孩子来你的诊室看牙。让他来敲门，对他说："欢迎坐上我的牙科专用椅子（带坐垫的马桶）。"表现出对如何使用牙刷感到很困惑的样子："天哪，这是干什么用的？它会钻进你的耳朵吗？嗯，我该把牙膏挤在哪头？"

让刷牙成为一场比赛。设定两分钟的计时器："准备好……预备……开始！这是第一颗牙齿。好了，这颗刷好了。接着是第二颗、第三颗。这颗表现得很出色。里面卡住了很多麦片。时间快到了。绿色牙刷能在结束前赶到下排牙齿吗？"

游戏是一个很好的开始,但我们可能还需要一些其他工具。看看本节末尾的提示要点,那里有我们小组想出的更多点子。

○ 来自"战斗前线"的故事

竖起大拇指

我要很惭愧地承认,我很久没给安东尼刷牙了。我试过用蛮力,但人手不够。我需要有两个人按住他,一个人撬开他的嘴,另一个人在他尖叫时给他刷牙。

我已经试过让孩子主导,带他去购物,让他挑选三种不同口味的牙膏。这些尝试都很失败。他恨所有牙膏。事实证明,孩子常常会对强烈的味道敏感,这可能是他如此讨厌刷牙的主要原因。我打电话给牙医征求意见。他告诉我牙膏没有那么重要,可以用清水给孩子刷牙。我终于松了一口气!

小组活动结束后,我和安东尼谈了谈。我从承认他的感受开始。"你很讨厌刷牙是吧。"

他说牙膏很恶心,当我把牙刷塞到他嘴里时,他感觉快要窒息了。我告诉他这听起来很可怕。然后我说:"你猜怎么着?我刚和牙医谈过,他说你可以不用牙膏刷牙!"我把牙膏塞进柜子,"砰"的一声关上柜门。看得出来,安东尼对此很高兴。

运气不错,于是我开始了下一个问题:"我们还是需要一个信号,这样当你感到窒息时,我就知道该停下来了。你是想捏我的手,还是竖起大拇指?"他选择了竖大拇指。

接下来,我创造了一个叫菲洛米娜的清洁女工。我问他要菲洛米娜先打扫"楼上",还是先打扫"楼下"。他选择了"楼上"。我仔细地刷了他的上牙。他给我做过一次拇指手势。我停了下来,等他放下拇指。然后我又刷了下牙。最后我大喊道:"我们成功了!你是一个牙齿干净的男孩了!"这是一次来之不易的胜利。

健谈的牙刷

昨晚我真的没力气玩游戏了,但我知道,这是我完成小组练习的最后机会,而且阿莉娅还没有刷牙。于是我假装不经意地说:"听,有什么声音。"然后我捂住嘴,用一种滑稽的声音假装是她的牙刷,喊道:"阿莉娅,我想你!我想念你的牙齿!"

她笑着直接去了卫生间。我拿起牙刷,让它对阿莉娅说:"嗨!真高兴你能来!我能看看你今晚给我带了什么点心吗?"

她说:"当然!"然后把嘴张得大大的。

我开始给她刷牙,并对她说:"哦,

我看到了，你给我留了一块面包。真好吃。谢谢！哦，天哪，这里有一块苹果。你还给我带了什么？"

她说："找找鸡肉！"然后她又张开了嘴。她爱这个游戏！我得承认，这次的战斗没有以往那么累人。

娃娃刷牙学校

昨天莱丽不想刷牙。通常我都会说："不行，你必须刷牙。"然后我们就会开始战斗。

这次我说："我们教你的娃娃刷牙吧。"

她说："我们教两个娃娃！"她带了三个娃娃进来，我们有了一个小教室。首先，我通过给莱丽刷牙向娃娃们演示了刷牙方法。然后她把第一个娃娃放在凳子上说："把你的嘴张大。"

在我清洁浴室的时候，她给娃娃们刷牙（没有用牙膏），我偶尔会赞美一下娃娃们和她配合得真好。

●本节要点：刷牙

1. **承认感受。**

    "你讨厌刷牙。"

    "刷牙时必须张着嘴，这很不舒服。"

2. **用幻想实现孩子的愿望。**

    "如果你能在晚上把牙齿拿下来，我们就可以用洗碗机把它们洗干净，那该多好啊。你可以在早上醒来的时候把牙齿放回嘴里。"

    "真希望我们能像鲨鱼一样。它们不需要刷牙，能不停地长出新的牙齿。"

3. **游戏化。**

    "看我在你的牙齿里找到了什么——去年冬天你丢的手套。"

    "我们要刷什么——你的胳膊肘吗？"

4. **让孩子主导。**

    玩"刷刷停停"的游戏：当孩子需要休息的时候，会给出一个特殊的信号——竖起大拇指，或者捏你的胳膊。

    给孩子一个机会。让孩子自己先刷，然后由家长来做最后的扫尾工作。

5. **提供一个选择。**

    "你今晚想用哪一种牙膏——薄荷味的还是柠檬味的？"

    "你想在厨房的水池刷牙还是在卫生间刷牙？"

"我们刷牙的时候,你是想坐在马桶上还是站在洗手池旁边?"

6. 提供信息。

用牙菌斑显露片[1]告诉你的孩子,哪些牙齿需要多刷一刷。

让牙医向你的孩子解释刷牙的重要性。(孩子更有可能关注父母之外的人提供的信息!)

7. 写一张便条。

"你被邀请参加晚餐后的刷牙派对。——爱你的牙刷"

"今晚日程:(1)吃晚饭;(2)刷牙;(3)换睡衣;(4)读故事书。"

8. 调整期望:管理环境而不是管理孩子。

有些孩子不喜欢使用手动牙刷的感觉,用电动牙刷会更好。

---

[1] 牙菌斑显露片会产生一种粉红色的染料,与牙菌斑发生反应,这样孩子就可以看到哪些牙齿还没有清洁干净。不过,事先提醒一下,它有可能会弄脏卫生间。

来自印度的洗澡故事

我的两个儿子，一个 7 岁，一个 5 岁，刚从户外玩耍回来，满身是汗，筋疲力尽。他们需要冲个澡，但温和的提醒对他们没有作用。

我的脑海里突然出现一个古怪的想法，我用新闻播音员的声音宣布，浴室里发洪水，需要营救鸭子、青蛙和乌龟。我们需要勇敢的救援人员提供帮助。

我的儿子们立刻冲进浴室，给自己和他们的沐浴玩具都洗了澡。我给他们每人发了一枚徽章（这是他们在节日聚会中获得的小礼物），以表彰他们的努力。

他们很喜欢这个游戏，我们之后又玩过很多次。

结束睡前战斗的三个步骤

昨晚我的孩子在睡觉前大发脾气。他上床以后又跳下来,哭个不停。我只想让他把他那颗装满了奇怪想法的小脑袋——放在——枕头——上!最后,我没有谈判、请求、威胁,我想起他非常喜欢的一个节目。那个节目教大家把一切事情都分解成"三个特殊步骤"。于是我说:"好,现在我们准备睡觉,入睡有三个特殊步骤。第一步:把头放在枕头上。第二步:拉起被子。第三步是什么?乘宇宙飞船去月球?"他立刻钻进被窝,头枕在枕头上,咯咯地笑了起来。就像开关被打开了一样,我们花了一两分钟讨论第三步要做什么:吃早餐、在天花板上行走、去图书馆等等,然后他就平静下来了,不一会儿就睡着了。这是魔法吗?不,这只是一个游戏而已。

梳子好饿！

我和我3岁的女儿安娜·克拉拉之间有个大问题。给她梳头简直是一场噩梦，因为她的头发总是会打很多结，所以她在梳头时会一直尖叫和哭泣。我还没拿起梳子就已经筋疲力尽了，因为我知道接下来会发生什么。但后来，我突然有了一个主意。我拿起梳子，开始和她玩游戏。梳子说它饿了，为了填饱肚子，它必须吃头发结。我一边给她梳头发，一边唱着："唔，唔，唔……这么多美味的头发结，但是我还很饿，我想要更多！"给她梳头就这样成了一场有趣的游戏。现在她已经快6岁了，我们不需要再这样做了，但她偶尔还是会说："妈妈，我们玩饿肚子的梳子的游戏吧！"

20 马桶里的权力斗争

亲爱的乔安娜和朱莉：

我5岁的女儿莫莉是三个孩子中的老大。自从她开始如厕训练后，她就经常把屎拉在裤子里。经过一年的检查，我们已经排除了健康问题的可能。很明显，在她有动力的时候，她是可以使用马桶的。然而，几乎没有什么东西能一直激励她。她很快就会回到她的标准动作——蹲下来，拉到裤子里，同时否认她需要去洗手间。

我试过一切办法！让她看到后果（如果她拉裤子，我就告诉她我们不能去公园了，因为她需要洗澡，然后我给她穿上了睡衣）；告诉她，她很臭；她在裤子里拉屎后，不去特别关注她（我让她自己去收拾烂摊子，自己洗澡，她哭着要我帮她）；奖励贴纸（这个办法管用了两天）；连续两周没有骂她（这完全没用）。

我试着对她保持耐心，但是在一天中的第三、第四次（甚至第五次）之后，我就完全失去耐心了。这种情况实在闹心，在公共场合发生更是尴尬，而且代价巨大，因为有时我不得不把内衣扔进垃圾桶，那些污渍已经洗不掉了。

请帮帮我！

大便宝宝的妈妈

亲爱的大便宝宝的妈妈：

这种情况确实很令人抓狂！听起来，你们两个都感觉很糟糕。

让我们从改变情绪开始。大多数 5 岁的孩子都会对游戏化的表现做出反应。同时你一定注意到了，她在受到强烈的否定时，只会关闭自己。

下次当她又拉裤子的时候，试着告诉她："便便太狡猾了！我们想要它去厕所，但它还是会偷偷溜出去，钻到你的内裤里。"

如果她坐在马桶上没有成功，你可以充满同情地说："哦，那个顽固的便便就是不想出来！"

当她在马桶上大便成功，即使只是一点点，那也值得庆祝、跳舞和唱歌。"哦，便便去马桶里了，成功！真棒，真棒，今天是便便胜利的一天！"（请随意替换成你自己的歌词。）但不要对她说，她是个"好女孩"，这意味着如果她不小心又拉在外面，她就是"坏女孩"。只要兴奋地描述她的成就即可。"你做到了！你让这个总想偷偷溜走的便便落进了马桶！"

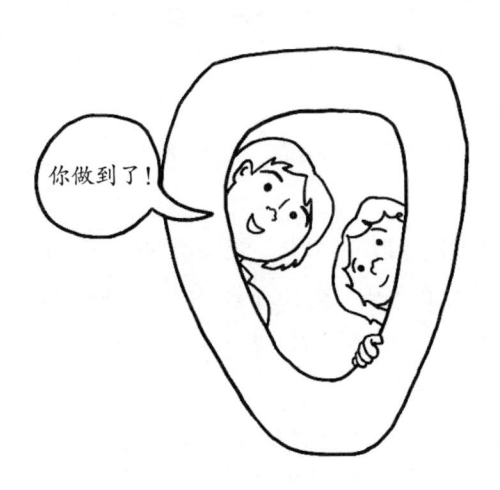

现在，暂停所有让她自己清理的尝试，不要转移你的注意力，也不要让她为自己的错误承担后果。实际上，如果你能找到机会给予她积极的关注，将会很有帮助。尽你所能加强与她的连接——讲故事，玩她喜欢的游戏，拥抱她，满足她基本的需求，并修复因为这个问题而产生的不好的感觉。不表现出你的负面情绪是很难的，但是要记住，之前的方法没用。告诉自己——你要用一周时间来尝试新的方法。

你可能还想尝试解决问题，但要等你尝试完"便便的悄悄话"这个新方法之后。让我们先从消除否定和羞耻给孩子带来的负面影响开始吧。

祝你好运，请让我们知道之后的新进展！

亲爱的乔安娜和朱莉：

自从我开始采用这种新方法，到现在已经有几个星期了。很高兴告诉你们，孩子在便便问题上已经取得了巨大的进步。一开始，莫莉基本上还是会拉裤子，但我能帮她清理她很开心，当我提到"偷偷摸摸的便便"时，她笑了。有几次她在马桶上拉了一点点便便，我们就在浴室里举行了盛大的庆祝活动（又唱又跳）。

我们也尝试了解决问题，她想出了几个点子：

- 当妈妈数到10的时候，莫莉会坐在马桶上。
- 莫莉会在马桶上坐10分钟，努力让便便落进马桶。
- 我们买了一个更高的阶梯凳，因为她说原来的凳子坐上去把腿垂下来很"疼"。
- 如果妈妈怀疑便便要出来，她会说暗号："偷偷摸摸！"

前两个点子不太管用，但我认为她喜欢解决问题，因为她会花时间和我一起讨论。有几次我看到她蹲下来时就说："偷偷摸摸！"然后她立刻跑向厕所。她第一次只是拉了一点点便便。我们庆祝了一番。她从马桶上下来，几分钟后，她说："我觉得便便又想溜出去了！"然后她爬回到马桶上。这次她拉了一大坨便便！她感到非常自豪！

从那以后，她再也不需要我的任何提醒，但她仍然会跑过来告诉我，我每次都给了她夸张的肯定。

上周她放学回家时拉肚子了，我担心我们会前功尽弃。我告诉她："腹泻比普通便便更可怕，很难把便便送进马桶。如果你觉得它想出来，你就必须快速跑向厕所。"我很怀疑自己的话是否有用。但那天下午，她竟然去了好几次厕所，没有发生任何事故！腹泻反而让她得到了高强度的训练。

莫莉对我的情绪总是很敏感。早上她拉裤子的时候，如果我对她发火，她在幼儿园就会过得很糟糕。老师们很担心，因为她拒绝和小朋友一起玩，看起来很不开心。园长让我到幼儿园来和老师谈谈。但自从如厕训练有了进步，莫莉的表现好多了，能够很好地融入集体，在幼儿园和家里都变得更快乐了。

就在昨天，我感觉自己真的累坏了，又开始发脾气了。孩子们整天又吵又闹，把家里弄得一团糟，我实在是身心俱疲。过去，每当我表现出愤怒的样子，莫莉总是非常沮丧和崩溃，但这次她泰然自若，能够听我说话，帮助我清理，而且干完活后仍然很开心。

我猜，她从我的积极关注中获得了更多能量。

大便宝宝的妈妈

●本节要点：马桶里的权力斗争

1. **游戏化。**

    "便便很狡猾！"

    与无生命的物体交谈。"嘿，便便，你应该去马桶里，而不是钻进莫莉的内裤！"

    唱一首傻傻的歌。"好棒，好棒，今天是便便成功的一天！"

2. **描述你所看到的。**

    "你做到了！你让偷偷摸摸的便便落进了马桶！"

3. **花些时间，和孩子重新建立情感连接。**

    和孩子一起阅读、玩耍、画画、拥抱、摔跤、跳舞、唱歌……

4. **尝试解决问题。**

    "在马桶上便便很不容易。我们需要想点办法！"

土豆头想尿尿

我们去一个朋友家做客,两岁的凯西把两条腿交叉在一起,不停地扭动身体,显然是想小便,但她拒绝去洗手间。我很担心她会尿在朋友家的地毯上!但我没能说服她去洗手间。那时她正在玩土豆头先生。我就告诉她:"我觉得土豆头先生需要去趟洗手间。"她就带土豆头先生去了洗手间。她扭来扭去,然后脱下裤子,终于尿在了马桶里!

解决入睡难题的卡牌游戏

哄两岁半的西蒙睡觉用时越来越长了。一到晚上要哄睡，我就没有了耐心。后来，我成功地利用了游戏这个办法。

我做了一个"睡前准备"的游戏，用背面有魔术贴的卡片来制作卡牌，请我的画家父亲给卡牌画了插图：洗澡、换睡衣、刷牙、上厕所、找到最喜欢的毛绒动物、读书。

我们从这样一组卡牌开始：

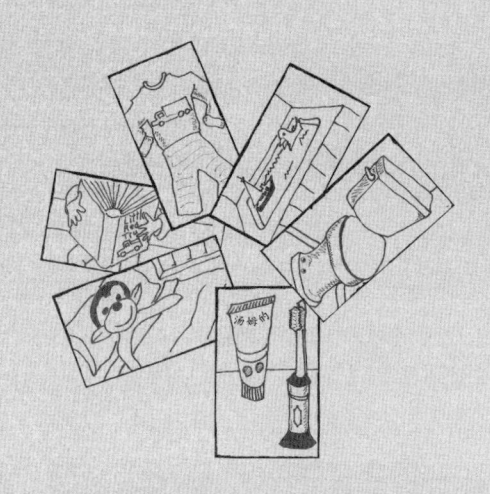

做每一件事的顺序由西蒙来决定，只要一切都完成就行。他每完成一项任务，就会把卡牌贴到板子上。

当所有卡牌都被贴在板子上时，就会变成这样：

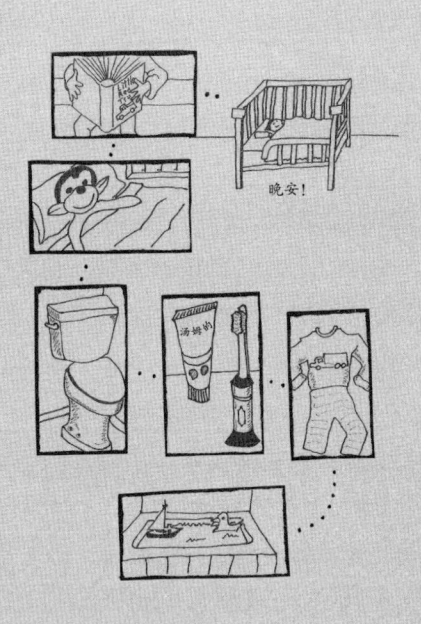

我很喜欢这些卡牌。这样我就不用再问五百遍："你接下来想做什么，换睡衣还是刷牙？"他可以直接从卡牌里挑一张出来。这张猴子躺在床上的卡牌表示猴子是他最喜欢的毛绒动物，没有猴子，他就不会去睡觉，所以必须找到它并把它放在床上。

西蒙非常喜欢这个游戏，他的入睡速度创下了纪录，这让我们有时间读更多的书，讲更多的故事！这种感觉很好。我希望在之后的一段时间里，西蒙能够继续对它保持兴趣！

第 **7** 节

敏感话题怎么说出口

21 父母离婚

帮助孩子应对变化和失去

我们不需要提醒正在经历离婚的人,离婚会给家庭中的每个人带来巨大的压力。孩子可能会在各方面发生退步,或表现出各种各样的异常行为。而正在经历自己的痛苦和失去的父母,可能无法以最好的状态给孩子提供耐心的、充满爱的支持。所以,就把下面这些建议当成一种励志吧!如果你现在"心情不好",那就对自己宽容一点,稍后再试。

在困难时期,回顾一些基本的沟通技能会很有帮助——这可能是首先被你丢掉的(随着前任一并消失)。

你很想最大限度地减轻孩子的失落感或完全回避,但你一定要克制冲动不要这样做。我们总是急切地想向孩子解释,为什么这种颠覆他们认知的行为"并不是那么糟糕"。但我们的孩子也迫切需要别人倾听他们的感受。**如果你能接纳孩子的那些不愉快的感受,也许孩子会感觉很安慰。**

承认感受

让我们来看看父母和孩子之间关于离婚的一些常见对话,并将我们想说的话和真正对孩子有帮助的话进行比较。

1. 父母："从现在起，爸爸和我要分开住了。我们会轮流照顾你。"

孩子（开始哭泣）："我不想去别的房子。"

不要说：

"我知道，亲爱的，但这样真的会更好。你不喜欢爸爸妈妈吵架，对吧？这样每个人都会更开心一点。没事的，你长大了就会明白的。我会让你装饰你的新房间，你想怎么弄就怎么弄。"

承认感受：

"你不喜欢搬家。"
"你会想念这所房子。"
"搬家会让人感到非常难过。"

用幻想实现孩子的愿望：

"你不喜欢父母住在不同的房子里。你希望一切能回到原来的样子。"

"你希望我们都待在这所房子里，永远不离开。"

"如果你只需要按一个按钮就可以去到爸爸的房子，然后再按一个按钮，就又能回到这个房子里，是不是很酷呀？这样你就可以随时来来回回了。"

用绘画表达感受：

"我们都很难过。我要画一幅画表达我的伤心。你也想画一幅吗？"

"即使我周末能见到你，但我们还是没办法每天见面，我还是会很难过。我要给你一张我的照片，我也会把你的照片放在我的床边。"

2. 搬家的日子很快就要到了。你带孩子去看了新房子，参观了他的新学校。他开始哭着说："我不想去新学校。我喜欢我之前的学校。"

不要说：

"宝贝，这所新学校多棒呀。老师都这么好。我相信你会交到很多新朋友。你看校园多美啊！"

承认感受：

"想到要去一所新学校，有新的老师和新的同学，这的确很难适应。它不会像你以前的学校那样舒适和熟悉。你会想念你的老师和朋友。"

用幻想实现孩子的愿望：

"我希望我们能把过去的学校一起带过来！"

3. 你和你的前任分居了，你们共同抚养孩子，现在要把孩子带回你的家了。
孩子："我不喜欢你的房子。我不去。"

不要说：

"不是啊，你很喜欢那里的。还记得星期天妈妈来接你的时候，你哭得多伤心吗？她好不容易才把你拖走。"

承认感受：

"又要收拾行李搬家，真的很烦。"
"你不想再换住处了。你喜欢住在同一个地方，待的时间长一点，不想每周都要换一次。"

用幻想实现孩子的愿望：

"如果妈妈住在你隔壁就好了，这样你就可以随时过来了。"
"真希望我有一根魔杖，这样我就可以念一句咒语，让你所有的东西都变成两套，爸爸和妈妈的家各放一套，这样你就不用收拾行李了。"

4. 你的孩子抱怨说:"但是爸爸会让我在晚饭前吃糖果!"

不要说:

"爸爸根本不关心你的牙齿是否会烂掉。我猜他也不打算花钱带你看牙。我不想听爸爸让你做什么,不让你做什么。你现在在我家,你得按我的规矩来。就这样!"

承认感受:

"两个家庭的规则不一样,这对你来说有点难适应,确实不公平。"

用幻想实现孩子的愿望:

"如果糖果真的对你有好处,那该有多好。那样妈妈就会说:'别忘了多吃糖果,让你的牙齿更强壮!'"

尝试解决问题

你们可以共同讨论两个人都能够接受的方案,比如孩子在一天中的什么时间吃糖果,可以一起采购什么样的食物——这既能满足孩子对美食的渴望,也可以实现一位家长想为孩子提供营养食物的愿望。

我们不是建议,因为你和前任有不同的生活方式,你就需要改变你的规则或者在价值观上做出妥协。你和你的前任可能在很多问题上都有分歧:孩子的睡觉时间、家庭作业、家务、使用电子产品的时间等等,我们只是罗列了一些最常见的家庭矛盾。关键是要接纳孩子的感受,然后帮助他们适应两种不同的规则。如果你能让孩子提出可以接受的方案,他们会更容易接受你的规则。

下面是一个关于吃饭时看电视的冲突,以及如何解决问题的例子。

如果你的孩子抱怨说:"为什么我必须坐在餐桌旁吃饭?妈妈就让我在客厅一边看电视一边吃晚饭。"

不要说:

"听着,宝贝,我的家里有我的规则!"

相反,从承认感受开始:

"你要在不同的家里接受不同的规则,这对你确实不公平……你喜欢在吃饭的时候看电视……所以你现在有点沮丧/失望/生气……你喜欢边吃边看。"(给你的孩子足够的时间来适应和理解这一切的不公平!)

然后描述你自己的感受:

"问题是,我不喜欢面包屑撒在沙发和地毯上。我不想不停地打扫。还有,我真的很喜欢在餐桌上吃饭,这样我就有机会和你聊天,因为这周剩下的时间里,我都见不到你了。"

头脑风暴，找到一个双方都满意的解决方案：

"我们是否能找到一个我们都满意的解决办法？我不想边吃饭边看电视，但晚饭后，我们吃点不会掉渣的零食，一边吃一边看综艺节目怎么样？你想列一个食物清单吗？想想哪些食物适合在看电视的时候吃。"

> **电视零食**
> - 扁桃仁
> - 苹果片
> - 葡萄干
> - 蜜豆
> - 杏脯

经过这样的讨论后，我们敢打赌，孩子在餐桌旁吃饭时会更开心、更健谈。也许你们会在吃饭的时候愉快地讨论看《海绵宝宝》时吃什么零食。解决问题可以成为你与孩子建立情感连接，或者重新建立情感连接的一种方式。

调动合作的积极性

在充满压力的监护权交接的过程中，你可能无法想到各种有趣的方式来引导你的孩子合作。你只是想尽快了结这一切，离开那个伤心地。不过，快速回顾一下这些沟通工具可以帮助你实现这个目标。

假设你想让孩子上你的车，但他拒绝了。你的前任帮不上忙。说实在的，也许是他的律师叫他不要插手。

不要说：

"赶紧走，你现在就得上我的车！不，你不能和爸爸在一起。你没有选择。这是法庭下达的监护权安排！"

试着提供一个选择：

"你是想像从前一样爬上去，还是我把后备厢打开，好让你从后面爬进去？"

"你是想自己上车，还是想让我抱你上去？"

游戏化：

"你的泰迪熊正在我的车里跳来跳去。它不让我给它系安全带。它想让你帮忙。我需要你的帮助——它太淘气了。"

"我们来玩小火车的游戏吧。你想当火车头还是当车尾？（手臂相连）'哐当、哐当、哐当，呜——呜！'"

• • •

监护权的交接、关于甜食的谈判以及适应两个家庭的生活，在沟通工具的帮助下都可以顺利进行。但很有可能，生活还是会在某个时候崩塌。那要怎么办呢？

不知该如何是好的时候，返回到"承认感受"。

有时候，你不知道你的孩子为什么不开心。他们甚至也不知道自己为什么不开心。父母离婚时，孩子往往会发生行为退化或莫名其妙发脾气。他们可能会开始尿床，会变得脾气暴躁，容易哭闹，爱发牢骚——或者以上都有，你可能要试着猜一猜，然后试着表达出他们的感受。

○ 来自"战斗前线"的故事

不是因为香蕉片

我前夫和我一周前调整了监护权,这对哈维尔来说很难适应。最近,如果有什么事不合他心意,他会在不到一分钟的时间里从轻微的沮丧变成彻底崩溃。上个周末,他想要一些香蕉片,并要求我给他一整盒。我给他在碗里倒了适量的香蕉片,他立刻就发疯了。我告诉他:"你可以吃一些,但不能都吃光!"他开始尖叫,拿起一辆小卡车朝我扔过来。

我抓住他的胳膊,阻止他扔卡车。我突然想到,可以用**"替他说话"**这个方法。我说:"我太失望了!我不明白为什么不给我一盒香蕉片!我不想把香蕉片放在碗里……我不喜欢妈妈不在……我不喜欢爸爸有时不在……我不喜欢有时候爸爸妈妈都不在……我不喜欢这种感觉,我不知道谁会来!"我就这样说了一会儿,"是这样吗,宝贝?"他点了点头,整个身体放松下来,依偎在我的大腿上。

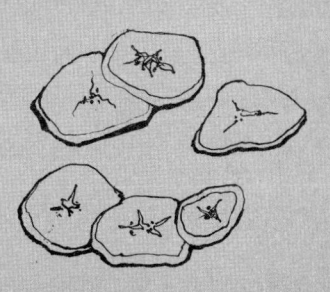

他因为香蕉片而崩溃,但这不仅仅是香蕉片的问题。我多花了一些时间和他一起玩,感觉这会有帮助。但我猜,他真的是非常需要我用语言来表达他的感受。这周到目前为止,他没有再闹过情绪。

●本节要点：父母离婚

1. 用语言表达孩子的感受。

"你真的不喜欢搬家。"

2. 用幻想实现孩子的愿望。

"你不喜欢父母住在不同的房子里。你希望一切能回到原来的样子。"

3. 用绘画承认感受。

"我们都感到难过。我要画一幅画，表达我有多伤心。你也想画一幅吗？"

4. 尝试解决问题。

"对你来说，在不同的家里要遵守不同的规则，这的确很不公平……你喜欢边吃饭边看电视……"

"问题是，我不喜欢面包屑撒在沙发上。"

"我想知道，我们能不能找到一个我们都满意的解决办法。"

5. 提供一个选择。

"你是想像以前一样自己上车，还是让我抱你上去？"

6. 游戏化。

"你的泰迪熊正在我的车里跳来跳去。它不让我给它系安全带。它想让你给他系。我需要你的帮助——它太淘气了。"

特别提醒 不知该如何是好的时候，返回到"承认感受"。

22 不舒服的身体触碰

有那么多关于孩子被性侵的新闻，父母不可能不担心。我们给孩子讲"好的触碰"和"不好的触碰"，可能会让年幼的孩子感到困惑，特别是当我们又不想确切解释我们真正的意思时。孩子是如何看待这些故意含糊其词的警告的？毕竟，许多侵犯者都是从感觉良好的触碰开始的：拥抱、摩挲背部、抚摸头发。那些被泳衣覆盖的部位可能过很久之后才会被碰到。并且，有时候医生也会触碰泳衣覆盖的部位……你一定能看出来，这些对于一个孩子来说是很难理解的。

那么，我们应该发出更明确的指示吗？"我要提醒你，如果你参加体操队，给你治脚踝扭伤的医生想要碰你的屁股，一定要说'不'。"为了做到万无一失，我们针对这件事的每一种可能都发出了警告。当我们终于说完所有可能发生的可怕的事情时，孩子一定已经精神崩溃了。

我们需要做的第一件事就是**调整预期**。用可怕的警告来恐吓孩子，并不能保证孩子的安全。我们需要依靠成年人的监督来保护孩子的安全。

除了直接监督，保护孩子的一个有效方法是**承认和接纳孩子的感受**，即使这些感受是消极的，或是让我们不舒服。（如果你读过第1章，这可能听起来很熟悉。）当我们帮助孩子认识和重视他们自己的感受时，我们才更有可能让他们与值得信赖的成年人交流，说出让他们感到不安的事情。

在一个理想世界里，我们的孩子总是会告诉我们真正重要的问题，同时又不会用琐碎的抱怨来打扰我们。不幸的是，孩子无法区分这两者。如果我们一直让孩子感觉我们无法接受他们的"坏情绪",就会对孩子产生长期影响。看看下面这些熟悉的语言会有怎样的影响:

"别哭了,这没什么好怕的。"

"你哭够了没有?就那么一点小擦伤。"

"不许说你恨奶奶!我再也不想听你说这些话了。"

焦虑的父母无数次地给孩子描述那些可怕的大人侵犯孩子的噩梦般的场景,但这并不能让孩子获得安全感。如果父母能够接纳孩子的所有感受,这才是送给孩子的最好礼物,能给他带来足够的安全感。这样的父母会说:

"放烟花确实很吓人。声音那么大。"

"哪怕是一点擦伤也会疼!妈妈给你吹一吹好吗?还是来个创可贴?"

"听起来你现在很生奶奶的气。她做了让你不开心的事!"

请再看一下最后这个例子。想想看,有这样一个孩子,他能够带着充足的安全感对父母说:"我讨厌奶奶!"或者"××老师"或者"××教练",想想这样的父母会如何回应:"听起来你对教练很生气。他做了让你很不舒服的事!"他们不会说:"你怎么敢这样说你的教练!这太没礼貌了。他一直在努力教你们这些孩子。"

如果父母愿意接纳孩子的消极情绪,那么孩子在遇到让自己不安的情况时,就不会在压力之下保持沉默。这样的孩子知道自己的感受很重要,他的父母会倾听。哪怕是那些受人尊敬的成年人或家庭成员，他也敢于说出对他们的不满。

我们还想让孩子知道，他们有权掌握自己的身体，我们想让他们知道，如果他们觉得不舒服，一定要告诉我们。我们必须在日常互动中不断强化这个观念，否则就很难从孩子那里获得重要的信息。

如果艾尔玛阿姨想要拥抱你的5岁孩子，而他却试图躲开，不要对他说："别这么没礼貌，让阿姨抱抱。她很喜欢你！"对你的孩子来说，拥抱是不舒服的接触。相反，你可以告诉艾尔玛阿姨："布基不喜欢拥抱。他更喜欢击个掌问好。"

一位家长说，经常有陌生人未经她3岁女儿的同意就抚摸她的金色卷发，她特意教了女儿这时该怎样反应。有一次在餐厅里吃饭，一位老妇人走过来，开始抚摸女儿那头漂亮的金发，小女孩就像往常一样坚定地说："请不要碰我的头发！"老妇人被吓了一跳，看了看女孩的妈妈，希望她能纠正这种"粗鲁的态度"。妈妈却支持了她的女儿："她不喜欢陌生人摸她的头发。"老妇人怒气冲冲地走开了。

这些都是会频繁发生的日常互动。正是这些互动让孩子明白，他们有权掌握自己的身体。

更重要的是，如果我们不保护孩子免受体罚——打屁股、扇耳光、掰指关节、把肥皂塞进嘴巴——我们显然就是在向孩子传递这样的信息："不好的触碰"是可以接受的。我们一方面告诉孩子不能允许成年人以让他们感到不舒服的方式触碰他们，另一方面却又传达出"大人伤害他们是可以接受的"这样的信息，这不是自相矛盾吗？

当然，有时孩子不得不忍受身体上的不适，这是一种需要培养的品质。在这种情况下，我们仍然可以尊重孩子的感受，尽我们所能帮助他们感觉一切都在自己的掌控之中。

比如，一个孩子需要抽血，他却躲在角落里尖叫："走开！"我们不会说："好吧，要不我们不抽血了，去吃冰激凌吧。"但我们**可以承认他强烈的感受**。不要说："别那么娇气，你还没感觉疼就扎完了。"我们可以说："在手臂上扎一针的确是很可怕。真希望你不需要抽血。"我们可以**给他一个选择**："有什么办法能帮到你？你想攥住我的手吗？还是玩电子游戏分分神？"

当你的孩子在车后座大声抱怨他哥哥的胳膊肘戳到他了，你不可能把自己的小车扔在路边，立刻去买一辆大车。但你也不用责备孩子："哥哥根本就没碰到你。从现在开始，我不想再听到有人吵！"我们可以表现出对他感受的尊重："嗯，长时间挤在一起的确不舒服。"（即使这段路很短，孩子也可能觉得它很长！）你甚至可以用幻想满足他的愿望："如果我们有一辆加长豪华轿车就好了。车里有超大空间，大家可以躺着或者玩传球，甚至还能建一个游泳池！我们还可以在车里面装些什么？"

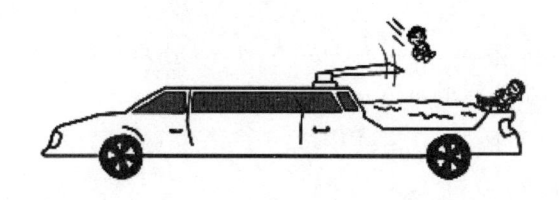

35年前，乔安娜的母亲阿黛尔·法伯在她的第一本书《解放父母，解放孩子》中就阐述过，接受孩子的负面情绪有强大的保护作用。

如果我们否认一个孩子的感知能力，我们就会削弱他感知危险的能力，让他更容易受到那些不关心他的健康和安全的人的影响。当我们告诉孩子他不应该有现在的感受时，我们就剥夺了他天生的自我保护能力。不仅如此，我们还让他困惑，继而内心麻木。我们这样做，是在强迫他构建起一个由谎言和防御机制组成的虚假世界，这与他真实的内心世界毫无关系。我们正在把他和他的真实自我剥离开来。[1]

你可能很想知道，阿黛尔在现实生活中是否会把理论付诸实践。好吧（既然你问了），我们给你讲一个童年的故事。

泳池边的恐怖邂逅
（乔安娜的故事，其中也有朱莉）

朱莉和我8岁的时候，我们经常一起去镇上的游泳池游泳。在那个年代，我们这个年龄的孩子在没有大人监督的情况下骑自行车外出是很平常的事。有一天，一个年轻人找我们一起玩，在游泳池里推着我们往前游。我以为他一定是朱莉家的朋友，后来我发现朱莉也以为他是我家的朋友。我们都很高兴能得到这个有趣的家伙的关注。有一次，我们一起从泳池里出来，去小吃店买冰激凌。那个人让我们跟着他进树林，这样他就能舔我们的脚趾了。他努力向我们争取了很久，但我们拒绝了，因为我们感觉不对。我回到家，把这次遭遇告诉了妈妈。多年以后她告诉我，她被我的故事吓坏了，但当时她只是说："你应该相信自己的感觉，你的感觉会告诉你该做什么！"

当孩子到了独立的年龄,能自己走路上学或者在公园里玩耍的时候,我们可以提供信息,让他们能为自己的安全负责。这些信息需要针对每一个孩子进行调整。我们希望赋予他们力量,而不是让他们感到恐惧和困惑。

我们知道,有些孩子在被人警告会有陌生人想要伤害他们以后,会产生严重的焦虑。

请记住,在美国,被陌生人绑架比被闪电击中的可能性更小[2],所以我们既需要保护孩子的人身安全,又要顾及孩子的心理健康。

保持简单,不要害怕

我还记得小时候,老师警告我们注意开车的成年人,他们会用糖果引诱我们,然后绑架我们。我到现在都清楚地记得,每一辆车从我身边经过,都让我的心怦怦直跳,我觉得每一辆车都会减慢速度,车里会有人伸出手来抓我。我家住在郊区,那里犯罪率很低,所以回想起来,我确信这种风险是非常小的[①],但我那时并不懂这些。过了很长一段时间,我的恐惧才慢慢平息下来。那时我甚至连睡觉都觉得不安全。多年来我一直做噩梦,梦见汽车跟着我,我的腿却根本不能动,无法逃跑。

---

① "……被陌生人或不太熟的人绑架的儿童只占所有失踪儿童的百分之一。更常见的情况是孩子自己离家出走,走失或受伤,或者被家人带走(通常是在监护权纠纷中),或者只是因为沟通错误而没有出现在他们应该去的地方。"[3]

所以，当我女儿的小学通知要召开一个关于"危险陌生人"的宣讲会时，我决定让她留在家里。我的朋友还为此批评我。她提醒我说，如果我不告诉女儿不要和陌生人说话，她就会有危险。但这条规则对我来说从来就没有意义。我的意思是，我们总是会和陌生人说话——图书管理员、公交车司机、快递员。我不想让我的孩子害怕每一个她不认识的人，就像我小时候那样。如果她从自行车上摔下来，擦伤了膝盖，需要帮助，或者不得不问路，或者必须和商店的店员说话，那又该怎么办？

但我觉得我朋友的话也是有道理的——我应该跟我女儿说点什么。

我是这样说的："现在你已经长大了，可以和你的朋友们一起去外面玩了，不用我陪着你。我要教你一条非常重要的安全规则：在没有征得爸爸或我的同意之前，不要和任何人一起出去。如果有人让你进他们的车，或去他们的房子，或去找他们的小狗……你得先问问我们的意见。即使是奶奶叫你和她一起去买冰激凌，你也得先问我们一声！如果有人邀请你和他一起去某个地方，却又不让你先问我们一声，那你就不应该相信他！你可以说：'等等，

> 我必须先问一下我的妈妈或爸爸，才能和你一起去。'"
>
> 我女儿并没有表现出惊讶，她完全理解我的意思。"因为那样你就不知道我去哪了！"
>
> 我点点头说："那样我就会到处找你。我会很担心的！"
>
> 我觉得我给她提供的信息既能保证她的安全，又不会吓到她，我在这两者之间找到了平衡点。

• • •

当然，每一位家长都必须根据孩子的成熟程度和环境的相对危险性来决定对孩子的监督程度，以及与孩子分享合适的信息。要保证孩子的人身安全和心理健康，这件事没有单一的策略，也没有放之四海而皆准的解决方案。

下面是一位家长的故事，她想出了一个方案，既能给孩子提供信息，帮助到孩子，同时又不会让孩子感到害怕或困惑。

自信的踢踏舞者

> 阿曼达十几岁的时候，她有机会在一个为期一周的踢踏舞节上表演。她每天都要一个人坐火车去纽约。我相信她的独立性，但我还是很担心——一个孤身旅行的少女难免会成为某些人的目标。我给了她一些例行的警告：不要让人看见你的钱包，如果有人想抢劫，把钱交给他，不

要反抗。然后我提醒她,如果她需要帮助,不管是迷路了还是有人让她感到不安,她都可以躲进一家商店,向店员求助。但如果找不到商店,就找一个带着年幼孩子的母亲,因为那可能是一个可以寻求帮助的安全的人。她冲我翻了个白眼,不过我相信她明白我的意思。

前两天都很顺利,但在她第三次去那座城市的时候,她独自坐在火车上,有个男人坐到她旁边,开始骚扰她,缠着她要和她说话,还把她挤到座位一角。一开始她不理睬那个人,但那个人纠缠不休,她真的有点害怕了。火车上没有人注意到他们,列车员也不见踪影。她站起来,沿着过道往前走,终于找到了一位带着两个年幼孩子的母亲,她挤到他们旁边坐下。那人没有再跟着她。

当她把这件事告诉我时,一段早已遗忘的记忆浮现在我的脑海里。我17岁的时候坐公交车去德州看亲戚。一个男人坐在我旁边,趁着夜色摸我的腿。我在恐惧中度过了一个小时,我不敢作声,只能小心翼翼地推开他的手,因为我太害怕了,我也不敢向车上的任何一个陌生人求助。后来那个人问我多大了,我告诉了他。他嘟囔了一声"祸水妞"[1],然后走开了。

现在回想起来,那次和女儿的安全谈话非常有必要,就是她再多翻几个白眼也值得。我很高兴我能够帮助她采取行动保护自己。

---

[1] 指如果与之发生关系即构成强奸罪的未成年少女。——编者注

那么，当我们把孩子送入社会时，他们准备好了吗？

立场坚定的大学生
（来自一个父亲的电子邮件）

5年前我参加了你们的小组活动，我想和大家分享这个故事。

那是女儿上大学的第一天。我帮我女儿搬进她的宿舍。这是一个男女混住的宿舍。走廊里乱得就像疯人院。几个年轻人突然把头探进宿舍，对我女儿说："我们要去酒吧，跟我们一起去吧！"

我女儿回答说："谢谢你们的邀请，但我现在正忙着收拾行李呢。"

其中一个年轻人说："拜托，别扫大家的兴！"

我女儿看起来非常镇静，毫不犹豫地回应说："我可不是来陪你们玩的，祝你们玩得愉快。"

我觉得我在小组活动中学到的所有方法帮助我给了她信心，让她成长为一个立场坚定的女性。

●本节要点：保护孩子远离有问题的人

1. **调整预期。**

    我们不能通过用可怕的警告吓唬孩子来保证孩子的安全。对于年幼的孩子，我们需要依靠成年人的监督来保证他们的安全。

2. **承认感受，即使是消极的、让我们不舒服的感受。**

    "听起来，你对你的教练很生气。一定是他做了什么事让你很不舒服！"

    "你可以告诉艾尔玛阿姨，你不喜欢拥抱。你喜欢击掌问好。"

3. **提供适合你的孩子的信息。**

    "如果有人让你感到不舒服，你可以躲进一家商店，和店员交谈。你也可以找一个带着小孩的母亲，因为她可能是一个可以寻求帮助的安全的人。"

23 性

不过是一个简单的字

对于还没到青春期的孩子的父母,有一个话题经常让他们感到极度不适,那就是"性"。

"我女儿只有6岁,而她班上的孩子现在就开始谈论婴儿是如何生出来的。这个话题对他们是不是不太合适?"

"我儿子上二年级。前几天在拼车的时候,他的朋友们在后座说悄悄话,咯咯地笑着说'我是同性恋',我觉得我应该说些什么,但我不知道该说什么。"

"我儿子上五年级了。上星期,学校做了一个关于毒品和性的专题报告。学校给家长发了通知,说我们应该看看材料,并和孩子谈一谈,以便'趁热打铁'。我试着和他谈了一下,但他完全吓坏了。他对着我大喊大叫,哭个不停,还说他要离家出走。这些信息真的让他心烦意乱。我觉得学校讲这些毁掉了孩子的单纯和天真。"

对于孩子应该在什么时候了解关于生活的真相,人们并没有普遍的共识。有些父母希望尽可能长时间地保护孩子"童年的纯真",另一些人则信奉"越早知道越好"的哲学。

我们的经验是,青春期的孩子在和父母谈论生育的奥秘时会很难为情。他们会觉得关于性的对话令人难堪而尴尬。但与之相对的是,年幼的孩子反而把关于性的事情看作这个陌生世界的迷人有趣之处。

与年幼的孩子开始关于性的对话还有另一个好处。这会让他们知道，等他们年纪再大些，开始从其他地方了解到关于性的事情时，他们可以带着问题来找我们。如果我们在孩子还小的时候不和他们谈论性，他们从我们这里得到的信息就是，性是一个禁忌的话题，我们便失去了能够向他们提供意见的机会。研究证实，与年幼的孩子谈论性可以鼓励负责任的行为，而且并不会导致孩子更早地发生性行为。[1]

如果你在和孩子谈论性和生育的话题时有困难，下面这些来自家长的故事可以给你些启发。

宝宝的书

当我怀上第二个孩子时，克里斯托夫才3岁。我决定不像父母告诉我的那样给他编故事。我买了伦纳特·尼尔森（Lennart Nilsson）写的一本书，名叫《一个孩子的诞生》（A Child Is Born），书中展示了精子和卵子结合的图片，以及胚胎和胎儿在每个阶段的发育情况。每个月，我都会和克里斯托夫一起看下一张照片，谈论我体内正在成长的胎儿。克里斯托夫对此从未感到过任何不适。这是科学——他最喜欢的科目！

不可思议的旅程
（朱莉的故事）

我和丈夫告诉阿瑟我怀孕的时候，他才5岁。阿瑟已经了解了卵子和精子的知识，他马上问："精子是如何从爸爸那里进入你体内的?"我还没来得及回答,他就提出了他自己的解释:"我知道了!你们牵着手的时候,精子从爸爸的手里到了妈妈的手里,然后它找到了卵子。"我很想说:"哦,是的,差不多就是这样!"但是不久前有个朋友教过我,这时应该如何告诉孩子,所以我准备好了。"不,不是这样的。爸爸把他的阴茎插入我的阴道,精子从他的阴茎中出来,游到我的子宫去找卵子。"

我能理解为什么人们会编出那种鹳顺着烟囱把孩子送到家里的神话了。跟我5岁的儿子说他爸爸和我做爱的事确实很尴尬,我以为他会很震惊,但他只是说了声"哦",就继续问宝宝什么时候会出生。

商场里的一课
(乔安娜的故事)

我和我3岁半的孩子扎克,还有我的朋友琳达一起逛商场。我们去了趟洗手间,我在隔间里听到扎克问琳达:"那是什么?"他一定是在指着卫生棉条,因为我听到琳达说,"那叫卫生棉条。女人的身体每个月都会产生一颗小小的卵子。那颗卵子可以发育成一个胎儿。但如果卵子没有发育成胎儿，就会从女人的两腿之间出来。还有一些本来为胎儿准备的多余的血液，如果没有胎儿，这些血液就会流出来，因为身体已经不需要它们了。女人会在两腿之间塞一个卫生棉条，来吸收这些血液。"

我的朋友轻松而简单地回答了这个问题，这给我留下了深刻的印象。换作我的话，可能都不知道该从哪里说起！扎克似乎一点也不惊讶，但他一定也思考了这些话。大约一个月后，他发现我上完厕所后有血迹。他看起来有点惊慌，但紧接着对我说："妈妈，你的身体可能产生了一颗小卵子，但它并没有变成一个胎儿，所以多余的血液必须流出来。别担心。"他安慰地拍了拍我的胳膊。

我从来没有想过要和一个3岁多的小男孩讨论月经的话题。但事后看来，我认为让孩子了解男性和女性的身体是有好处的，尤其是当他们还小的时候——他们只会把它当作一个简单的生活事实。

感恩节奇迹

我儿子上二年级的时候，他从我们当地的图书馆里挑了一部电影，名叫《生命的奇迹》(The Miracle of Life)。光盘封面上有一张婴儿的照片，所以被归档在教育电影中。我想都没想就把它借了出来。后来我们全家人一起坐下来观看这部电影，包括我上幼儿园的孩子和我两岁的孩子。结果那部电影把生育的全过程都演示了。他们用神奇的光纤技术来显示卵子从输卵管被释放出来，精子也被释放出来，沿着阴道蠕动，撞到一颗卵子，进入其中，胚胎发育，还有胎儿被妈妈生出来的场景。

迪伦看得非常着迷。他按下倒带键，把分娩的场景回放了很多次。然后他问精子是如何从男人体内进入女人体内的。我看了丈夫一眼，好像在说："你是个男子汉，应该你来讲。"他也看了我一眼，好像在说："是你把电影带回家的。你自己处理。"我吸了口气，说："嗯，男人把他的阴茎放进女人的阴道里，这样精子就能进入女人的身体，找到卵子。"

迪伦又问："如果我想要孩子，我怎么知道什么时候该这么做？"

哇，我还真没准备好和一个7岁的孩子说这种话题！但我没有气馁："到时候你会有一种我现在无法向你解释的感觉，不过你的身体还没有长大到足以制造精子的程度。等你长大了，就会知道那是什么感觉了。"

迪伦对这个解释很满意，也对自己学到的新知识感到兴奋。他已经迫不及待地要把这个新知识告诉全世界了。感恩节前夕，学校布置了一份作业，让孩子们写写"我感恩的是什么"。迪伦写道："我感谢精子和卵子，因为没有它们我就不会存在。"他接着写了一篇他目前为止写过的最长的文章——两页充满感性的文字，解释了他所学到的有关受精和生育的知识。

我不得不劝阻迪伦，不要马上跑到隔壁把这个知识告诉邻居的孩子。我告诉他，有些父母不想让他们的孩子在长大以前知道这些事，如果他们发现孩子知道了，一定会很不安。

我很高兴我把那部电影带回家了，尽管当时看起来是个错误。迪伦和他的兄弟们在成长过程中一点一点地增加了关于性的知识储备，而不是在生活中的某个意外时刻被狠狠打击。我很感激他们在学校开始关于性传播疾病和约会、强奸、毒品的教育活动之前，以一种积极的方式学习了性知识。

迪伦12岁的时候，他的健康课程中有一节课是关于性教育的。他问我为什么人们需要避孕套。"如果他们不想要孩子，为什么不干脆不做爱？"我意识到，仅仅知道生殖原理并不意味着他知道整个故事！我向他解释，大自然设计性，是为了让人产生很好的感觉，这样生物才会繁衍后代。如果性的感觉不好，物种就无法存续下去了。他显然还无法一下子吸收这样的知识。他走出房间，谈话就此结束。随着他的成熟，性的话题每隔一段时间就会出现，从对报纸文章或电影的讨论，到关于政治的讨论，他对性的理解也在逐渐加深。这是一个很广泛的话题。

小卡车从哪里来

我和我的朋友，还有她口齿伶俐的两岁半的儿子一起坐在车里。

我们看见一辆拖车用绞轮拖着一辆小货车。

"看啊，妈妈！"小男孩高兴地尖叫着，"那两辆卡车在交配！"

我猜我的朋友很早就开始向儿子普及性知识了。不过，他还有很多东西要学。

鸟儿和蜜蜂（还有小鸡）

我儿子6岁的时候问我，如果没有公鸡，母鸡是怎么下蛋的。我向他解释说，不管有没有公鸡，母鸡都会下蛋。如果有公鸡给蛋受精，鸡蛋就会孵出小鸡。如果没有公鸡，你就会得到一个未受精的鸡蛋。儿子很困惑。我又向他解释了什么是受精。我告诉他，公鸡爬到母鸡身上，把它的阴茎放进母鸡的身体里，然后精子从公鸡体内出来，进入母鸡体内。卵子还在母鸡体内的时候，也就是鸡蛋还没有壳的时候，精子就让它受精了。然后，当鸡蛋出来时，里面会有一个很小的胚胎，发育成小鸡，最后从蛋壳里钻出来。

儿子有机会亲眼看到了这一切的发生，因为没过多久，我们就有了一只公鸡，它会骑到母鸡身上……还会在凌晨4点打鸣。你可以想象我们在邻居中有多受"欢迎"！

后来，他还看到了鸡蛋的孵化。他把我的解释看作帮助他认识世界的又一块拼图。我必须承认，对我来说谈论鸡比谈论人类要容易得多。我能理解为什么有人会想出用鸟儿和蜜蜂来解释性。我确信他最终一定会问起关于人类的问题，还好我已经开始了这个话题。

不再像过去那样

在我的女儿还不到10岁的时候，我决定给她讲讲性和生育的知识，以免她遇到这种话题时会感到不适。我记得我的母亲告诉我，我可以问她任何问题，但我不知怎么就知道了，性是一个有点禁忌的话题。母亲和我之间关于性的对话总是让人感觉很神秘，总是发生在哥哥和爸爸不在的时候，我能感觉到妈妈说起这件事时的不自在。我当然不想把这样的气氛也带给我的女儿，但我不确定我能不能做到！

我认为诚实才是最佳策略，所以我告诉女儿："我还是个女孩的时候，大多数人都不会谈论性。大家都认为这是隐私，如果有人提到这个话题，其他人就会感到非常尴尬。"但我认为父母应该和孩子谈论性。只是我有时还是会觉得不自在，因为我就是这样长大的。现在你应该理解了吧！虽然尴尬，我还是想和你聊聊这个话题。"

这段坦白帮助我放松下来，我不必再呈现应有的完美态度，也就没有了那么大的压力。我的女儿觉得很有趣。我想她一定认为我是在史前时代长大的。她对这个话题没有任何不适。几年后，当她腹部坠痛时，她可以毫不犹豫地告诉家人（包括她的兄弟和父亲），她"来月经了"。我过去可从来没有想过在我家的男性面前这样说话！

电影教学大纲

我13岁的儿子想租一部电影，从预告片来看，这部电影的内容似乎讲的是一个英俊、有魅力的男人掌握了和女人调情的艺术，只为了和她们上床。可以预见的情节反转是，他最终会爱上一个女人，那个女人对待他就像他对待之前所有的女人一样，他必须非常努力才能赢得她的心。

我对这部电影不是很满意，因为我认为这部电影的大部分内容都是在示范不良行为。尽管我知道结尾会让恶人得到"教训"，但我认为这个教训所占的篇幅太短，而前面那些内容描述了一种很有诱惑性的生活方式，其中包括对女性的物化。

我突然意识到，这是我潜移默化地进行一次关于约会和恋爱关系讲座的黄金机会。我告诉儿子，我们可以看这部电影，但必须在他的弟弟们睡觉以后看，因为他们还太小（电影是13岁以上的人才可以看的）。

他问我为什么，我尽量简单地回答他："因为电影里的男主角对女性不尊重。他表现得好像约会是一项比赛，只是为了赢得分数。他所做的就是不择手段得到女人。然后他就会甩了那个女人，再去和下一个女人约会。我不想让你和你的弟弟们认为就应该这样对待别人——哄骗她们上钩，把这当作你们胜利的标志。"（然后我不得不对最后这句话又做了一番解释。）"你已经长大了，应该能理解这只是一部电影，他们只是想要拍一个有趣的故事。我可以肯定男主角最终会明白，应该尊重和关心自己的伴侣。"

我儿子似乎很感兴趣，我们最后还讨论了约会的问题。他给我讲了一些中学生谈恋爱的事情，还问了一些关于我和他爸爸第一次约会的问题（在那次约会中，我整晚都叫错了他的名字，他一直没有纠正我）。我记得当时我想，如果我从一开始就教育我的儿子该如何对待女孩子，我不会得到如此开放和积极的回应。那样情况一定会变得很尴尬，我们两个都会很难受。谈论电影剧本让我们很自然地过渡到这个话题。

• • •

好了，伙计们，和你的孩子谈谈性，不要让性变成壁橱里的怪物。当这个话题被电影、广告或动物（或者卡车）引出来的时候，可以顺便和孩子聊一下。确保谈话内容足够简单，保持适当的深度。一个5岁的孩子想知道孩子是怎么生出来的，并不意味着他需要一个关于性传播疾病和约会强奸的讲座。我们不想让孩子承受过重的负担。根据我们的经验，年幼的孩子能够以一种简单而积极的方式应对生活中的事件。事实上，他们通常比大孩子应对得更好。

●本节要点：性

1. **提供信息。**

   "精子游到我的子宫里去寻找卵子。"

2. **描述一下你的感受。**

   "谈到这个问题，我有时还是会觉得不舒服，因为在我成长的环境中，性会被当作一个禁忌话题。"

3. **承认感受。**

   "你想知道自己是从哪来的！"

24 你的拥抱有点烦

当爱不是你情我愿的时候

亲爱的乔安娜和朱莉：

我6岁的儿子喜欢拥抱和亲吻他的朋友。问题是他不知道什么时候该停止拥抱，即使其他人在大声反对。

我试着和他谈过，尊重别人的身体有多重要。他表现得好像明白我在说什么，但他似乎还是控制不了自己。我曾尝试拿走他的平板电脑，作为对他的惩罚。这根本无济于事，只是让他很生气。

到目前为止，唯一有效的方法是直接把他从另一个孩子身上（轻轻地）拉开。我在的时候还好，但他在学校的时候我就做不到了。他的老师说，这是他应该在家里学到的东西，但显然他没有。我怎么才能做到不在他身边的时候也能控制他？

如果他打了别的孩子，事情就简单多了。我们可以教育他，打人是不对的，这很明确！但是拥抱和亲吻要复杂得多。要怎么教一个6岁的孩子关于身体的亲近尺度？如果对方感觉不舒服，我们如何教他停止？

面对拥抱困境的妈妈

亲爱的面对拥抱困境的妈妈：

你的方向是对的！惩罚和限制权利无法帮助你的儿子学会控制自己。听起来，你似乎是在尝试**解决问题**，但你却错过了至关重要的第一步。

第一步：**承认孩子的感受**。

这一点我们再怎么强调也不为过！你要花大量的时间和孩子谈论拥抱和亲吻是多么美好。他是多么喜欢这样做——在早上，在下午，在睡觉的时候，和他的父母、老师、朋友在一起的时候。紧紧拥抱真的很美好！一旦开始，就真的不想停下来，即使对方说"够了"也不愿意放开。

第二步：**描述问题**。

在那以后，也只有在那以后，你才能谈论别人的感受。"问题是，有时其他人没有心情拥抱。他们会很烦。当一个人喜欢拥抱而其他人不太想被拥抱时，他该怎么做？"

第三步：**征求方案**。

也许你儿子能自己想出一些办法。我们在这里也给你几个参考方案。

- 他想要一个大的毛绒玩具或者一个他可以尽情拥抱的垫子吗？

- 当他有拥抱的冲动时，他能不能拥抱自己，用双臂环抱自己的肩膀，亲吻自己的手背？
- 他可不可以问别人是否想要一个拥抱？如果他们答应了，就可以开始拥抱！
- 他能不能想出一个特别的词，当朋友或老师想让他停止拥抱时，就可以用这个词来暗示他？
- 也许你们两个可以玩一个拥抱游戏，这样他就可以练习开始和停止。你紧紧地拥抱他，他会说"继续"或"停止"。当他说"停止"的时候，你就夸张地放开你的手臂，然后说："拥抱结束！"（或者说"逃跑喽"或"爆炸喽"，让停止拥抱这个事变得更有趣。）然后让他对你做同样的事。让他在其他家庭成员身上也练习一下。再买一些毛绒玩具，你们可以用可爱的毛绒玩具的声音跟他说话。

写下你们想到的所有办法。选择你们都喜欢的方案。和他的老师谈谈解决方案，让他们也参与进来。当孩子能够使用一种解决方案时，使用**描述性的赞美**："你想拥抱，但你知道艾米不想，所以你拥抱了自己。你做到了！"

如果他没有使用他的解决方案，那你需要**采取行动**，温和地解救"受害者"，但不要责骂你的儿子。重复一遍："艾米现在没心情拥抱。我们找点别的东西拥抱吧！"

最后，通过提供他所寻求的体验，以此来**满足他的基本需求**，这样可能会有帮助。有些孩子渴望深度接触，尤其是那些患有自闭症或有感官功能异常的孩子。满足这种需求的一个好玩的方式是让你的孩子假装成一个热狗（对素食者来说，可以是豆腐热狗）。用毯子（面包）把他紧紧裹起来，然后在上面放"调味品"。

用蜡笔把"番茄酱"涂在毯子上;用手掌的边缘在他的背上切来切去,就好像在放黄瓜片;再用拳头温和地敲打几下,假装在放芥末;用指甲轻轻点一点,表示撒上盐和胡椒粉;然后假装吃完,"真好吃啊真好吃"。(请随意替换你最喜欢的配料!)

●本节要点：你的拥抱有点烦

1. **承认感受。**

    "拥抱的感觉很好。很难停下来。"

2. **尝试解决问题。**

    "问题是，有时其他人没有心情拥抱。我们需要想想办法。"

3. **使用描述性赞美。**

    "你知道艾米不想拥抱，所以你拥抱了自己。你做到了！"

4. **采取行动，但不要攻击孩子的个性。**

    "我们找点别的东西拥抱吧！"

5. **满足孩子的基本需求：提供孩子渴望的体验。**

    "我要把你像热狗一样包裹起来。"

第 **8** 节

解决纷争的关键词

25 破坏共情的"你"字

亲爱的乔安娜和朱莉：

每当我试图共情我的女儿，她就会生气。我告诉她"我知道这让你有多沮丧"或"你一定很害怕"或"难过没关系"，她就会对我尖叫："别这么说！"或者"不，我没有！"

我愿意承认和接纳感受，但这对我的孩子来说行不通。这感觉就像火上浇油。

共情失败的母亲

亲爱的共情失败的母亲：

为了理解你女儿的反应，让我们用你说的那些话，在我们自己身上试验一下。

想象一下，你正在努力学习如何使用电子表格记录你的家庭收入和支出。你以前从未使用过这个工具，操作得不太好。你对你的伴侣大喊："啊，这个工具真不好用！烦死人了！"

你的伴侣回应说："哦，我知道这个工具让你很心烦。"

你会感觉好点吗？还是你会觉得伴侣只是在敷衍你，或者在暗示你的能力不足？

最后一句中的那个"让你"简直是在伤口上撒盐。这意味着，大多数人很容易就能搞清楚的电子表格，对你（和你不够聪明的大脑）而言却是一场可怕的战斗。

如果你的伴侣不说"让你",只是大声说:"哦,这个工具真是让人心烦!"他就是在描述这个工具,而不是你的无能。这才更像是他站在你的立场上,真正地共情你,而不是评判你。

再想象一下,你害怕在公众面前讲话,却又不得不在一大群同事面前做演讲。你的老板注意到你颤抖的手和紧张的表情,说:"你一定很害怕!"

这能带来安慰吗?还是说,你会觉得他对你紧张的精神状态做出的判断过于自以为是了?甚至还有一点高高在上?谁指派他做你的心理医生了?你又没有付钱给他,不需要他告诉你,你有什么感受!

如果换一种方式,你的老板注意到你紧张的表情,对你说:"在整个公司面前讲话的确很可怕,尤其是我们第一次这样做的时候。"

你可能会觉得不那么紧张了,因为你的老板了解这项任务的压力有多大。他不是在分析你,他是在描述情况。你感觉他是站在你这边的。

你可能已经注意到了这些对话中的共同点。在这两种情况下,一个小小的"你"字就能破坏共情的尝试。

当然,你不能把"你"这个字从你的词汇表中去掉。很多时候,它会正常而有效地发挥作用,同时又不会冒犯他人。使用它的挑战在于要意识到其潜在的刺激性。如果你的回答听起来像是在评判或分析孩子,就要避免使用"你"。与其告诉孩子他们的感受,不如描述一下相关情况或体验,并说出伴随而来的感受。要共情普遍的恐惧、悲伤、沮丧、愤怒等各种感受。

这里有一个便捷的转换表格供你参考。

不要说：	试一试：
"你看起来真的很害怕。"	"雷声好吓人。声音真是太大了！"
"我知道这对**你**来说有多崩溃。"	"长除法实在是太烦人了！要记住的步骤真是太多了。"
"你一定很难过吧！没问题，可以哭出来。"	"没有被朋友邀请参加聚会是很难过的事。"
"我知道**你**没有得到那份工作，所以很失望。"	"唉，这真是令人失望！"

请注意，如果说话人在说左栏这几个句子的时候，再加上"我理解……"和"我能看出来……"，那就会更让人火冒三丈。其中的意思就是说话人坚信自己有能力洞察你的情绪。当人们陷入困境时，他们希望自己的感受得到承认，而不是被分析。如果他们是孩子，这可能会导致他们尖叫和逃跑；如果他们是成年人，他们可能就会默默地走开，却在几天后"无缘无故"地对你发火。

我们不是要取消对话中所有的"你"！我们知道为了形成一个连贯的句子，很多时候你都需要使用"你"！而且很多时候，即使是在承认感受的情况下，说"你"也是完全没有冒犯之意的。下面是一些例子。

"听起来你很生你姐姐的气。她一定做了什么让你很烦恼的事。"

"听起来，你似乎对加入这个团队感到纠结。一方面，你很想加入；但另一方面，你又不太确定……"

"你真的很想去看望爷爷奶奶。但因为发烧不能去了，这真是太糟糕了。"

那么，你怎么知道什么时候说"**你**"是有问题的？接纳感受绝对是一门艺术，而不是一门科学。你的孩子（或伙伴、同事和朋友）会通过他们的反应给你一些提示。如果有疑问，可以先用在自己的身上试试，看看感觉如何。

想象一下，如果你对一个成年朋友感同身受，你会说什么，这也会有所帮助。如果你的朋友抱怨和孩子们在家里度过了艰难的一天，你不会说："哦，我知道带孩子让你很烦。你一定感到不知所措。有时候生孩子的气是可以理解的。这是完全正常的。"

毫无疑问，抛弃"**你**"，把自己放在朋友的位置上，你的话会更受欢迎："下雨天是最糟糕的日子！孩子们总是会闹个不休，躲都躲不开！"

• • •

一些读者可能会想："为什么这两个作者要对人们说出来的每一个字进行这么精细化的管理？她们真烦人！"

相信很多人根本不需要担心这个话题。很多孩子喜欢共情的陈述，即使那些话并不完美。但是，如果你试图接纳孩子的感受，却遭遇了愤怒或拒绝，那么调整你的回应可能会有所帮助。

26 惹人讨厌的"但是"

亲爱的乔安娜和朱莉：

承认感受对我5岁的儿子不起作用。他喜欢上色，我每天都打印出不同的动物让他上色。昨天他要给一只猎豹上色，但是打印机卡住了，没法打印。他哭了起来。我试着先承认他的感受，给他一个选择的机会。

"我知道你很想给一只猎豹上色，但是打印机坏了。你可以挑其他已经打印好的动物来上色。"

他大发脾气。

也许这个方法对一些孩子不起作用。我需要一直这样做，直到他习惯为止吗？

陷入困境的妈妈

亲爱的陷入困境的妈妈：

在承认感受时，人们很容易紧接着就说一个"但是"，然后还要提出一些有用的建议。

"听起来确实让人心烦，但你肯定不能逃学！你为什么不在周末和别人出去玩呢？"

"真是太气人了！但你不能光坐在那里抱怨啊。你要么做点什么，要么就别想这个事。"

"我知道，你真的很想给一只猎豹上色，但是打印机坏了。你可以给老虎上色。两个都差不多——只不过你要涂的是条纹而不是斑点。"

我们觉得，我们有责任立即指出现实问题，孩子必须学会接受！我们希望他尽快走出现在的困境，接受一个完全合理的选择。问题是，处于困境中的孩子还没有准备好考虑选择或建议。一旦我们在话语中加入"但是"，就会抵消掉之前的共情回应中产生的一切美好感觉。这时的感觉就不太像是共情，而更像是指责。就好像我们在告诉孩子，我理解你的感受，但现在我要告诉你，为什么你不应该有这样的感受。

让我们在自己身上试试，看看当我们情绪低落时听到"但是"是什么感觉。

"因为孩子哭闹，一个晚上要起床好几次，真的是很累，但你必须明白，当你决定做妈妈时，这就是你要承担的责任。你可以在宝宝小睡的时候休息一会儿，或者请你的婆婆来帮忙。"

"因为疫情影响，演出被取消了，实在令人失望，但如果不取消，就会引发病毒传播的危险。你不能光想着自己，得想想大多数人的利益。"

"你最好的朋友搬到了另一个城市，是挺让人难过的，但你会交到新朋友的。你要多出去社交。"

想想看，如果我们砍掉句子的后半部分，所有这些回答将会是多么美好啊!

"因为孩子哭闹,一个晚上要起床好几次,真的是很累!"
"因为疫情影响,演出被取消了,实在令人失望!"
"你最好的朋友搬到了另一个城市,是挺让人难过的!"

是不是感觉好多了?也许你听到这样的话,会愿意更多分享一下你的经历。一旦你觉得自己被倾听了,你就会愿意开始考虑让情况变得更好的做法。又或许你知道有人理解你,你会感到很安慰。

下次打印机卡住的时候,你们的对话也许可以是这样的:

"哦,真糟糕!你想给猎豹上色,打印机却打印不出来!"
"真倒霉!"
"好失望啊!"
"是啊!"
"这个偷懒的打印机,'我们要你工作的时候,你为什么不工作?'"
"打印机真坏!"
"我们应该怎么做?我们可不可以再找另一种动物来画?还是先做些别的?"

如果你的孩子坚持要求打印出猎豹,而且似乎不理解你的技术专长是有局限的,你可能很难克制住自己不说"**但是**"。这里有两个可以供你替换的短语。

（1）问题是……

"哦，真糟糕，你真的非常想给猎豹上色！太令人失望了！问题是，打印机坏了。"

问题是……这表明如果你们一起想办法，这个问题是可以解决的。也许你们俩能解决"打印机卡纸"的问题，或者试试在电脑上用画图软件画一只猎豹。这个句式强调的重点不是消除感受，而是要解决问题。

（2）即使你知道……

"你想要给猎豹上色，我们却打印不出猎豹，真是挺烦人！即使你知道是打印机坏了，还是会很郁闷！"

即使你知道……用这个句式表明，你相信孩子能够理解情况，同时仍然承认他的强烈感受。

27 如何正确使用"对不起"

亲爱的乔安娜和朱莉：

当我的孩子伤害别人时，我总是让他们说"对不起"。但有时这会让事情变得更糟。

我说一个典型的场景：杰瑞德在屋里飞奔，撞到了他的妹妹海莉。海莉摔倒，大哭起来。

我："杰瑞德，不要在走廊里乱跑。你撞到海莉了。快说'对不起'！"

杰瑞德（翻了个白眼）："好吧，好吧，对——不——起！"

海莉（试图踢他）："我恨你！"

所以，"说对不起"这招在我这里完全没用。我明白，当我们强迫他们道歉时，他们的歉意可能不会是真诚的。但当你的孩子撞到妹妹时，你该怎么办？就让他像什么都没发生过一样走开吗？还是让他不断道歉，直到听起来很真诚？似乎没有一个好的解决办法。

狼狈不堪的妈妈

亲爱的狼狈不堪的妈妈：

教孩子说**"对不起"**似乎是我们作为父母的职责之一。但正如

你已经注意到的,命令孩子说"对不起"通常只会让孩子闷闷不乐地顺从。当他们被迫说出这几个字时,有些孩子会说得怪腔怪调,另一些则把这当成"免责卡",觉得说了就完事大吉,所以他们只会像机器人一样干巴巴地重复这几个字,没有任何真正的悔意。

还有的孩子不但会拒绝这样说,而且会大笑或逃走,这让我们怀疑我们是不是在养育一个有反社会人格的孩子。(请放弃这些无谓的担心!不当的大笑或逃跑通常是尴尬或恐惧的表现,而不是因为冷酷无情。对一个年幼的孩子来说,哭闹的兄弟姐妹和愤怒的父母都是难以面对的。)

你一定也注意到了,"对不起"这句话往往不能起到安抚受伤一方的作用。这让我们不禁怀疑:为什么我们要这么努力地从一个孩子的嘴里撬出一句"对不起"?有没有一种更有效的方法来教导孩子,让他们知道,当自己无意中(或有意)对他人造成伤害时该怎么做?

我们建议把"对不起"这句话用在小事故上,比如当你在超市撞到别人的手推车时。这是一种很好的简单而且礼貌的表达,能让别人知道你没有任何恶意。

但当你真的伤害了某人或损坏了某样东西时,仅仅说出这句话就不可能让人满意了。我们希望做错事的人以实际行动做出弥补,或者至少向我们保证,他们会在未来做得更好。否则,道歉会被认为是不真诚的,只是在请求受伤害的一方不要再生气。也许我们太过关注语言本身,而没有足够关注与语言相关的行动,比如下面这些情景。

当一位服务员打翻了你的牛奶时,你更愿意接受他一连串的道歉："非常抱歉！我真是笨手笨脚的！"还是听他说一声"哎呀，糟糕"之后就赶紧拿起抹布擦拭？

如果你妹妹借了你的车，路上发生了剐蹭，你想听到哪一种说法？一句含泪的道歉，"我非常非常抱歉！你能原谅我吗？"还是，"真希望没有发生这种事。我明天会把你的车送到修理厂去换保险杠。"

如果你邻居的狗啃坏了你心爱的牵牛花，哪种反应会平息你的愤怒？"好吧，好吧，对不起！我已经跟你说过十次对不起了！"还是，"哦，天哪，那么美丽的花被啃坏了！我会给你买一些新的牵牛花，如果你允许的话，我来帮你种好。但首先我要修好门闩，这样那个啃花的家伙就不能再随随便便地跑到你那里去了。"

以上任何一种回答都可以包含"对不起"，但这三个字不是道歉中最重要的部分。关键是要**主动做出补偿**——或者让现在的情况得到改善；或者进行沟通，让未来情况变得更好……或者两者兼而有之！

关注道歉的这些要素，将帮助我们的孩子学会当他们伤害或惹恼别人时该怎么做。同样的孩子，当我们恼怒地命令他说"**对不起**"时，他会大笑和逃跑，让我们更加生气。但是当他有机会以某种具体的方式来解决自己造成的问题时，他往往会彻底改变做法。看到孩子表现出爱心和善良，这也足以让我们感到安慰。

那么，在需要道歉的时候，我们该如何帮助孩子做正确的事情呢？我们可以先简单地**描述受伤害一方的感受**，然后找到一个适合孩子年龄的方式来弥补，比如用实物来补偿。下面是一些例子。

"伊德里斯在哭呢。刚才你们俩打闹，伤了他的膝盖。我们需要创可贴！你能帮忙从药柜里拿一个吗？"

"卡米拉的气球爆了，她很生气。你能给她找点别的东西玩吗？"

"巴特的嘴唇撞在那堆东西上，都瘀青了！你能给他拿一块冰来吗？让他敷一敷，这样他能感觉好一些。"

当孩子掌握了窍门时，我们可以让他们想想该怎么做。

"杰克看起来很难过。怎样才能让他的心情好一些呢？"

你可能会注意到，我们尽量避免使用"你"这个带有指责意味的词。如果我们说"你故意弄破了卡米拉的气球""你太坏了"，我们可能会得到一种防御性的反应。"不，我没有！"或者："是她先弄破我的气球的！"

● ● ●

但是，如果你的孩子刚刚用玩具推土机砸了小伙伴的头，不管你怎么鼓励他，他都拒绝做出任何形式的补偿呢？那么，你是否应该坚持让你的孩子至少依照传统方式说一句"对不起"，然后再去继续他的挖土事业？

我们认为，一个不真诚的道歉可能比没有道歉更糟糕。这种道歉对道歉者来说毫无意义，而且是对受伤害者的一种侮辱。你最好**示范出适当的行为**，做个榜样，**采取行动**，这样你的孩子就不会对受伤害者造成进一步的伤害。具体可以是这样的：

"哦，天哪，汤姆被麦克的推土机弄伤了。真是对不起，汤姆。我给你拿块冰块敷在头上。"

"麦克,我现在要把推土机收起来!我不能让孩子们被它砸到头!"

如果麦克还是情绪激动,继续用其他东西发动攻击,那么就要结束孩子们的这场玩耍,或者找出是什么原因让麦克如此烦恼,看看问题是否能得到解决。

• • •

如果"**对不起**"这几个字很容易从你孩子的嘴里说出来,但却没有伴随行为上的改变,不要对他们严厉地说:"光说**对不起**是不够的!"这只会让他们感到困惑。("这难道不是我应该说的话吗?")你可以引导一下,应该如何改正,未来怎么才能做得更好。

"嗯,我听到了你对汤姆说'对不起'。现在,我们应该做些什么才能让他感觉好一些呢?"

"下次我们该怎么做?我们需要想想怎么做,让你的朋友知道你生气了,但绝不能打人!"

○ 来自"战斗前线"的故事

捏手指的孩子

在我们家,5岁的亚历克斯总是扮演粗暴孩子的角色。他的小妹妹才1岁半,他的很多行为自然会显得粗暴。但我们却误以为他是一个没有感情的冷血动物。昨天当妹妹伸手去拿他的乐高积木时,他捏住了妹妹的手指。妹妹立刻哭了起来。我忍住了责骂他的冲动（"你怎么又这么粗暴！"），而是对他说："艾比的手指受伤了！我们得想办法安慰她一下。你能做些什么？"亚历克斯说："我要亲亲她的手指！"他开始亲吻妹妹的每根手指，就像我们在他受伤时对他做的那样，妹妹咯咯地笑了。这种方式真的激发了他善良的一面！

7月的万圣节
（乔安娜的故事）

5岁的萨姆正在外面和他的哥哥一起玩，忽然哭着跑进了他的房间，"砰"的一声关上了门。7岁的丹走了进来，看起来很开心，好像什么事都没发生过。

我必须承认，我不得不抑制住指责的冲动。（"你对你弟弟做了什么？"）我努力克制住自己，坚持客观地描述我所看到的一切："丹，刚才外面发生了一些事情，让萨姆很难过，他正在自己房间里哭呢。"

丹垂下头："哦……我们想玩的时候，他一直来打扰我们。他总是希望能快点轮到他。我把球踢开，他摔倒了，但我不知道他在哭。"

"嗯，我想，和一个5岁的孩子一起玩并不容易。我们怎样才能让他感觉好一点？"我再一次忍住不去批评丹的行为，应该让他自己感到悔意。

"我知道该怎么做了，"丹说，"我能用一下这把小刀吗？"

在我的帮助下，丹拿起一个苹果，在上面刻了一张万圣节南瓜灯的脸。然后又倒了一杯果汁，把他的求和礼物捧给卧室里的萨姆。萨姆很高兴。家里又恢复了和谐……至少眼下是如此。

• • •

相信你的孩子没有恶意，这会对他很有帮助。如果我们和一个孩子说话的时候，把他当成一个怀有善意的人，他的行为也会更像一个有善意的人。所以，当你的孩子不小心伤害了别人或打碎了东西时，不要说："看看你做了什么！"我们更应该说："你一定不想发生这种事的。"这种带有同理心的反应更容易让孩子感到后悔，做出补偿，并打算在将来做得更好。

游泳池恐慌

我们的朋友邀请我们去他家的游泳池游泳。我儿子麦奇跳进水里，离他们的儿子凯尔太近了，结果让凯尔呛了水。这个可怜的孩子开始呕吐，并且哭了起来。他的父母正看着我，等着我让麦奇道歉……我通常都会这样做，

> 尽管我知道这会毁了接下来的聚会时光。每次我让麦奇说"对不起",他都会很生气,然后跑开。他说这三个字的时候从来都不太友善。
>
> 　　所以这次我完全按照你们的建议来做。我说:"天哪!凯尔受伤了!你不是有意的,你也不希望发生这种事。"麦奇看起来如释重负,也跟着说道:"是的,我不是有意的!"然后他真诚地说:"对不起,凯尔。"凯尔说:"我没事。"他们又继续玩了起来。

・・・

　　如果你的孩子冒犯了一个大人,不管是老师、公交车司机、教练还是邻居,他们都很难坦然面对那个大人并礼貌地道歉。因为他们很害怕!而这正是一个教他们如何写道歉信的好机会。成年人一般都很喜欢道歉信,他们会很欣赏这种努力。

站不住的音乐会歌手

> 我的儿子哭着从学校回到家。
> "辛格先生说我不能参加合唱音乐会了!"
> "啊,这太让人难过了!"
> "就因为我们练习的时候,我从台子上跳了下来。"
> "哦!那他应该很生气。"
> "但要长时间站着不动真的很难。我的腿都站疼了。"

"嗯，那么长时间站着不动的确不容易。下次你需要休息的时候，先问问他能不能坐下来。"

"不，我能坚持。但已经太迟了。他说，我没有机会了。"

"听起来，辛格先生非常希望音乐会能够顺利进行，所以他会很紧张，在排练时看到孩子们跳上跳下肯定会很不安。他是一个很友好的人，我觉得，如果你给他写封信，他可能会改变主意。你可以告诉他，你跳下来是因为你站得太久了腿疼，但你真的很想参加音乐会，所以你一定会做到在接下来的排练中站好不动。要我帮你写吗？"

"好的！"

我们写了信。这给老师留下了很好的印象。我儿子在音乐会上骄傲地唱了歌。此外，他还了解到书面道歉的力量，在他之后的学校生涯中，他多次很好地运用了这个方法。

· · ·

当我们教孩子如何道歉时，我们往往会专注于帮助他们采取简单的行动来解决问题，让对方感觉更好。

当然，还有一种更为复杂和深入的"成熟"道歉，除了做出补偿之外，还包括承认受害方的感受。

这种高级技能最好通过成人的亲身示范来传授。当我们伤害孩子的感情时，我们应该克制自己不去要求原谅。

不要说："我很抱歉。你能原谅我吗？来，亲一下妈妈！"

相反，我们可以让孩子知道，我们理解他的感受："我真的很抱歉，我在你朋友面前批评你让你难堪。下次我会私下和你说。"

如果我们想在这个过程中指导孩子，我们可以明确地让他知道什么样的话语能让我们感觉好一些:"你回家晚了,又没有打电话告诉我你在哪里!如果你说你知道我有多担心,我会感到很安慰!然后我们再讨论下次该怎么做。"

如果孩子听到你向他示范了同样的理解方式,他可能会更容易接受你的信息。

丢垃圾的失误

在过去的几个月里,我们的家里堆积了很多硬纸板、纸、黏土和透明胶组成的垃圾。上面还积了很多灰尘,房间显得非常凌乱。

因为新冠肺炎疫情,孩子们只能整天待在家里,我根本没有机会把这些东西妥当地处理掉。昨天在他们玩的时候,我迅速地把一堆纸板作品扔进了回收箱。但是当我带着回收箱偷偷溜出去的时候,却被抓了个正着!

我8岁的女儿萨哈娜显然很生气,她想知道我在做什么。她开始翻回收箱,把东西都翻了出来。我解释说,这些东西好久没用过了,家里扔得到处都是,必须清理了。

萨哈娜眼中涌出了泪水。她拿着一个抢救出来的作品跑上楼,关上了门。我感觉很糟糕。

最近我们有分歧时,一直会互相写纸条,所以我给她写了一张道歉的纸条,和她哥哥一起送到楼上。有趣的是,她同时也给我写了一张纸条!

亲爱的妈妈：

　　我很难过，因为你没有征得我的同意就扔掉了一些对我来说很特别的东西。你是怎么想的呢？

　　　　　　　　　　　　　　　　　　爱你的
　　　　　　　　　　　　　　　　　　萨哈娜

嗨，萨哈娜：

　　我很抱歉没经过你同意就把你的东西扔了。如果有人不先问过我就把我的东西扔了，我也会非常生气。我该怎么做才好呢？

　　　　　　　　　　　　　　　　　　爱你的
　　　　　　　　　　　　　　　　　　妈妈

亲爱的妈妈：

　　我能从回收箱里拿些东西出来吗？我原谅你！我们是朋友！

　　　　　　　　　　　　　　　　　　爱你的
　　　　　　　　　　　　　　　　　　萨哈娜:)

亲爱的萨哈娜：

  如果你要从回收箱里捡一些东西回来，你会把它们都收好吗？我也担心你和你哥哥虽然一年多没有用过那些东西了，但你们还没办法对它们说"再见"。

爱你的
妈妈

也许我们只会保留几样拥有最多回忆的东西。不过下次你还是要先问过我们。

爱你的
萨哈娜

听起来是个好计划。:)

  谢谢你的理解。你什么时候有时间，我们一起去回收箱那里找你们需要的东西。

爱你的
妈妈

关于鸡蛋

　　我接到物理老师的电话。我15岁的儿子德鲁对他很不尊重。他拒绝清理"鸡蛋掉落"实验中破碎的鸡蛋。那位老师说，德鲁是个好孩子，他不想把这事告诉校长，但他想让我跟我儿子谈谈，因为德鲁的行为让人无法接受。德鲁回家后，我告诉了他老师打电话的事。德鲁看上去很尴尬。他解释说，他们做了一个鸡蛋掉落的实验，把生鸡蛋从楼梯井里扔下去，看看它们是会破裂，还是会安全降落在学生们设计的着陆垫上。德鲁对这个实验非常感兴趣，他整个周末都在研究这个项目，熬夜测试不同的材料和设计。

　　令他大失所望的是，他的鸡蛋完全没有碰到着陆垫，而是摔在了地上。如果他能瞄准，那他一定能成功！德鲁想要得到第二次机会。他在这个奇妙的装置上花了那么多心血，那天早上去学校的时候充满了期待。但老师只是严厉地斥责他说："没有第二次机会了。去把鸡蛋打扫干净！"德鲁非常生气，没打扫就怒气冲冲地走了。

　　我承认了他的感受，我说那一定很让人失望。他做了那么多工作，却没能得到第二次机会，真是太不公平了。他那个缓冲冲击力的发明是那么酷啊。但最后我也提到："我担心你的老师对你很生气。我知道你喜欢那门课，我不想让你被看作一个不尊重老师的孩子。"

　　德鲁说："别担心，妈妈，我会向他道歉的。我不需要帮助。"他走到电脑前,把下面这封信打印出来,第二天交给了老师。

亲爱的L先生:

我很抱歉昨天对您的无礼。我没注意到其他人都清理了他们做实验用的鸡蛋。所以当您让我把鸡蛋清理干净的时候,我以为您是在针对我。还有,很不好意思地说,我觉得我有点逆反心理,当有人命令我做某件事时,我脑子里就会有个声音在说:"不要因为他让你去做就去做!"在这种情况下,即使我应该去做什么事情,也会有一个声音告诉我不要做。

很明显,这样不好,所以我在努力纠正。我真诚地为我昨天的行为道歉,我不知道该如何弥补这个错误,这是我自己煮的鸡蛋,希望您会喜欢。

真诚的
德鲁

不用说,这封信让老师很开心,他们的关系也修复了。

●本节要点：如何正确使用"对不起"

不要要求你的孩子说"对不起"，而是应该：

1. **描述你的感受（或受害方的感受），同时不带有指责意味。**
   "哦，天哪，梅丽莎的手指被门夹住了！那一定很痛！"

2. **给你的孩子一个弥补过错的机会……**
   （1）让眼下的情况得到改善
   "我们需要一个创可贴。你能从浴室柜子里拿一个吗？"
   "你能找点什么东西让她感觉好点吗？"
   （2）让未来变得更好
   "我们需要想个办法来提醒每个人关门。在门上挂个牌子会有帮助吗？我们有纸板和蜡笔……"

3. **让你的孩子知道如何承认你的感受。**
   "你回家晚了，又没有打电话告诉我你在哪里！如果你说你知道我有多担心，我会感到很安慰！"
   当机会出现时，你可以示范你想看到的行为。

4. **确认受伤害一方的感受，并主动做出补偿。**
   "我真的很抱歉，我在你朋友面前批评你让你难堪。下次我会私下和你说。"

女儿猜到我读了这本书

我一直在努力改变我和孩子们说话的方式。因此,当我9岁的女儿麦莉抱怨某件事的时候,我没有纠正她,而是承认了她的感受。她看上去有点吃惊和怀疑。

麦莉:"你这么说只是因为你在读那本书。"

我:"你猜对了。这和我平时说话的方式不同。你更喜欢我以前的做法吗?"

麦莉:"当然不!"

结语

我们还会再见

谁能一直这样做？所有这些建议都让人精疲力竭。

你不必成为"完美的父母"。没有人能做到！当你和你的孩子在一起时，也要同样努力对自己仁慈、耐心和宽容。我们给了孩子无数次机会，下一次，我们还会给他们机会。我们对自己也要这样。

受人尊敬的儿童心理学家，推行这种育儿方法的鼻祖哈伊姆·吉诺特（Haim Ginott）博士曾经说过："不必那样循规蹈矩，尽可以做出调整。我们的目标是做到70%……有些日子里，只需要做到50%就够了……甚至只做到10%也能对我们的关系产生实实在在的影响。"

那为什么要费这么大力气？这真的有那么大的区别吗？

我们的努力有两个原因：现在和未来。

当我们使用这些沟通工具时，当下我们和孩子在一起的生活将变得更加愉快。孩子变得更加合作，我们彼此之间的争吵也减少了，我们的关系变得更加牢固。

至于未来，想一想：你希望你的孩子长大以后能够拥有什么样的品质？父母和老师告诉我们，他们希望孩子善良、体贴、负责、尊重他人，成为能够独立解决问题、能理解别人观点的人。

如果我们想让我们的孩子在这个世界上关心别人的感受，我们就必须先从关心他们的感受开始。如果我们想让孩子成长为能够独立思考和负责任的问题解决者，能够从他人的角度考虑问题，我们就必须先站在他们的角度，让他们练习做决定、承担责任和解决问题。

想象我们的世界到处都是善良、尊重他人、善于解决问题的人。让这样的成年人越来越多地出现在这个星球上，就是我们值得努力的方向！

致谢

感谢我们两个各自的丈夫——安德鲁·曼宁和唐·艾布拉姆森，他们信任我们，为我们提供了从啦啦队、校对到艺术指导等许多重要服务。

感谢我们的孩子——丹、萨姆、扎卡里·法伯·曼宁，还有阿瑟、莱西和雪莉·金·艾布拉姆森，他们提供了详尽的反馈和技术支持，偶尔还会提供美味大餐。特别感谢丹为我们设计了在一些故事中用来重现孩子笔迹的手写字体。

感谢我们的父母——阿黛尔和莱斯利·法伯，帕特和埃德·金，感谢他们坚定不移的爱、支持和智慧。

感谢我们的插画师埃米莉·温伯利提供了奇思妙想，发挥了创造力，她能够用简单的笔触捕捉复杂的情感。

感谢我们的编辑卡拉·沃森和我们的经纪人玛格丽特·莱利·金，感谢他们以专业人士和为人父母的双重视角提供的宝贵反馈和建议。

感谢父母小组活动的参与者和来自世界各地的读者与我们分享了他们的故事，向我们提问，并将他们生活中的细节讲给我们听。

阿黛尔·法伯和伊莱恩·玛兹丽施是"如何说"的创始人，也是我们的灵感来源。我们为继承她们的工作而自豪。

（还有乔安娜的比利时牧羊犬卡齐给了她关于狗狗的故事素材，还在她打字时用它的鼻子温暖她冰凉的脚趾。）

尾注

第一部分

第1章

1. 卡罗尔·胡文（Carole Hooven）、约翰·莫迪凯·戈特曼（John Mordechai Gottman）和林恩·费萨尔·波卡茨（Lynn Fainsil-ber Katz），《父母元情绪结构预测家庭和孩子的结果》（Parental Meta-emotion structure predicts family and child outcomes），《认知与情绪》（Cognition and Emotion），1995年第9期：229—264。

第2½章

1. https://www.consumeraffairs.com/news/reading-scores-higher-for-children-who-eat-lunch-021419.html；https://www.ncbi.nlm.nih.gov/pmc/articles/PMC4824552/#:~:text=Although%20not%20all%20studies%20found,school%20start%20times%20on%20academics；https://www.npr.org/programs/ted-radio-hour/564577402/simple-solutions。

2. 艾尔菲·科恩（Alfie Kohn），《奖励的恶果》（Punished by Rewards: The Trouble with Gold Stars, Incentive Plans,

A's, Praise, and Other Bribes），波士顿：Houghton Mifflin Company，1993。

第3章

1. 艾尔菲·科恩，《无条件养育》（ Unconditional Parenting ），纽约：Atria Books，2005，63—73；https://www.alfiekohn.org/parenting/punish ment.htm。
2. https://www.aappublications.org/news/2018/11/05/discipline110518。
3. https://www.nytimes.com/2018/11/05/health/spanking-harm ful-study-pediatricians.html。
4. https://www.ncbi.nlm.nih.gov/pmc/articles/PMC3447048/。

第4章

1. 卡罗尔·德韦克（ Carol Dweck ），《终身成长：重新定义成功的思维模式》（ Mindset: The New Psychology of Success ），纽约：兰登书屋，2006。
2. 艾尔菲·科恩，《奖励的恶果》。

第二部分

第1节第3小节

1. "小学生花在家庭作业上的时间与学业成绩之间的平均相关系数没有显著差异，甚至为零。"库珀（ Cooper ）、哈里斯（Harris）、卓吉娜·西维·罗宾森（Jorgianne Civey Robinson）和艾瑞卡·A.帕特尔（Erika A. Patall），《家庭作业能提高学业成绩吗？研究综合，1987—2003》（Does Homework Improve Academic Achievement? A Synthesis of Research, 1987-2003），《教育研究评论》（Review of Educational Research），2006年第76期：43。可在此处查阅：https://www.almendron.com/tribuna/wp-content/uploads/2016/02/Does-Homework-Im prove-Academic-Achievement.pdf。有关家庭作业研究的详细分析，请参阅艾尔菲·科恩的《家庭作业的神话》（The Homework Myth）。

2. 约翰·J.瑞迪（John J. Ratey），医学博士，《运动改造大脑》（Spark: The Revolutionary New Science of Exercise and the Brain），纽约：Little Brown，2014，第6章：10。

第2节第6小节

1. 丹尼尔·卡尼曼（Daniel Kahneman），《思考，快与慢》（Thinking, Fast and Slow），纽约：Farrar, Straus and Giroux, 2011，41—42。"心理学家罗伊·鲍迈斯特（Roy Baumeister）和他的同事们进行了一系列令人惊讶的实验，最终表明，所有自发性努力的变体——认知的、情感的或身体的——至少在一定程度上依赖于一种共同的精神能量……（他们）发现努力进行自我控制会令人非常疲惫；如果你不得不强迫自己做一些事情，当下一个挑战到来时，你就不太愿意或更加无法对自己施加自控力。这种现象被称为自我消耗。"

第2节第7小节

1. https://drsophiayin.com/blog/entry/dog_bite_prevention_how_kids_and_adults_should_greet_dogs_safely/。

第4节第13小节

1. 这款游戏出自劳伦斯·J.科恩（Lawrence J. Cohen）的《游戏力》（*Playful Parenting*），纽约：Ballantine，2002，第83页。

第5节第14小节

1. Hidden Brain（播客），《猴子市场》（*The Monkey Marketplace*），10月21日，2019。

第5节第18小节

1. https://www.ncbi.nlm.nih.gov/pubmed/17366333。
2. 请见第3章，惩罚存在的问题，尾注2、3和4。
3. https://www.nij.gov/topics/corrections/recidivism/Pages/welcome.aspx。

第7节第22小节

1. 阿黛尔·法伯（Adele Faber）和伊莱恩·玛兹丽施（Elaine Mazlish），《解放父母，解放孩子》（*Liberated Parents, Liberated Children*）纽约：Avon Books，1974、1990，第39页。
2. 在美国，每年约有1000人因闪电受伤。https://web.archive.org/web/20051029004621/http://www.lightningsafety.

noaa.gov/resources/Ltg%20Safety-Facts.pdf。"在研究年度（2002），估计有115起典型的绑架事件，是由陌生人或不太熟的人实施的绑架。"http://www.unh.edu/ccrc/pdf/MC19.pdf。

3. https://www.washingtonpost.com/opinions/five-myths-about-missing-children/2013/05/10/efee398c-b8b4-11e2-aa9e-a02b765ff0ea_story.html。

第7节第23小节

1. https://jamanetwork.com/journals/jamapediatrics/article-abstract/2740229?guestAccessKey=f4c21d39-7699-4bee-94dc-8255e4faf7bf&utm_source=For_The_Media&utm_medi um=referral&utm_campaign=ftm_links&utm_content=tfl&utm_term=072919。

图书在版编目（CIP）数据

孩子不想听，你要如何说：从对抗到合作的亲子沟通法则/（美）乔安娜·法伯，（美）朱莉·金著；李镭译.--北京：中信出版社，2022.10
书名原文：How to Talk When Kids Won't Listen
ISBN 978-7-5217-4399-9

Ⅰ.①孩… Ⅱ.①乔…②朱…③李… Ⅲ.①家庭教育 Ⅳ.① G78

中国版本图书馆 CIP 数据核字（2022）第 087929 号

How to Talk When Kids Won't Listen: Whining, Fighting, Meltdowns, Defiance, and Other Challenges of Childhood by Joanna Faber & Julie King (Illustrated by Emily Wimberly)
Copyright © 2021 by Joanna Faber and Julie King
Simplified Chinese translation copyright © 2022 by CITIC Press Corporation
ALL RIGHTS RESERVED
本书仅限中国大陆地区发行销售

孩子不想听，你要如何说——从对抗到合作的亲子沟通法则

著者：[美]乔安娜·法伯 [美]朱莉·金
译者：李镭
出版发行：中信出版集团股份有限公司
（北京市朝阳区惠新东街甲 4 号富盛大厦 2 座 邮编 100029）
承印者：北京诚信伟业印刷有限公司

开本：880mm×1230mm 1/32　　印张：13.25　　字数：265 千字
版次：2022 年 10 月第 1 版　　印次：2022 年 10 月第 1 次印刷
京权图字：01–2022–4596　　书号：ISBN 978–7–5217–4399–9
定价：59.00 元

版权所有·侵权必究
如有印刷、装订问题，本公司负责调换。
服务热线：400–600–8099
投稿邮箱：author@citicpub.com